Verschlungene Wege zu Bilderwelten

Meinem Doktorvater,
Prof. Hugo Schmale,
in Dank und Verehrung

Reiner Maue

Verschlungene Wege zu Bilderwelten

Ein interdisziplinärer Einblick und Zugang in das methodische Interpretationsinventar der Bildkünste

Bibliografische Information der Deutschen Bibliothek:
Die Deutsche Bibliothek verzeichnet diese Publikation in der Deutschen Nationalbibliografie; detaillierte Informationen sind im Internet über ‹http://dnb.ddb.de› abrufbar.

Herstellung und Verlag: Books on Demand GmbH, Norderstedt
ISBN 3-8334-4684-6

Inhalt

1.0 Einleitung

Die Bildkünste sind gemeinsam mit der Architektur von jeher eine zumeist vornehme Visitenkarte und ein aussagefähiges Spiegelbild der jeweiligen Epochen und Zeiten. Sie zeigen nicht nur die Werte und Wertmaßstäbe der Gesellschaften und ihrer Eliten, sondern sie lassen darüber hinaus erkennen, welche religiösen, philosophischen, ideologischen, ökonomischen und sozialen Denksysteme, Gesellschaftsformationen, Machtinstitutionen und deren Interessen das Leben der Menschen und die Wirksamkeit der Systeme bestimmten und kontrollierten. Die Künstler, allen voran die Maler, füllten die Tagebücher der Zeitalter mit dem Lebensgefühl, den Wünschen, Ängsten und Sollenssätzen der jeweiligen Zeitgenossen und gewähren uns heute Einblick in die antiken Gefühlslagen, die späteren feudalen Alltagsbefindlichkeiten und den modernen Zeitgeist mit seinen mystischen, mythischen, religiösen und politischen Ansprüchen und Erwartungen der Menschen ihrer Zeit.

Immer ist und war die Betrachtung und Bewunderung von Kunstwerken mit dem Denken, den Handlungsmotiven, den inhaltlichen Motiven der Darstellungen, den Stilformen, dem Sinn und den Bedeutungen der Werke und ihrer Schöpfer verbunden. Dabei ist nicht nur das Wissen über den Künstler und sein Werk entscheidend, sondern auch das Verständnis der Historizität der jeweiligen Epoche mit ihren Denkmustern, Wertmaßstäben und emotionalen Befindlichkeiten spielt eine nicht minder wichtige Rolle. Mit anderen Worten: Die Veränderungen in den Denksystemen gehen nicht nur Hand in Hand mit den Veränderungen in den Künsten, sondern letztere übernehmen allzumal die Protagonistenrolle im Zeitenwandel.

Sofern hier vom Denken die Rede ist, sollte dieser kognitive Akt, in Anlehnung an Charles Sanders Peirce, als ein Denken in Zeichen verstanden werden. In diesem Zusammenhang sagt Peirce: ›All thought is in signs‹.[1] Damit verbunden ist die Einsicht, daß es kein anfangsloses Erkennen der Dinge, Prozesse und Ordnungen geben kann, sondern, daß alle neuen Erkenntnisse durch vorangegangene determiniert und vorbereitet sind. Jede veränderte Weltsicht, jeder Paradigmen- und Theorienwechsel, und alle neuen philosophischen Systeme und Erkenntnisse stehen auf dem Fundament früherer Arbeiten und Erkenntnisse. Stets sehen wir nur ein wenig weiter als unsere Vorfahren.

Mit anderen Worten:

›Ein Zwerg, der auf den Schultern eines Riesen steht,
kann weiter sehen als der Riese selbst.‹[2]

Wo, was und wann wir auch immer denken, stets geschieht das mit Hilfe von Wörtern und Zeichen. Denkprozesse, die keine Zeichen aufweisen, sind unexistent. Damit wird die Semiotik zur allgemeinen Wissenschaft oder zur Wissenschaft der Wissenschaft, die diesen Status dadurch erhält, weil sie die allgemeine Struktur der Zeichenrelation darstellt, die zugleich die Struktur unserer Erfahrung oder der Objekte unserer Erfahrung ist. Das bedeutet zugleich, daß kein Zeichen allein, d.h. ohne Verbindung zu anderen Zeichen existieren kann. ›Denn jedes Zeichen muß per definitionem interpretierbar sein‹.[3] Daraus ergibt sich eine unendliche Reihe von aufeinander bezogenen Zeichen, denn wenn das Zeichen interpretierbar ist oder besser: interpretiert werden muß, muß jedem Zeichen ein anderes vorausgehen, ad infinitum.

Damit ist der Kernpunkt der Beschäftigung mit Kunstwerken angesprochen, denn alle Gemälde, jede Skulptur und alle majestätischen Gebäude erschließen sich dem Betrachter allein durch seine Interpretationsleistung der in den Werken enthaltenen Zeichen. Dieses Verständnis der Wissenschaft des Denkens und des

Handlungsfeldes, in dem Denken und Interpretieren stattfinden, ist das Ergebnis einer langen Reihe von Denkleistungen von Philosophen, Logikern und Semiotikern. Sie haben ihre in Zeichen gekleideten Gedanken der Nachwelt dadurch vermittelt, daß sie diese in äußere Tatsachen transformiert haben, weshalb wir sie erkennen und verstehen können.

In der vorliegenden Arbeit geht es darum, diese Denkprozesse nachzuzeichnen und die Ergebnisse auf Objekte der Bildkünste anzuwenden. Dieses mit kunsthistorischem Hintergrund geplante Vorhaben läßt sich prinzipiell nur interdisziplinär verwirklichen, weshalb semiotische, psychologische, philosophische, linguistische und ideengeschichtliche Theorien mit ihren jeweiligen heuristischen Prozessen und den sich immer wieder verändernden Methoden und Deutungsverfahren herangezogen werden.

Zunächst werden die Dinge und Ordnungen, die Erscheinungen, Darstellungen und Reaktionen auf eben diese Objekte und Relationen und der Entwicklungsverlauf der Denksysteme mit ihren Ordnungen beschrieben.

Es ist in diesem Zusammenhang zu bedenken, daß immer dann, wenn terminologische Aussagen gemacht werden, diese nur dann verständlich sein können, wenn die ihnen zugrunde liegenden Leitvorstellungen offengelegt werden, um die darin transportierten Sinneinheiten zu verstehen. ›Aussagen, die sich auf sinnlich Anschauliches beziehen, setzen ja auch voraus, daß im Verstehen des Gemeinten derartiges im Spielraum einer Typik vorstellig gemacht werden kann.‹[4]

Die hier angesprochenen Ordnungen des Denkens und der Gegenstände sind zugleich die zu erwartende Ordnung der Kunst, wenngleich immer wieder gerade auf dem Feld der Künste Vordenker und Menschen zu finden sind, die aus der Zukunft zu kommen scheinen. Diese passen einfach nicht in das bestehende Ordnungsschema. Sie generieren Brüche und Verwerfungen, die später als Beginn einer neuen Epoche mit ihren veränderten Lebensumständen und Lebensentwürfen bezeichnet werden.

Der Fluß des künstlerischen, philosophischen und wissenschaftlichen Handelns ist aber nicht identisch mit den späteren Reflexionen dieser Phänomene, weshalb man bei der nachträglichen Betrachtung der Entwicklungsverläufe und ihrer Resultate nicht auf abstrakte Ideen, Theoriengebäude und Paradigmen verzichten kann.

Betrachten wir die verschiedenen visuellen künstlerischen Aussagen, so kann uns eine Interpretation nur unter der Voraussetzung gelingen, daß wir Zugang zur Vorstellungswelt des Künstlers bekommen und seine Übertragungen begreifen. Das macht es erforderlich, daß wir mit einem zumindest halboffenen System arbeiten, um eine lebendige Orientierung an der Sache gewährleisten zu können. Hans Blumenberg spricht in diesem Zusammenhang von ›Hintergrundmetaphorik‹,[5] die allerdings im Verlauf der Interpretationen nicht ohne eine gewisse Typik auskommt, um diese Übertragungen zum Leben zu erwecken.

Es steht uns im Denkprozeß und bei der Weltsicht nicht nur die Sprache zur Verfügung, sondern auch der im Laufe der Ontogenese etablierte individuelle Bildervorrat determiniert die Sichtweisen von uns selbst und all den Dingen und Meinungen, die uns umgeben und die unsere intrapsychische Bilderwahl zwingend beeinflussen.

In diesem Zusammenhang üben auch Kunstwerke seit je her eine starke Wirkung auf die Menschen aus. Sinnend und lange verweilend betrachten wir Gemälde und Skulpturen, um sie einerseits zu erfassen und um andererseits die ästhetische Wirkung zu genießen. Die conditio sine qua non des Kunstverständnisses und des Kunstgenusses ist demnach die Genußfähigkeit des Betrachters, was ohne eine ausgeprägte Liebes- und Beziehungsfähigkeit desselben nicht denkbar ist. Hier sind psychologische Mechanismen und Prozesse wirksam, die bei der Analyse der Aussagen der visuellen Zeichen nicht ignoriert werden dürfen, auch wenn der Weg bis in die Tiefe des psychischen Erlebens mühsam ist.

Obwohl Kunsthistoriker und Kunstkenner mit ihrem gesamten

rationalen und wissenschaftlichen Erkenntnisapparat, der ihnen zur Verfügung steht, an Kunstobjekte herantreten, erleben sie sich immer wieder als ratlose Betrachter eines Werkes, vorausgesetzt sie haben sich intensiv und lange genug mit diesem Kunstwerk beschäftigt. Es scheint sich tatsächlich oder vermeintlich eines rationalistischen Begreifens oder einer analytischen Auslegung zu verweigern.

Dieser Zustand ist sowohl für den Wissenschaftler als auch für den Kunstkenner meist unerträglich, weshalb diese Personen genug Worte finden, um das Werk zu preisen oder zu erläutern, nicht selten um es zu verdammen. Und über Meisterwerke mit höchster Wirkung ›sagt jeder der Experten etwas anderes und keiner das, was dem schlichten Bewunderer das Rätsel löst.‹[6] Dennoch, die Affektlage, die psychische Konstellation, die als Triebkraft zur Schaffung des Werkes wirkte und die auf den Betrachter übertragen wird, sollte einer Analyse zugänglich sein. Warum sollte, so fragt Freud, das bei einem Kunstwerk nicht möglich sein, wenn das bei der Analyse der Gemütslagen, Emotionsverfassungen und Triebschicksale der in psychoanalytischer Behandlung befindlichen Personen gelingt? Um die Absichten und Regungen des Künstlers zu ergründen, ›muß ich … vorerst den Sinn und Inhalt des im Kunstwerk Dargestellten herausfinden, also es deuten können.‹[7]

›Aber die Beziehung der Sprache zur Malerei ist eine unendliche Beziehung;‹ sagt Michel Foucault, ›das heißt nicht, daß das Wort unvollkommen ist und angesichts des Sichtbaren sich in einem Defizit befindet, das es vergeblich auszuwetzen versuchte. Sprache und Malerei verhalten sich zueinander irreduzibel: vergeblich spricht man das aus, was man sieht: das, was man sieht, liegt nie in dem, was man sagt; und vergeblich zeigt man durch Bilder, Metaphern, Vergleiche das, was man zu sagen im Begriff ist. Der Ort, an dem sie erglänzen, ist nicht der, den die Augen freilegen, sondern der, den die syntaktische Abfolge definiert‹[8] ›Die fundamentalen Codes einer Kultur‹, so fährt Foucault fort,

›die ihre Sprache, ihre Wahrnehmungsschemata, ihren Ausgleich, ihre Techniken, ihre Werte, die Hierarchien ihrer Praktiken beherrschen, fixieren gleich zu Anfang für jeden Menschen die empirischen Ordnungen, mit denen er zu tun hat und in denen er sich wiederfinden wird.‹[9] Sofern wir in diesem Zusammenhang vom Denken ausgehen müssen, erklären wissenschaftliche Theorien oder die Systeme der Philosophen, warum es im allgemeinen eine Ordnung gibt.

Es gilt nun zu zeigen, was sich seit der Renaissance inmitten der abendländischen Kultur verändert hat. Die Ordnung des Warentausches und der Wörter mit ihrer Verkettung und ihrem Zeichenwert bilden das Fundament der Erkenntnisse im allgemeinen und so auch in dieser Arbeit. Mit dieser Ordnung konnten und können überhaupt erst Erkenntnisse und Theorien möglich werden. Nur so lassen sich Wissen und Wissenschaften konstituieren.

Es geht hier also nicht um die Geschichte der Wissenschaft, sondern um die Beschreibung des epistemologischen Feldes, das die Bedingungen schuf, durch die Erkenntnisse möglich wurden und die uns heute in den Interpretationsverfahren von Kunstwerken zur Verfügung stehen. Foucault nennt diese Verfahrensweise ›Archäologie des Wissens‹.[10]

2.1 Die beginnende Neuzeit

Als mit dem 15. Jahrhundert die Kunstepoche der Renaissance in Italien ihren Anfang nahm, sind Neuerungen nicht nur auf diesem diskursiven Feld zu finden, sondern die abendländische Gesellschaft wandelte sich so umfassend und revolutionär, daß ihre überkommene Ordnung in der Ökonomie, in den Denksystemen, in der Mobilität und im Wissen über die Natur, Umwelt und die Welt insgesamt ins Wanken geriet und sich den Neuerungen öffnen mußte.

Die Renaissance ist die Zeit, in der im hohen Grade das Gute mit dem Bösen Hand in Hand ging. ›Eine ans Wunderbare grenzende Entfaltung der Künste verband sich mit politischem und moralischem Verfall und tiefster Verworfenheit‹.[1] Mit der Entdeckung der klassischen Antike und der Rückbesinnung auf eine ruhmreiche Vergangenheit, die dieser Epoche den Namen gab, rückten der Mensch und seine Fähigkeiten in den Mittelpunkt des Denkens und Handelns, wie das die leidenschaftliche Hingabe an den Humanismus zeigt. Die Güter des Daseins führten anstelle des bisherigen christlichen Ideals der Entsagung fortan die Regie.

Die zweite Hälfte des 15. Jahrhunderts war von großer ökonomischer Unternehmungslust gekennzeichnet, ausgelöst von großartigen weltweiten Entdeckerreisen. Hinzu kam die Erfindung des Buchdrucks, mit der der Zugang zur Welt des Wissens und der Ideen revolutioniert wurde. Zugleich vertieften die Fortschritte in den Naturwissenschaften das Verständnis des Universums. Hinzu kamen die technischen Fähigkeiten der Menschen in Schiffbau, Waffentechnik und Produktionstechnologie. Portugiesische

Schiffe brachten die wertvollen Waren des fernen Ostens nach Europa, Cortes eroberte mit einer Handvoll Soldaten Mexiko, die Fugger schufen das reichste und größte Handelsimperium Europas, und der italienische Kaufmann und Bankier Agostino Chigi beschäftigte 20 000 Menschen in seinen Geschäftsniederlassungen zwischen London, Antwerpen und Konstantinopel. In Spanien wurden unter dem König Ferdinand von Aragon und seiner Frau Isabella von Kastilien die Inquisition wieder eingeführt und die Juden des Landes vertrieben. In Nürnberg führte Albrecht Dürer seine Kunst zu einer nie dagewesenen Blüte, worin ihm Hieronymus Bosch und Hans Memling in Flandern nacheiferten.

Der Humanist Erasmus von Rotterdam kann wegen seines skeptischen Witzes als Voltaire seiner Zeit bezeichnet werden, und der Italiener Machiavelli verfaßte aus ganz entgegengesetzter Perspektive seine machtzynische Schrift ›Der Fürst‹, die die Menschheit, allen voran die politischen Machthaber, im düstersten Licht zeichnete.

Über allem standen aber die großen Künstler der Bildenden Kunst in Italien. Von Leonardo bis Michelangelo, Raffael und Tizian entstand eine kulturelle Blüte ohnegleichen, die jedoch keine Entsprechung in der menschlichen Gesittung fand, sondern mit einer Verrohung der politischen Umgangsformen einherging. An vorderster Stelle dieses Verhaltens finden sich die insgesamt sechs Päpste der Renaissance, und die Könige des Hauses Aragon, die Neapel regierten. Die Gewaltherrschaft und sittlichen Ausschweifungen brachten den Heiligen Stuhl nicht nur in Verruf, sondern kosteten aufgrund der Kritik und anklagenden Aktivität eines Wittenbergischen Augustiner-Mönchs nördlich der Alpen, der römisch-katholischen Kirche die Hälfte ihrer Gläubigen.

Die Päpste der Renaissance entwickelten sich zu großen Kunstmäzenen, denn sie glaubten, durch die sichtbare Schönheit und eindrucksvolle Größe der Malerei, Bildhauerei und der majestätischen Architektur die Würde des Papsttums und der Kirche darstellen und bekräftigen zu können, was Unsummen der Kircheneinnahmen verschlang.

Auf dem Feld der Ökonomie waren im wesentlichen die drei europäischen Länder Italien, Frankreich und Deutschland seit der Mitte des 15. Jahrhunderts führend, was nicht nur zu neuen Produktionsverhältnissen, sondern auch zu neuen politischen Ideologien führte. Diese, allen voran der Kapitalismus und die ihm verwandten Systeme der Wertschöpfung, sollten die nächsten Jahrhunderte bestimmen.

In Frankreich wurde die Diskussion um notwendige Veränderungen im Wirtschaftsleben und in der Gesellschaftsformation von Descartes und seiner nachfolgenden rationalistischen Schule, in Italien von Giovanni Batista Vico und in Deutschland relativ spät von Immanuel Kant und anschließend vom Deutschen Idealismus geführt.

Die Auseinandersetzung zwischen der absolutistischen und kapitalistischen Lebensform im 17. Jahrhundert übernahmen in Frankreich Männer mit enormer Kapitalkraft, die neben dem Kapital noch besondere ständische Vorrechte besaßen. Die Rede ist von der ›noblesse de robe‹, jenem politisch und geistig aktiven Personenkreis, der aus dem Amts- und Dienstadel stammte und teilweise zu großen Vermögen gelangen konnte. Diese gesellschaftliche Gruppierung trat ausschließlich im Übergang von feudalen zu bürgerlich-kapitalistischen Verhältnissen auf. Stets finden wir ihre Vertreter dort, wo gegen das monarchistische Regime Front gemacht wurde: in der parlamentarischen Obstruktion, im Jansenismus, in der mechanistischen Philosophie und in der Fronde, jener Gruppierung, die während der Minderjährigkeit Ludwig XIV. gegen den Regenten Mazarin Stellung bezog und eine Erhebung des Pariser Parlamentes in den Jahren 1648-53 provozierte. Später bezeichnete dieser Begriff die allgemeine unorganisierte Gruppe Unzufriedener und Oppositioneller. Zu ihren bedeutendsten ideologischen Vertretern gehörten die Belgier Lipsius und Jansenius. Letzterer war von 1585 bis 1638 Bischof von Ypern. Dort rief er die Bewegung zur inneren Erneuerung des Katholizismus ins Leben und gründete die Schule von Port Royal, in deren Mauern sich zeitweise Antoine Arnauld[2] und Blaise Pascal aufhielten.

Justus Lipsius war ein Spitzenvertreter des neuen Stoizismus, der gemeinsam mit Jansenius bestrebt war, die Lebensführung der noblesse de robe zu einer neuen Massenmoral zu erheben. Diese Moral ist gekennzeichnet von einer Doppelbödigkeit. Einerseits die kapitalistische Moral der Massen und andererseits die des idealisierten weisen Herrn der noblesse de robe. Das ist der Gründungsakt der modernen rationalistischen Philosophie, der sich sowohl im Jansenismus als auch im Cartesianismus wiederfinden läßt. Ihr Schwerpunkt war die Erforschung der Natur des Menschen, womit bereits in der Fragestellung eine unauflösbare Doppeldeutigkeit vorliegt, denn der Mensch ist von Natur triebgesteuert, und wenn er mehr sein soll als das Triebtier, dann muß es zusätzlich eine zweite, wesenhafte Realität jenseits der triebhaften Natur geben.

Der bedeutendste französische Naturphilosoph des 16. Jahrhunderts war Jean Bodin, der sich auch als Staatstheoretiker einen Namen machte. In seinem Hauptwerk[3] entwickelte er den Gedanken und den Begriff der Souveränität, d.h. den der Unabhängigkeit der staatlichen Gewalt von jeder inneren und äußeren Bindung, womit er das Problem des schwelenden konfessionellen Bürgerkrieges lösbar machte. Allerdings gilt er auch als Wegbereiter des Absolutismus, der jedoch, anders als bei Thomas Hobbes, nicht schrankenlos, sondern an das natürliche und göttliche Recht gebunden war.

Der neue Stoizismus des Lipsius[4] stand im Widerspruch zu seinem antiken Vorläufer. In der Antike wurden der Mensch und die Welt grundsätzlich als gut angesehen, was bei Lipsius nicht der Fall war. Der Mensch und die Welt galten nunmehr als grundsätzlich schlecht, weshalb es keinen Sinn mache, sich über die Übel der Welt zu beklagen, denn diese existieren überall und allzumal. Hier finden sich enge Verwandtschaftsbeziehungen zum Calvinismus.

Die Naturauffassung in der Naturphilosophie ist bei Lipsius, ähnlich wie bei Vives und Bacon, gekennzeichnet einerseits vom ewigen Wechsel und andererseits von der daraus resultierenden Sinnlosigkeit. Das war die Grundlage der spezifischen Erkenntnistheorie dieser Zeit, die davon ausging, daß die gesamte Außenwelt allein Gegenstand des Meinens sei, also nicht mittels der ratio verständlich werden konnte.[4]

Es stellt sich die Frage, wenn nun alles äußere Geschehen schicksalhaft ist, warum sollte der Mensch dann tugendhaft sein? Das führt uns zur Problematik der Willensfreiheit, die insofern ausgehebelt wurde, als die Sinnlosigkeit der Außenwelt das natürliche menschliche Leben zwangsläufig ebenfalls sinnlos machte. Nichts besaß noch einen positiven Wert, weder die Seele noch das insgesamt Menschliche. Einen Ausweg aus diesem Dilemma bot allein die Position der Negation zu allen Geschehnissen der Außenwelt, nur so ließ sich der Zustand der Freiheit wiederherstellen. Alle Wahrnehmungen und Affekte galten als etwas Äußeres, und sie waren mit der Innerlichkeit nur nach dem Gesetz der Kausalität verbunden.

Wenn allerdings, das ist das wahre Dilemma dieses Denksystems, die Freiheit des Individuums nur durch die Negation des Äußeren hergestellt werden konnte, dann verflüchtigte sich auch jeder individuelle Inhalt der Innerlichkeit, da beide Sphären durch das Gesetz der Kausalität verbunden sind.

In der calvinistischen Moral finden wir unverständliche Satzungen eines verborgenen Gottes, womit sie irrational ist. Es ist dem Menschen unmöglich, postuliert Jean Calvin, ein gutes Leben zu führen, denn er ist von Natur her schlecht. Wie soll aber aus einer derartig geformten Natur des Menschen eine brauchbare Massenmoral abgeleitet werden? Die Verderbtheit des Menschen, also der Widerspruch zwischen Sittlichkeit und den realen menschlichen Triebkräften in der Menschennatur, und der Gegensatz zwischen einem erwünschten moralischen Ideal und dem tatsächlich zu beobachtenden sittenfernen Ablauf der Geschehnisse in der Realität, verhinderten die Entstehung und Durchsetzung des Grundfundamentes einer Massenmoral, die für die neuen kapitalistischen Denkformen notwendig war. Lösbar wurde dieses Problem nur, wenn der Mensch als von Natur aus gut angesehen wird, wie das im Thomismus und bei Rousseau der Fall ist. Unter dieser Bedingung sind alle Rechtssetzungen nichts als Explikationen des Naturgesetzes, welches als rational angesehen wird, weil es der menschlichen Vernunft zugänglich ist. Zugleich ist es aber auch irrational, weil jeder Bezug auf die Gesamtheit des gesellschaftlichen Lebens fehlt, womit es etwas wundersam Göttliches bekommt. Da jedoch auf die göttliche Einwirkung kein rechter Verlaß ist, denn wiewohl er das Böse verdammt hat, es aber nicht unterbindet, muß der Verdorbenheit der Menschen mit den Schranken der Religion, der Gesetze und der guten Sitten entgegengewirkt werden. Damit ist allerdings unübersehbar, daß das Prinzip der guten natürlichen Moral ad absurdum geführt ist, denn bedauerlicherweise fallen das praktische richtige Verhalten nicht mit der theoretischen Vernunft zusammen.

Im 17. Jahrhundert entstanden in Frankreich die höfische Libertinage und die besondere Gentleman-Religiosität. Erstere ist durch religiöse Heuchelei bis hin zum kämpferischen Atheismus gekennzeichnet, ohne jemals ein philosophisches Gedankengebäude errichtet zu haben, auch wenn die Enzyklopädisten gewisse fortschrittliche soziologische Theorien, beispielsweise die von Condorcet, St. Simon und Comte, als bürgerliche Philosophie angesehen haben.

Die schärfsten Gegner fanden die Libertins in den Jesuiten. Letztere liefen Sturm gegen die zynische Negierung sämtlicher moralischer Lebenssinnsetzung seitens der Libertins, die lediglich eine sinnvolle Ordnung der Natur anerkannten. In der Libertinage wurde darüber hinaus die provozierende Auffassung vertreten, daß die Religion nur die Funktion und Aufgabe habe, die ohnehin dumme Masse ausbeutbar zu machen. Dieser überbordende Pessimismus konnte sich aber nicht auf Dauer am Leben halten, weil eine derartige ideologische Grundposition jeden positiven Zukunftsgedanken im Keim erstickte.

Im zweiten Viertel des 17. Jahrhunderts erwachte in Frankreich eine mächtige katholische Renaissancebewegung, die nicht nur die Libertinage hinwegfegte, sondern auch die Protestanten auslöschte. Im Zentrum stand der Jansenismus, der am Ende sogar über die Jesuiten triumphierte. Man kann diese religiöse Strömung als Klassenbewegung der noblesse de robe ansehen, der es im Kampf gegen die Jesuiten und den König gelang, die bis dahin gesetz- und schrankenlose Regionalmacht des Adels zu brechen. Politisch stellte der Jansenismus die Geistlichkeit über die weltliche Macht. Das schuf einen scharfen Konflikt mit dem König, was letztlich dazu führte, daß die jansenistischen Geistlichen und Gläubigen fluchtartig das Land verlassen mußten, obwohl die starke parlamentarische Bourgeoisie Frankreichs ihnen nahe stand.

Der Kampf des französischen Parlaments gegen das Königshaus und seine Macht hatte in Frankreich im 18. Jahrhundert bereits eine gewisse Tradition. Als sich aber das Parlament auch noch den Heiligen Stuhl zum Feind machte, der stets mit der Krone im Bunde stand, führte das dazu, daß Ludwig XV. im Jahre 1753 das Parlament auseinanderjagte. Der Kampf ging jedoch weiter, bis endlich das neugewählte Parlament die Oberhand behielt und die Jesuiten aus dem Lande vertrieb. Insgesamt kann festgestellt werden, daß dieser mehr als hundertjährige Kampf zwischen Krone und Parlament, den Auftakt für die große Revolution des Jahres 1789 darstellt.

Das neue theoretische Weltbild in Verbindung mit der entsprechenden politischen und rechtlichen Ordnung stand im Gegensatz zum Feudalismus. Die noblesse de robe war allerdings genauso wenig in der Lage, eine zeitgemäße Massenmoral zu installieren wie das vorher dem Feudalismus gelungen war. Das sollte erst dem Kapitalismus gelingen.

Aus diesen unauflöslichen Widersprüchen der Gesellschaft erhob sich das Genie René Descartes. Am Anfang seines Lebensweges stand die Verzweiflung über die gesamte Gelehrsamkeit seiner Zeit. Bereits in seinen Schuljahren entlarvte er das schulische Versprechen als Lüge, demzufolge alles vermittelte Wissen im Leben nützlich sei. Ihm war klar, daß, abgesehen von verschiedenen Anwendungen der Mathematik in der Technik, das gesamte alte Naturbild nichts als eine philosophische Naturdeutung darstellte. Von einer Naturbeherrschung war weit und breit nichts zu entdecken. Alle naturphilosophischen Lehren, die sich auf den Harmoniegedanken der Renaissance oder auf den Gedanken der thomistischen Finalität bezogen, nannte er nutzlose Silbenstecherei oder Scharlatanerie. Keiner der kirchlichen Moraltheologen konnte und wollte die werdende bürgerliche Moral begründen.

Eine theologische Moral existierte für Descartes überhaupt nicht. Auch die heidnische Moral der Stoiker kritisierte er, denn er wollte dem Gedanken, daß das Schicksal still zu ertragen sei, nicht folgen. Die Stoiker verbreiteten im Grunde eine Moral der Verzweiflung, die geprägt war von Hochmut und Gefühllosigkeit. Das könne nicht, so Descartes, die wahre Tugend sein. Mit der Ablehnung des stillen Erduldens des Schicksals hatte sich der vormalige Zusammenhang von Naturbild und Moral aufgelöst. Das Naturbild wurde nun sinnlos, weil die Natur dem Menschen als etwas Fremdes gegenüber stand.

Das, was Descartes seinen Zeitgenossen anzubieten hatte, war das später als klassisch bezeichnete Denken der Aufklärung, mit dem die Vernunft den Vorrang vor der Tradition und den äußeren Autoritäten bekam. Wir nennen diese geistige Strömung, deren Begründer Descartes war, Realismus. Er war es, der den Geist der mathematisch-mechanistischen Naturwissenschaft auf die Philosophie übertrug. Gemeinsam mit dem Empirismus des Engländers John Locke, der alle Erkenntnis auf Sinneserfahrungen und die Wahrnehmungen seelischer Vorgänge auf eine Reflexion derselben zurückführte, konnte der beginnenden Neuzeit eine neue symbolische Ordnung der Dinge vermittelt werden. Diese neue symbolische Ordnung soll nun genauer betrachtet und auf ihre Hintergründe und Neuerungen befragt werden. Wir befinden uns somit auf dem Feld der Theorien, Denksysteme und den darin waltenden Zeichen, wie das schon der Symbolbegriff unmißverständlich nahelegt.

2.2 Der Weg in die neue symbolische Ordnung

Der Begriff oder das Wort symbolisch oder Symbolisierung wird in der Wissenschaft so häufig benutzt, daß es unmöglich erscheint, eine universal gültige Bedeutung für alle Anwendungsbereiche zu nennen. Das liegt nicht zuletzt daran, daß zu viele wissenschaftliche Disziplinen mit ihm aufs engste verbunden sind. Zu nennen sind die Psychologie, Linguistik, Epistemologie, Religionsgeschichte, Semiologie und Ethnologie, um nur einige zu nennen. Über eines besteht aber bei aller Verschiedenheit Konsens: Die Symbole werden durchgängig in die Kategorie der Zeichen eingereiht. Aber wenn man die Symbole so zu gliedern versucht, daß durch ihren natürlichen Zusammenhang etwas Abwesendes oder unmöglich Wahrzunehmendes wachgerufen wird, dann ist das nur möglich, wenn wir uns auf ein genau definiertes Feld der Anwendung festlegen, um der großen Variationsbreite der Verwendung zu entgehen.[1]

Auf das Handlungs- und Denkvermögen des Subjekts bezogen, stehen wir vor einer Fähigkeit des Menschen, innerhalb des Wahrgenommenen eine Ordnung der Realität zu unterscheiden, die nicht auf Sachen reduzierbar ist, obwohl sie gleichzeitig gestattet, die Sachen generalisierend zu handhaben. Wichtig ist dabei, daß wir nicht von einer inneren Beziehung zwischen Symbol und dem

Symbolisierten ausgehen dürfen, wie im weiteren Verlauf deutlich zu erkennen sein wird.

Die Bedeutung der Elemente einer symbolischen Ordnung kann allein und ausschließlich im Gesamt dieser Ordnung selbst aufgeklärt werden.[2] Dieses Verfahren ist eine besondere Art der Geschichtsschreibung, die bereits bei den französischen Epistemologen, aber auch bei Heidegger[3] zu finden ist. Letzterer hat die Geschichte des Seins vollständig von den Taten und Meinungen der Subjekte abgekoppelt, denn die Seins-Geschichte kann nicht aus dem Bewußtsein oder Selbstbewußtsein der reflektierenden Individuen entstehen, da diese bereits in einer mit Sinn versehenen Welt zu ihrem Selbstbewußtsein gelangen und deshalb niemals die hermeneutischen oder praktischen Urheber der symbolischen Ordnung sein können. Ignorieren wir diese Tatsache, so treten wir in einen hermeneutischen Zirkel ein.

Unter Hermeneutik subsumieren wir die Deutungslehre, die Verstehenslehre und die Auslegekunst, mit denen wir zu Interpretationen hinsichtlich des Sinns und der Bedeutung von untersuchten Gegenständen gelangen. Zeitweise ging sie mit der protestantischen Lehre eine enge Verwandtschaft ein und stellte dabei ihren Begriff der hermeneutischen Historizität bewußt gegen den katholischen Traditionsbegriff, um ihre exegetische Funktion zu betonen.

Michel Foucault sagt in diesem Zusammenhang: ›Nennen wir die Gesamtheit der Kenntnisse und Techniken, die gestatten, die Zeichen sprechen zu lassen und ihren Sinn zu entdecken, Hermeneutik. Nennen wir die Gesamtheit der Erkenntnisse und Techniken, die gestatten zu unterscheiden, wo die Zeichen sind, zu definieren, was sie als Zeichen instituiert, ihre Verbindungen und Gesetze ihrer Verkettungen zu erkennen, Semiologie‹.[4]

Der Begriff ›Semiotik‹ wurde bereits in der griechischen Antike für die Lehre vom Zeichen benutzt, weshalb die meisten Fachausdrücke der Semiologie griechischen Ursprungs sind oder auf lateinischen Übersetzungen beruhen. Schon bei den Vorsokratikern, bei den Sophisten und bei Platon finden sich semiotische Untersuchungen. Aristoteles erweiterte die Arbeiten seiner Vorgänger und entwickelte in seiner Logik und Rhetorik eine gewisse erste Systematik der Semiotik, unter Einschluß des Symbolbegriffs. Eine besondere Erweiterung des Zeichenbegriffs finden wir in der christlichen Metaphysik der Spätantike bei Augustinus.[5]

Auch die mittelalterliche Scholastik befaßte sich mit subtilen Untersuchungen semiotischer Probleme, und auch die Philosophen des 17. und 18. Jahrhunderts, beispielsweise Locke, Leibniz, Berkeley, Hume und Lambert, nahmen sich dieser Thematik an. Bis schließlich im 19. Jahrhundert der Logiker, Philosoph und Geodät Charles Sanders Peirce die moderne Gestalt der Semiotik entwarf.

Bis ins 16. Jahrhundert überlagerten sich Hermeneutik und Semiologie in Form der Ähnlichkeit der Dinge. Sobald in dieser Zeit der Sinn einer Sache gesucht wurde, hieß es, die Ähnlichkeit des Dinges mit der Natur und mit Gottes Schöpfung zu finden. Wer das Gesetz des Zeichens suchte, mußte jene Dinge entdecken, die einander ähneln. Das sollte sich aber im 17. Jahrhundert durch einen Paradigmenwechsel, der nicht der letzte sein sollte, ändern. Der erste Wechsel fand in der Zeit zwischen dem spätmittelalterlich-frühneuzeitlichen und dem aufgeklärten Denken statt. Erst im Übergang vom 19. zum 20. Jahrhundert fand ein erneuter Paradigmenwechsel statt, der das aufklärerische Denken zugunsten der Geburt des Menschen mittels der Etablierung der Wissenschaft vom Menschen ersetzte. Das Neue dieser Wissenschaft bestand darin, daß sie den Menschen gewissermaßen erfand.

Die beginnende Neuzeit, die mit der Epoche der Renaissance zusammenfällt, war noch geprägt von der traditionellen Vorstellung der Analogie aller Seinsbereiche. In dieser Zeit besaß jedes Zeichen eine Dreiheit, die bereits bei Zenon von Kition und seiner etwa 300 v. Chr. gegründete Philosophenschule, der Stoa, zu finden ist. Diese Dreiheit gliederte sich in das Bezeichnete, das Bezeichnende und die Konjunktur, womit das Verbindende zwischen den ersten beiden Elementen gemeint war. Erst die Logik von Port Royal, benannt nach dem Zisterzienserkloster Port Royal des Champs bei Paris, sollte dieser Auffassung ein Ende bereiten.

In der Renaissance bestand das Zeichensystem aus dem formalen Zeichen, dem Inhalt, der durch das Zeichen bezeichnet wurde und aus der Konjunktur der Ähnlichkeiten zwischen den beiden erstgenannten Elementen, mit denen sie verbunden werden oder die zwischen beiden vermitteln. Eine wirkliche Trennung und Unterscheidung der Elemente fand jedoch noch nicht statt, da die Ähnlichkeiten in gleicher Weise aus der Form wie aus dem Inhalt schöpften, womit alle drei Elemente zu einer einzigen Figur verschmolzen.

Wir können damit feststellen, daß bis zum Ende des 16. Jahrhunderts das Denken der Menschen in der abendländischen Kultur von der Ähnlichkeit geprägt war. Die Erde war eine Wiederholung des Himmels, die menschlichen Gesichter spiegelten die Sternenwelt wider, und die Pflanzen und Tiere trugen in sich aufzudeckende, für den Menschen dienstbare Geheimnisse. Die Malerei der Renaissance verdoppelte den sie umgebenden Raum. Sie war das Theater des Lebens und der Spiegel des historischen Weltgeschehens.

Was die Ähnlichkeit der Dinge betrifft, so war die Vorstellung darüber im 16. Jahrhundert äußerst vielfältig. Aber aus dem gesamten Fundus ragen vier essentielle Ähnlichkeitsmerkmale heraus. Es handelt sich im einzelnen um:

1. die convenienta,
2. die aemulatio,
3. die Analogie und
4. die Sympathien.[6]

Die erste Ähnlichkeit der Dinge kennzeichnet die räumliche Nähe und Beziehung der Objekte. Ähnlich ist, was sich dem Nachbarn unmittelbar vermittelt, ihn zu Gemeinsamkeiten veranlaßt und dadurch ganz spezifische eigene Ähnlichkeiten produziert. Entscheidend ist hier der Raum, der die Nachbarschaft erzeugt, wodurch die charakteristischen Bindungen und Anpassungen möglich werden.

Die zweite Ähnlichkeit wird durch die Übereinstimmung über räumliche Distanzen hinweg als berührungslose Ähnlichkeit angesehen. Das menschliche Antlitz beispielsweise eifert dem Himmel nach. Der Mund tat es der Venus gleich, denn er tauscht Küsse und Liebesworte aus. Die Nase verweist auf das Zepter des Jupiter und den Heroldstab des Merkur. Stets sind es Nachahmungen oder Verdoppelungen, so als ob den Dingen über eine Distanz ein Spiegel vorgehalten wird. Paracelsus z.B. bevorzugte als Arzt stets bodenständige Heilkräuter, weil er davon ausging, daß Gott in jedem Land jene Kräuter wachsen ließ, die gegen dort auftretende Krankheiten wirksam sind.[7]

In der dritten Form der Ähnlichkeit überlagern sich die ersten beiden Ähnlichkeitsformen, ohne daß es dabei um die sichtbaren Dinge selbst geht. Vielmehr spielen hier die subtilen Ähnlichkeiten der Verhältnisse die entscheidende Rolle. Diese Ähnlichkeit kann deshalb eine schier unendliche Zahl von Verwandtschaften stiften. Beispielsweise entspricht das Verhältnis der Sterne zum Himmel genau dem zwischen Gräsern und der Erde. Damit wird auch die Pflanze zum aufrechten Tier, weil ihr Säftetransport genauso wie bei den Tieren schlechthin von unten nach oben erfolgt. Und die Analogien zwischen den Menschen, ihren Körperelementen und den irdischen und stellaren Objekten sind besonders hervorgehobene Positivitäten, ohne jedoch wissenschaftliche Erkenntnisse zu sein.

Mit der vierten Ähnlichkeit wird das Spiel der Sympathie gezeichnet. Sie agiert im freien Zustand in den Tiefen der Welt und bewirkt die Bewegungen der Dinge nah und fern. Sie treibt die Wurzeln ins Erdreich und schreibt der Sonnenblume vor, den Lauf der Sonne nachzuzeichnen. Es sind aber nicht nur die äußeren Bewegungen gemeint, sondern auch die inneren. Sie veranlassen z.B. das Feuer, das zunächst der Erde zugehörig ist, in seinem Aufflammen sich zu Luft zu wandeln. Die Sympathie hat aber auch die nicht ungefährliche Kraft, die Dinge verschmelzen zu lassen oder sie miteinander identisch zu machen. Deshalb muß sie durch die Zwillingsgestalt der Antipathie in Schranken gehalten werden. Nur letztere kann die Assimilation der Dinge verhindern. Das Spiel der Antipathie führt dann zu dem, was wir heute das natürliche Gleichgewicht oder Fließgleichgewicht nennen. Beispielsweise besitzt jedes Tier in seinem angestammten Lebensraum einen natürlichen Feind, den es fürchten muß, und der zugleich die überlebensfähigen Grenzen der Population zieht. Der von der Sympathie und seinem Gegenpart geschaffene Raum gestattet es den anderen drei Ähnlichkeiten, sich zu entfalten und Wirkung zu zeigen.

Abgeschlossen wird das System der Ähnlichkeiten durch die sogenannte Signatur, die sich in der Entsprechung von Wort und Ding sowie von Bewegung und Sprache zeigt. Das soll heißen, daß zwischen den Dingen und ihren Begriffen eine erkennbare Ähnlichkeit besteht. Da allen Dingen und Gedanken Worte und Begriffe zugeordnet und diese Bestandteil der Sprache sind, liegt es nahe, eine Ähnlichkeitsbeziehung zwischen den Worten und den Dingen anzunehmen. Das bedeutet zugleich, daß alles mit allem verwandt ist, was zu der Schlußfolgerung führt, daß alles mit dem All-Einen, dem höchsten des Seienden, also dem Seins-Prinzip insofern verbunden ist, als die Verwandtschaft zwar keinen klaren oder völligen Einblick in die Ordnung der Dinge gewährt, aber den Zeichenbenutzern im kleinen Maßstab eine Teilhabe am Gesamtseienden, mithin am Göttlichen, vermittelt.

Das sollte sich nach der Renaissance ändern, denn man begann die Struktur der Zeichen binär zu lesen. Nunmehr existieren die Zeichen nicht mehr als die materielle Schrift der Dinge, sondern sie sind in den ihr eigenen Raum eingebunden, in dem sie nach der universalen Herrschaft der repräsentativen Zeichen funktionieren. Damit stellte sich für die Menschen dieser Zeit die Frage, wie sollten sie erkennen, daß ein Zeichen genau das bezeichnete, was es bedeutete? Wie konnte das eine mit dem anderen verbunden sein? In der Aufklärung wurde diese Frage mit dem Repräsentationsmodell beantwortet, das bis ins späte 19. Jahrhundert seine Gültigkeit behielt.

In dieser Epoche verlor die Schrift ihr Primat. Die Sachen und die Wörter trennten sich. Es entstand geradezu eine Kulturrevolution, in der die Sprache als Repräsentation eine gewichtige Rolle zu spielen hatte. ›Die Kunst der Sprache war eine Art, »Zeichen« zu geben, gleichzeitig etwas zu bedeuten und um diese bedeutete Sache Zeichen zu disponieren ...‹.[8] Anschließend wurde die Bedeutung des Bezeichneten in der Repräsentation reflektiert. Mit anderen Worten: Die Ähnlichkeit als vermittelndes Element zwischen dem Zeichenträger (Signifikant) und dem Bezeichneten (Signifikat) verschwand ersatzlos. Fortan gab es keine natürliche Nachbarschaft mehr zwischen den Wörtern und Dingen.

Das Zeichen war zwar nach wie vor mit einem Signifikanten und einem Signifikat gefüllt, aber die Beziehung oder die Relation der beiden Elemente war arbiträr. Dem Bezeichneten wurde ein Bezeichnendes zugewiesen, und das, was beide verband, war die Repräsentation. Das bedeutete zugleich, daß die Zuweisung des einen Elementes zum anderen innerhalb des Zeichens rein zufällig war, wenngleich ein Bezeichnetes erst als solches auftreten konnte, wenn es zuvor einmal durch die Existenzform des Bezeichnenden hindurchgegangen war, da es nur dadurch und zu diesem Zeitpunkt in das Zeichensystem der Sprache eintrat.

An die Stelle der Ähnlichkeiten trat nun die analytische Vernunft, die im gleichen Atemzug nicht nur ihren synthetischen Vorläufer verdrängte, sondern zugleich die Synthesen der Feudalität, denn diese analytische Vernunft bewirkte das Verschwinden des Gottgnadentums der feudalistischen Herrschaft. Damit hörte jegliche natürliche Synthesis zwischen Zeichen und den Dingen auf. Sie verschwand zwar nicht spurlos, aber sie verliert sich unaufhaltsam im weiteren Verlauf der Zeit. An ihre Stelle trat eine künstliche Ordnung, eine Taxonomie, eine Grammatik, deren Beziehungsgefüge und Sachbezogenheit der Zeichen auf arbiträrer Willkür beruhte. Dieses willkürliche Zuweisungsprinzip der neuen symbolischen Ordnung nennt Foucault ›représentation‹.[9]

Fortan wurde die nach Ähnlichkeitsbeziehungen aufgebaute Welt durch eine analytische Relation ersetzt. Letztere verwarf den bislang trügerischen Schein der Welt der Sinne zugunsten gedanklich durchdrungener, also aufgeklärter Ordnungen, in denen die Dinge an den Ort gestellt wurden, der ihnen von Rechts wegen oder in Wahrheit zukam. Alle Dinge und Sachverhalte der Welt, des Wissens und der Traditionen wurden auf den analytischen Prüfstand gestellt und in ihre atomistischen Einzelteile zerlegt. Erkenntnis ohne Differenz war nunmehr unmöglich, da historische Überlieferungen meist ideologisch verzerrt und damit trügerisch sind, weshalb Geschichte und Wissenschaft streng getrennt wurden. Traditionen, die bislang wie Märchen geglaubt wurden, mußten sich dem kritischen Urteil stellen, wollten sie Bestand haben. Geschah das nicht, so dachte und glaubte der Mensch weiterhin mit den verzerrten historischen Überlieferungen, anstatt mit Hilfe der Vernunft das an ihn Herangetragene zu überprüfen, wie das auch Kant seinen Zeitgenossen nahelegte.

Als sich mit der Aufklärung der erkenntnistheoretische Diskurs radikal änderte, hatte das auch Konsequenzen für die Zeichentheorie. Wie bereits dargestellt, hatte das Prinzip der Ähnlichkeiten als Vermittlungsinstanz zwischen Signifikant und Signifikat dem Grundsatz der Repräsentation Platz machen müssen. Sie übernahm den notwendigen Verweisungsbezug zwischen den Zeichenelementen, aber auch zwischen Zeichen und bezeichnetem Objekt. Da die Repräsentation absolut arbiträr ist, konnte sie nicht natürlichen Ursprungs sein. Die Lösung dieses Problems bestand darin, daß fortan die Repräsentation als Vermittlung zwischen den Zeichenelementen als das Resultat von Konventionen angesehen wurde. Diese Konventionen konnten aber nur aus dem analytischen Vernunftsgebrauch stammen, womit sie im Prinzip jedes historische Denkmuster ausschalteten.

Es handelt sich hier um das Denken, das schon immer paradoxerweise gewesen sein wird. Dieser Satz ist genauso paradox wie sein Inhalt, weil in ihm die Vergangenheit und die Zukunft zusammenfallen, womit bedeutet wird, daß jeder Zeitbezug irrelevant ist. In der strukturalistischen Terminologie nennt man das ›synchrones Denken‹ oder ›Synchronie‹.[10] Das Denken und die Sprache haben demnach keine eigentliche Identität, sie sind kein Seiendes. Die Sprache existiert nur als Signifikation, als die Abwesenheit dessen, was es bezeichnet oder repräsentiert. Mit anderen Worten: Die Sprache als Repräsentation wird zum Ort der Differenz. Allerdings ist die Differenz der Identität und der Präsenz der von ihr bezeichneten Dinge unterworfen. Die Sprache existiert demnach nur durch ihren Sinn, der jedoch vorsprachlich ist, weil dieser Sinn aus der Intention des Sprechenden hervorgeht, der diesen immer neu belebt. Wie findet aber die Repräsentation zwischen Zeichen und Bezeichnetem statt?

Diese Frage ist zu früh gestellt, denn wir müssen erst noch die Veränderungen des Denkens von der Renaissance zum Barock nachzeichnen, indem wir die neuen Verfahren und Methoden des Erkenntnisgewinns und des Wissenserwerbs aufdecken.

Wenngleich die Entdeckungen von Ähnlichkeiten auch etwas mit dem Gemeinsamen oder dem Unterschiedlichen zu tun haben, so galt vom 17. Jahrhundert an, daß es keine wahre Erkenntnis geben kann außer der, die durch Anschauung, also einen Akt der analytischen Intelligenz, zustande kommt.[11] Alle spontanen Fiktionen des Geistes, die nur zu Sprachkonfusionen führen und das Wissen zu Götzenbildern formt, haben zu unterbleiben.

Die Anschauung mußte sich nun der Mühe des Vergleichs nach dem Prinzip des Maßes und der Ordnung unterwerfen. Mit Hilfe der logischen Konklusionsmethode der Deduktion mußte es gelingen, die erkennbaren Evidenzen miteinander zu verbinden. Auf eine einfache Formel gebracht heißt das, daß fortan für fast alle Erkenntnisse der Vergleich die entscheidende Rolle zu spielen hatte, wenngleich er selbst a priori keine Deduktion oder isolierte Evidenz erbringen konnte. Um das zu leisten, mußten zwei Normgrößen in den Vergleichsprozeß eingeführt werden. Nun betraten das Maß und der Meßvorgang als ordnungsschaffendes Prinzip die Bühne der Erkenntnisse, und sie spielen bis heute eine unhintergehbare Hauptrolle, nicht nur in den Naturwissenschaften.

Das Messen setzt grundlegend das Wissen um das zu messende Ganze voraus, damit dieses auf einem Kontinuum in seine Einheiten zerlegt werden kann. Anschließend wird in einem Meßvergleich die arithmetische Beziehung der Gleichheit oder Ungleichheit gebildet. Das ist der Moment, wo sich eine analytische oder analysierbare Ähnlichkeit nach der kalkulierbaren Form der Identität oder des Unterschieds bilden soll.

Sehen wir uns den Prozeß der Schaffung einer Ordnung an, so stellen wir fest, daß dies nichts mit der Bildung von Einheiten oder der umfassenden Ganzheit zu tun hat. Stattdessen bedeutet eine Ordnung herzustellen, einen Vergleich von Wesensheiten vorzunehmen, und zwar in der Form, daß dieser Vergleich mit möglichst einfachen Elementen durchzuführen ist, um gegenüber anderen Wesensheiten Unterschiede feststellen zu können. Erst durch die unterscheidbaren Vielheiten kann das Ordnen geschehen, so daß ordnen und vergleichen ein und derselbe Akt sind.[12] Die Einfachheit der verglichenen Elemente bezieht sich nicht auf das Sein des Dinges, sondern nur auf die Art und Weise, wie die Elemente erkannt werden können.

Mit diesem Denkansatz wurde die Identität von Form und Inhalt der Erkenntnis des Denkens mittels fiktiver oder tatsächlicher Ähnlichkeiten, wie das noch im 16. Jahrhundert der Fall war, zugunsten der Begriffe von Identität und Differenz aufgebrochen. Damit wurde es auch möglich, mit systematischem und geordnetem Denken vom Einfachen zum Komplexen zu schreiten, um sich die Ordnung der Welt erschließen zu können. Nun entfaltete sich der Raum der Empirie, des Messens und der physikalischmathematischen Gesetzmäßigkeiten, was im 17. Jahrhundert Männer wie Isaac Newton, die Bernoullis, Leibniz u.a. auf die Bühne der Wissenschaft rief.

Es entfaltete sich eine neue Epoche, der man nicht zu Unrecht den Namen ›Rationalismus‹ zuwies. Fundamental ist seit dieser Zeit die Suche nach den Unterschieden und die generelle Herstellung von Meßbarkeit der Dinge und Abläufe, und das selbst in der Psychologie, der Wissenschaft von Denken, Fühlen und Handeln der Individuen. Dieser Umstand macht es zwingend erforderlich, die Wissenschaften von der Religion und von der Geschichte radikal zu trennen. Nur in der Wissenschaft sind durch Anschauung, Messen, Verkettungen und Gesetzmäßigkeiten gesicherte Urteile möglich. Die Geschichte arbeitet dagegen notgedrungen mit unsicheren Überlieferungen, weil niemand so genau weiß, ob diese wahr oder falsch sind. Sie besitzt keine evidenten und deutlichen Wahrnehmungsinhalte, wenngleich gelegentlich auch die moderne Geschichtswissenschaft mit der Methode der Analyse zu strengen und durchaus glaubhaften oder sogar gesicherten Urteilen gelangen kann, sofern auf die gefundenen Quellen Verlaß ist.

Halten wir fest: Ab dem 17. Jahrhundert wurde das Wissen mit Hilfe der Zeichen und der Empirie nach den Kriterien von Identität und Differenz erworben und geordnet. Es stellt sich nun die Frage, was ist ein Zeichen? Diese Frage ist auch deshalb relevant, weil im späteren Verlauf dieses Textes das ikonische Zeichen und die visuelle Metapher im Rahmen der Identifikation und Charakterisierung von Bildwerken, in Hinsicht ihrer Form und Aussage, eine zentrale Rolle spielen werden.

Das Zeichen ist niemals eine Wesensheit, die auch dann existiert, wenn es nichts zu bezeichnen gibt. Es hat keine Seinsweise wie die Dinge, die es umgeben. Zeichen sind virtuell. Ohne eine vorgängige Idee für die sie anschließend eintreten sollen, können sie nicht bestehen oder entstehen. Das machen zwei Beispiele deutlich. Wir wissen, daß die Landkarten und Bildwerke lediglich

Stellvertreter von dem sind, was sie bezeichnen. Sie sind zu keiner Zeit das Ding selbst, obwohl sie in dinglicher Form präsentiert werden. Stattdessen aktivieren sie die dazugehörige Idee, die als Gedächtnisinhalt gespeichert auf den Begriff gebracht und abgerufen werden kann. Das Zeichen existiert gewissermaßen doppelt, denn es tut das, was wir von ihm erwarten, indem es auf das Ding verweist, und zugleich sagt es: Schau her, ich bin ein Zeichen, und ich habe mich in diesem Augenblick mit dem bezeichneten Ding verbunden. Diese Verbindung ist rein zufällig und willkürlich. Nichts existiert, was dieses Zusammenwirken erzwingen könnte. Ein Zeichen spricht also stets von dem bezeichneten Ding und von sich selbst.

Wir sehen, es sind sämtliche Brücken zur früheren Ähnlichkeitsdogmatik der Dinge mit den Zeichen und deren sprachlichen Ausdrücke als Erkenntnismethode abgebrochen worden. Nun muß das Zeichen und seine Wirkung allein im Raum der Empirie und der Erkenntnis gesucht werden, wo wir es entweder mit Gewißheit oder lediglich wahrscheinlich finden werden. Fortan gibt es keine stummen Spuren oder unbekannte Zeichen mehr, wie das noch im 16. Jahrhundert postuliert wurde. Jetzt entsteht das Zeichen als solches nur unmittelbar durch die Erkenntnis des Verweisungszusammenhangs zwischen zwei bereits bekannten Elementen. Dabei gehört es entweder zu dem, was es bezeichnen soll, oder es muß von diesem getrennt sein. Diese Trennung ist aber nicht radikal und absolut, denn ein Zeichen kann nur als solches seine Funktion wahrnehmen, wenn es in der Serie des zu Bezeichnenden enthalten ist und zugleich von den zu bezeichnenden Dingen unterschieden ist.

Beispielsweise wird das Rauschen einer Brandung niemals als Zeichen des anbrandenden Wassers an der Küste erkennbar sein, wenn nicht zu einem bestimmten Zeitpunkt wenigstens einmal sowohl das Geräusch gehört als auch die anbrandenden Wellen gesehen wurden. Allerdings reicht das noch nicht dafür aus, daß das Rauschen zum Zeichen für Meeresbrandung werden kann, denn als Zeichen muß es sich von der Wahrnehmungssituation lösen. An die Stelle der Sinneswahrnehmung des Rauschens muß das treten, was nach der Analyse des Ereignisses durch den Geist als das Wesentliche und damit als speicherwürdig ins Gedächtnis eingeschrieben wird. Ein Zeichen wird also nur nach der Analyse der sinnlichen Wahrnehmung gebildet. Ohne diese geistige Arbeit gibt es keine Zeichen.

Ist die Analyse erst einmal erfolgreich abgeschlossen und das Zeichen in seiner Virtualität etabliert, kann es auch als Instrument der Erkenntnis für andere völlig fremde Sachverhalte benutzt werden, beispielsweise als Metapher.

Die Entstehung, Etablierung und Universalisierung von Zeichen ist unzweifelhaft ein elementarer und komplexer Lernprozeß, der dazu dient, die Art und Weise der Verbindung von Zeichen und Bezeichnetem als Gedächtnisinhalt herzustellen. Ist das der Fall, kann die Vernunft wahre oder richtige Urteile fällen.

Zu bedenken ist aber auch, daß die Zeichen entweder natürlichen Ursprungs sind oder durch Konventionen entstehen. Das natürliche Zeichen ist stets ein Element des bezeichneten Dinges, wie das beim Meeresrauschen zutrifft. Es konstituiert sich durch die der Wahrnehmung folgenden Erkenntnis, und es besitzt einen festen unverrückbaren Platz, der sich lediglich durch das Spiel der Metaphern verschieben kann.

Ist das Zeichen jedoch durch einen konventionellen Akt willkürlicher Zuschreibung entstanden und etabliert worden, wie das beispielsweise bei der Zuordnung eines Wortes oder Begriffs zu einer Sache der Fall ist, dann ist dieses Zeichen mit dem Ding völlig arbiträr verbunden. Allerdings ist das Arbiträre nicht der Zufälligkeit preisgegeben, denn die Zuordnung des Zeichens zu dem bezeichneten Ding wird durch seine Funktion geprüft und gemessen. Zusätzlich werden die Regeln des Gebrauchs durch diese Funktionen definiert. Wichtig ist in diesem Zusammenhang, daß ein willkürliches Zeichensystem, wie beispielsweise die Sprache und die Schrift, die Analyse der Dinge sehr einfach machen muß.

Die arbiträren Zeichen stehen aber nicht im Gegensatz zu den natürlichen, da beide durch das Raster der Analyse innerhalb des kombinatorischen Raumes entstehen und wirken. Ihre Verwandtschaft beruht auf der Zugehörigkeit zu einer universalen Berechnung und auf der Suche nach dem Elementaren in einem künstlichen System, denn die Verwandtschaftsbeziehungen zeigen die gemeinsame Aufgabe des Analysierens und Kombinierens, womit die Sprache Merkmale des Rechnens aufweist. Nun wird das Denken durch die Instrumente der Wahrscheinlichkeit, der Analyse und der Kombinatorik geprägt, und das tatsächlich Arbiträre des Systems ist für die Erkenntnis unverzichtbar, um dem an sich nicht Denkbaren einen virtuellen Platz einzuräumen.

Es ist nun davon auszugehen, daß ein ausreichendes Fundament dafür gelegt wurde, um die Bilddeutungsprozesse und ihre psychologischen Hintergründe sowie die grundlegenden sprachwissenschaftlichen, psychologischen und semiotischen Erörterungen zu verstehen. Ziel ist, erhellende Zusammenhänge im kunstgeschichtlichen Diskurs herstellen zu können. Bevor wir uns aber dieser Aufgabe zuwenden, werden die grundlegenden Mechanismen des Denkens und der Denkmethoden in angemessener Kürze skizziert.

3.1 Grundsätze des Denkens

Das Denken ist für den Menschen und für einige höhere Tiere eine charakteristische Fähigkeit, die Umwelt mit ihren Objekten und Beziehungen bewußt wahrzunehmen, sie zu analysieren und einer synthetisierenden Schlußfolgerung zuzuführen. Damit ist das Denken die Grundlage des zielorientierten und motivgesteuerten Handelns, sowohl in der Planung von Tätigkeiten als auch in der Ausführung aller Operationen, die einem Handlungsschema den Handlungssinn vermitteln.

Es handelt sich hier nicht um eine passive Widerspiegelung der objektiven Realität, sondern der Denkprozeß vollzieht sich permanent in der aktiven Auseinandersetzung des Menschen mit seiner natürlichen und gesellschaftlichen Umwelt. Dazu benutzt er seine von ihm selbst entwickelten formallogischen Denkgesetze und Methoden. Diese Grundsätze sind aber nur als Imperativ zu verstehen, denn die Art und Weise, wie das Denken tatsächlich vor sich geht, ist von Individuum zu Individuum, von Epoche zu Epoche und von Kultur zu Kultur verschieden. Somit ist das Denken in realiter ein Forschungsfeld der Psychologie,[1] während die Ausarbeitung und Formulierung der Denkgesetze Aufgabe der Philosophie[2] und der Semiotik[3] ist.

Das methodische Rüstzeug des Denkens besteht aus der Kenntnis von Zeichen und Merkmalen eines Sachverhaltes oder Problems. Stets treten uns die Probleme in Form von Zeichen entgegen. Diese müssen wir mit Hilfe des Sprachsystems oder eines verwandten Regelsystems so organisieren, daß wir in der Lage sind, deren Sinn zu erkennen und anschließend ihre Bedeutung zu ermitteln. Wir ziehen also Schlußfolgerungen und bedienen uns der darin enthaltenen Aussagen, die wir im weiteren Verlauf des Denkens interpretieren.

Diese Zeicheninterpretation ist grundsätzlich an drei Geisteszustände gebunden.

1. Sie beginnt mit der Wahrnehmung von Gefühlssensationen, die aufgrund eines inneren Zustands ohne Zwang und Motivation entstehen. Dieser Zustand speist sich aus einem Spiel von Phantasien, denen man sich hingibt.[4]
2. Den Gefühlen folgt das, was man den Sinn für Reaktionen nennen kann. Er kennzeichnet sowohl das aktive als auch das passive Handeln. Als Geisteszustand tritt dieser Sinn als vermittelnde Instanz zwischen uns und die Realität der inneren und äußeren Dinge, womit er nicht mehr Bestandteil eines Gefühls ist. Vielmehr entsteht diese Geistesverfassung dadurch, daß ein bestimmter Gefühlszustand durch ein anderes Gefühl unterbrochen wird, womit immer zwei Dinge aufeinander wirken müssen.
3. Damit wir nicht planlos oder nach einem Beliebigkeitskalkül handeln, schalten wir einen weiteren Geisteszustand hinzu, den wir als Sinn für's Denken nennen wollen. Gemeinhin wird dieser Zustand als Lernen bezeichnet. Das Resultat dieses Verfahrens besteht darin, daß zwei Ideen oder empirische Sachverhalte als zusammengehörig erlebt oder in einem kreativen Denkprozess zusammengefügt werden.

Der Geisteszustand des Denkens ist also weder ein Gefühl noch eine Reaktion mit Kraft, sondern allein eine kognitive Handlung des Verknüpfens von Elementen der inneren und äußeren Realität zu einer strukturellen Gestalt, der eine gewisse Regel innewohnt. Diese Regel ist der Sinn der Wissensmenge. Die Erkenntnis und/oder Erinnerung der herrschenden Regel schafft eine bleibende oder belebt eine bereits bekannte Beziehung zwischen zwei an sich völlig getrennten Elementen der Realität. Sie verbindet das Ding A mit dem Ding B, ohne selbst Bestandteil von A oder B zu sein.

Damit sind wir beispielsweise durch einen kreativen Denkprozeß vom Zustand des Nichtwissens in den des Wissens übergewechselt. Betrachten wir nun die vorhandenen Methoden des Denkens: Die Analyse und die Synthese.

3.2 Die Methode der Analyse

Unter dem Begriff Methode verstehen wir die Kunst, eine Abfolge von Gedanken richtig oder wahrheitsgemäß zu ordnen. Ziel der ordnenden Methode ist es entweder, die Wahrheit zu finden oder, wenn wir sie schon kennen, sie beweisend zu stützen oder zu paraphrasieren. Die Analyse besetzt als Entdeckungsmethode oder Methode der Auflösung auf dem Denkkontinuum das eine Ende, das andere Ende gehört der Synthese als Methode der Zusammensetzung.

Der Vorteil eines methodischen Vorgehens bei einer Problemlösung oder bei einer empirischen Untersuchung besteht darin, daß viele Irrwege vermieden werden können, die uns entweder ins Gestrüpp der Beliebigkeiten führen oder wir irgendwann resigniert das Problem ungelöst ad akta legen. Schauen wir uns an, welche Arten von Problemen auf uns zukommen können, so entdecken wir grundsätzlich zwei verschiedene Typen. Es handelt sich einerseits um Wortfragen und andererseits um Sachfragen.

Unter Wortfragen verstehen wir Deutungs- und Interpretationsaufgaben bei metaphorischen oder allegorischen Texten oder visuellen Aussagen. Letztere sind insbesondere in der Kunstgeschichte zu finden. Hier geht es um die Entzifferung doppeldeutiger Texte und überlieferter oder aktueller Bildwerke. Sachfragen dagegen sind solche, die in den Handlungs- und Tätigkeitsfeldern des Alltags sowohl als Produktionsprobleme im Arbeitsprozeß als auch im Wissenschaftsbetrieb an uns herantreten. In diesem Zusammenhang kommen vier Zugriffsverfahren zum Einsatz.

1. Die Ursachen eines Problems werden mit Hilfe der Wirkungen ermittelt. Wir haben es hier mit den sogenannten Attributionsprozessen zu tun, d.h. mit solchen Denkhandlungen, bei denen von den beobachteten Wirkungen auf die Ursachen geschlossen wird.[1]
2. Wir lösen ein Problem auch dadurch, daß wir die Wirkungen eines Phänomens vom Standpunkt der Ursache her erklären.[2]
3. Mit dem dritten Verfahren wird das Ganze dadurch gebildet, daß man die Teile zusammensetzt, wie das beispielsweise in der Mathematik zur Anwendung kommt.
4. Schließlich können Sachfragen auch dadurch beantwortet werden, daß man das Ganze und ein Teil desselben besitzt und dann auf die fehlenden Teile schließt. Dieses Verfahren ist besonders in der Archäologie gebräuchlich.

Das Ganze, das in der Wissenschaft gewußt wird, ist allerdings stets eine Idee von dem, was durch die Zusammensetzung der Teile verifiziert oder falsifiziert wird.

Betrachten wir die ersten beiden Erklärungsverfahren, so stellen wir fest, daß das erste zur Theorienbildung führt, während das zweite bei der Problemlösung zur Anwendung kommt. Welches Verfahren aber auch immer bei einer Sachfrage zur Beantwortung von offenen Fragen herangezogen wird, erfolgreich wird man immer nur dann sein, wenn alle zur Frage gehörenden Zeichen und Merkmale bekannt sind, wobei letztere ebenfalls in der Antwort enthalten sein werden.

Wer das außer acht läßt, dem geht es wie jenem übereifrigen Mitarbeiter in einem Büro, der erfährt, daß der Chef einen Mitarbeiter im Betrieb sucht und sofort losrennt, um ihn zu holen, ohne jedoch zu fragen, um wen es sich denn handelt. Ihm bleibt nichts anderes übrig, als alle Kollegen im Betrieb zum Chef zu bringen. Eine weitere Bedingung ist, daß das gesuchte Unbekannte nicht so unbekannt sein darf, daß wir es überhaupt nicht erkennen können, weil wir keine Idee davon haben. Wie sollten wir sonst entscheiden, ob das Gefundene auch das Gesuchte ist. Das Unbekannte muß also unserer Entscheidungs- und Urteilsfähigkeit zugänglich sein, nur so können wir es als Lösung erkennen. Dieser Sachverhalt gilt sowohl für alle Alltags- als auch für alle Wissenschaftprobleme. In der gegenstandslosen Kunst dagegen wird man immer wieder aufgefordert, das zu finden, was man weder kennt noch sucht. Erst eine bespielsweise von Stimmungen abhängige Interpretation des Sichtbaren oder das wirklich oder vermeintlich Verborgene kann zu einer überraschender Lösung führen.

Um eine gewünschte Problemlösung zu erlangen, ist es vor allen Dingen erforderlich, darauf zu achten, daß zu dem vorhandenen Problem nicht Bedingungen hinzugefügt werden, die nicht in die Problemstellung hineingehören oder daß man Bedingungen ignoriert, die problemrelevant sind.[3] Anderenfalls werden wir von der Sprache oder einem allegorischen Bildwerk in die Irre geführt, denn die Worte eines Satzes oder die konkretistische Entzifferung des Bildes dürfen nicht kritiklos wortwörtlich genommen werden. Stattdessen müssen wir nach der tieferen Bedeutung des Wahrnehmbaren fahnden, um zu der wahren oder richtigen Lösung zu gelangen.

In diesem Zusammenhang sei darauf verwiesen, daß die Worte nicht die Probleme selbst sind, sondern nur Zeichen, die auf andere Zeichen verweisen und niemals als Stellvertreter für eine Sache stehen. Nur mit der Kraft unseres Geistes kann es uns gelingen, die erfaßten Zeichen zu entschlüsseln. Diese Aufgabe wird uns weiter unten auf dem Weg zu Bilderwelten noch sehr intensiv beschäftigen. Viele Probleme, deren Beschreibung wörtlich genommen wird, bleiben ungelöst, weil dadurch problemirrelevante Bedingungen der Frage hinzugefügt werden, die am Ende das wahre Problem maskieren. Dann stehen wir vor einem unlösbaren Scheinproblem. An den eigentlichen Kern der Frage kommen wir nicht heran.

Es sieht nun so aus, als ob wir möglichst wenige Bedingungen zur Problemlösung heranziehen sollten. Das ist jedoch insofern falsch, als wir nur einen Fehler gegen einen anderen ausgetauscht hätten. Es könnte nämlich passieren, daß wir vom Regen in die Traufe geraten, weil wir gerade solche Bedingungen entfernt oder ignoriert hätten, die wesentlich sind für die Problemlösung. In diesem Falle haben wir zwar die befürchtete Maskierung des Problems verhindert, dafür ist aber mit der rigorosen Auslöschung von relevanten Bedingungen das Problem selbst verschwunden.

Problemlösungen müssen also vorbereitet werden. Dazu gehört die Untersuchung, was in der Frage an Bekanntem enthalten ist. Das gilt bereits für unsere Wahrnehmungsprozesse, denn alles, was wir sehen, müssen wir identifizieren, erst dann können wir es erkennen. Dabei ist zu beachten, daß ein Wahrgenommenes seinen Sinn nicht durch das erhält, was gesehen wird, sondern der Sinn entsteht allein aus der Gesamtheit aller identifizierbaren, also benennbaren Objekte, die in jene Grundgesamtheit eingebettet sind, die wir Sprache nennen. Sinn erzeugen also Ordnungsinstrumente für die wahrgenommenen Dinge und nicht die Gegenstände selbst. Damit wird sichtbar, daß absolut realitätsfremde Mittel den Zweck realisieren, um den es geht, nämlich die Konstruktion von Wirklichkeit und Virtualitäten zu bewältigen. Allerdings beschreiben weder Worte noch Begriffe das Resultat dieses Prozesses, sondern Strukturmerkmale, beispielsweise Funktionen, Verwandtschaften, Wiederholungen, Brüche etc. Davon mehr bei der Darstellung und Diskussion der strukturalen Analyse, die nicht mit einer einfachen Strukturanalyse verwechselt werden darf.

Kommen wir zur Methode der Analyse zurück. Sie ist, wie bereits dargestellt, nichts anderes als die Untersuchung all dessen, was in der zu lösenden Frage bekannt ist. Daraus sollen sich dann jene Wahrheiten entzaubern, die im Anschluß die Erkenntnis des Gesuchten ermöglichen. Dabei sind folgende acht Regeln der analytischen Arbeit zu berücksichtigen, wie sie bereits in der Logik von Port Royal formuliert wurden:

1. Die Analyse beginnt beim Bekannten und schreitet fort zum weniger Bekannten.
2. Die Analyse soll sich auf besondere Wahrheiten stützen und dort beginnen und nicht von den allgemeinen. Der Weg beginnt also beim Besonderen und führt zu Verallgemeinerungen, jedoch nicht zum Allgemeinen, denn letzteres übersteigt den menschlichen Geist.
3. Zwar sind klare und unmittelbar einsichtige Grundsätze von gewissem Wert, für die Analyse aber nur eingeschränkt verwertbar, weshalb sie nur dann eingesetzt werden sollten, wenn sie unumgänglich sind.
4. In der analytischen Arbeit beschreite man stets einen aufsteigenden Weg. Er soll vom Sichtbaren zum Gesuchten führen, wie das Erwin Panofsky in der ikonographischen Analyse, die der ikonologischen Synthese vorgeschaltet ist, beschreibt.[4] Auch wenn man eine unbekannte Genealogie erforschen will, beginnt man zwangsläufig mit den lebenden Mitgliedern der untersuchten Familie, um immer weiter in die Vergangenheit hinein die unbekannten Familienmitglieder zu ermitteln.
5. Eine Sache sollte niemals für wahr gehalten werden, bis man nicht vollständig oder in sehr hohem Maße von ihrer Wahrheit überzeugt sein kann. Es sollten zudem keine voreiligen Schlüsse gezogen werden, Vorurteile sind zu vermeiden, und Urteile dürfen nur dann gefällt werden, wenn hierfür nur diejenigen Bestandteile einer Sache hinzugezogen wurden, die über jeden Zweifel erhaben sind.
6. Die untersuchten Dinge und Sachverhalte müssen in so viele Teile wie überhaupt möglich zerlegt werden, ohne jedoch das rechte Maß zu überschreiten, indem mehr Teile gebildet werden als die Problemlösung erfordert.
7. Den Denkprozeß und Gedankenfluß stets mit den einfachsten und am leichtesten erkennbaren Gegenständen oder Sachverhalten beginnen lassen. Anschließend allmäh-

lich zu den komplexeren Zusammenhängen aufsteigen. Es ist also eine hierarchische Denkweise anzuwenden, bei der eine geregelte Denkfolge eingehalten werden muß. Nur so läßt sich ein geordnetes Denkgebäude errichten.

8. Kommt es abschließend zur Zusammenstellung, Aufzählung und Übersichterstellung des Gesamtproblems, so sollten diese so allgemein gehalten werden, daß man sicher sein kann, nichts weggelassen zu haben.

Diese acht Regeln sind die Voraussetzungen und der Königsweg zum methodischen analytischen Denken. Mit der Analyse haben wir aber erst die Wahrheit entdeckt, erklärt haben wir sie noch nicht. Dazu ist die Synthese erforderlich.

3.3 Die Methode der Synthese

Bei der Erklärung eines Sachverhaltes, nachdem er mit der Analyse in seine Bestandteile zerlegt wurde, geht es um das Zusammensetzen der Teile in der Form, daß das aufgeworfene Problem gelöst oder die anstehende Frage beantwortet wird. Hier setzt die Methode der Synthese an, indem etwas zu einem Ganzen gefügt wird. Am Anfang werden die allgemeinsten und einfachsten Dinge zusammengefügt. Anschließend kümmern wir uns um die weniger allgemeinen und eher komplexeren Teile.

Ziel dieser Methode ist es, eine klare und deutliche Erkenntnis der Wahrheit zu erhalten. Das erreichen wir aber nur, wenn dem systematisch zusammengefügten Gegenstand oder der neuen Idee allein solche Begriffe und Termini beigemessen werden, die niemals zweideutig sind. Anderenfalls erhalten wir zusätzlich zu den anstehenden Sachfragen noch Wortfragen, also Definitionsprobleme. Desweiteren dürfen Schlußfolgerungen nur aufgrund klarer und direkt einsichtiger Prinzipien erstellt werden. Müssen jedoch mehrdeutige oder etwas dunkle Ausdrücke verwendet werden, so sind diese zu definieren. Dazu sollten nur vollkommen bekannte oder schon erklärte Begriffe verwendet werden.

Muß mit unbewiesenen Behauptungen gearbeitet werden oder fehlen für die Behauptungen noch die Begründungen, dann erhalten diese nur dann die Qualität eines Axioms,[1] wenn die Behauptungen völlig evident sind. Alle dunklen Sätze müssen zwingend bewiesen werden, und zwar dergestalt, daß nur die vorher festgelegten Definitionen zur Anwendung gelangen. Sind mehrdeutige Ausdrücke nicht zu vermeiden, so sind solche Gedanken einzusetzen, die diese mehrdeutigen Ausdrücke einengen und erklären. Sie sind außerdem, wenn möglich, in die Definition einzubauen.

Ein axiomatischer Satz lautet beispielsweise: Am Ende der Zeit geht die Welt unter. Dieser Satz ist unbeweisbar, aber evident, also ohne Beweis unmittelbar einsichtig. Viele Behauptungen können nicht als klar und gewiß gelten, nur weil ihnen niemand widerspricht. Ein unwidersprochener Satz kann genauso falsch sein, wie ein widersprochener Satz wahr sein kann. Mit anderen Worten: Nicht jeder Satz muß bewiesen werden, nur weil irgend jemand ihn anzweifelt. Manche Sätze sind zudem über jeden Zweifel erhaben, beispielsweise der, der die Erde als Kugel kennzeichnet, auch wenn das der unmittelbaren Wahrnehmung in aller Regel widerspricht. Wenn dennoch jemand aus Dummheit, Ignoranz oder Boshaftigkeit diesen Satz bezweifelt, so wird er auch jeden Beweis bezweifeln.

Vielfach können wir eine Behauptung durch Beobachtungen beweisen. Allerdings ist hier grundsätzlich Vorsicht geboten. Beobachtungen sind relativ schlechte oder schwache Beweisführungen, denn sie beziehen sich in aller Regel auf Einzelfälle, und selbst eine wirklich große Zahl von Beobachtungen ist noch kein wirklicher Beweis, sondern sie stützt lediglich eine hypothetische Behauptung oder einen induktiven Schluß. Beobachtungen können also niemals einen wirklichen Beweis erbringen, denn wir können nicht alle Beobachtungen machen.

Das bedeutet jedoch keinesfalls, daß sie wertlos wären. Diese Behauptung ist sicher überflüssig, denn der behauptete Sachverhalt der Werthaltigkeit von Beobachtungen kann als sicher gelten. Wir wissen, daß Beobachtungen es uns gestatten, Probleme zu erkennen, und die in diesem Zusammenhang getätigten induktiven Schlußfolgerungen erlauben eine hohe Wahrscheinlichkeitsvermutung, daß diese Schlüsse auch zutreffend sind.

Abschließend kann gesagt werden, Axiome entstehen nicht durch induktive Schlüsse. Erstere sind qualitativ hochrangiger als induktiv abgeleitete Gesetze, denn sie sind ohne jeden Beweis unmittelbar einsichtig, womit sie in sich selbst axiomatisch sind.

Axiome entstehen nicht allein aus der Kraft einer Idee, die wir von einem Ding oder Sachverhalt haben. Vielmehr wirken mehrere Ideen zusammen, um ein Axiom zu bilden. Betrachten wir beispielsweise den Gedanken, daß ein Ganzes stets mehr ist als die Summe seiner Einzelteile, dann bildet die Idee des Ganzen den Rahmen für die zweite Idee der Aufteilung. Der Gedanke der Aufteilung kann also nicht ohne die Idee des Ganzen existieren.[2] Hinzu kommt noch die Idee der Sprache, die die beiden Sachideen zusammenfügt.

Nicht immer ist die eine Idee in der anderen zwingend enthalten, wie das der folgende Satz belegt: Ein Herrscher ist zugleich ein gerechter Mann. Die Zusammenfügung der Idee Herrschaft mit dem Gedanken der Gerechtigkeit ist nur vordergründige Ideologie, denn eine große Anzahl von Erfahrungen in der Geschichte der Menschheit belegen die Falschheit dieser Behauptung. Wird dieser Satz dennoch auf einen bestimmten Herrscher angewandt, so muß er bewiesen werden. Das macht deutlich, daß der Satz, in dem die Ideen von Herrschaft und Gerechtigkeit verbunden wird, nicht axiomatisch ist.

Ein bewiesener oder axiomatischer synthetischer Satz ist grundsätzlich eine notwendige aber noch nicht hinreichende Bedingung für die Interpretation, beispielsweise von Kunstwerken. Für derartige Interpretationen sind zusätzlich umfangreiche paradigmatische und/oder oftmals interdisziplinäre theoretische Gedankengebäude erforderlich.

Um das zu leisten, stehen uns die drei alternativen erkenntnistheoretischen Ansätze des Strukturalismus, der Hermeneutik und der Sprachphilosophie zur Verfügung. Beginnen wir mit der im Strukturalismus eingesetzten strukturalen Analyse.

4.1 Der Strukturalismus als Erkenntnissystem

Der Strukturalismus ist ein Erkenntnissystem in dem die strukturale Analyse zur Lösung distinkter Probleme zur Anwendung gelangt. Der in diesem Zusammenhang benutzte Strukturbegriff muß zunächst kritisch betrachtet werden. Er wird in gewisser Weise als Modewort mal dort benutzt, wo er passt und auch dort, wo er nicht hingehört. Man verwendet ihn für physiologische Befunde, für einen Organismus, für x-beliebige Gesellschaften oder Kulturen, für Kristalle oder Maschinen. ›Alles mögliche – sofern es nicht völlig amorph ist – besitzt Struktur‹.[1] Außerdem haben die wenigsten strukturalistischen Denker sich explizit mit der Definition dieses Begriffs beschäftigt, nicht zuletzt deshalb, weil das ihrer Meinung nach, eine sehr widersprüchliche Tätigkeit wäre. Die Struktur ist schließlich nichts, was sich als Gegenstand oder fest gefügter Sachverhalt anbietet, sondern sie ist virtuell. Sie wird in der Anwendung errichtet und verschwindet sofort wieder in den Bereich der Möglichkeiten, wenn ein Gedanke gedacht, ein Text geschrieben und ein Sprechakt verklungen ist.

Der moderne Strukturalismus hat als unmittelbaren Vorläufer die sprachanalytische Philosophie. Ihr nachfolgend handelt es sich beim Strukturalismus oder Neostrukturalismus um eine Wissenschaftstheorie, die in den Bereichen Anthropologie und in den Kultur- und Geisteswissenschaften entwickelt wurde. Dabei spielte die Linguistik und Kulturanthropologie eine protagonistische Rolle. Sowohl der Levi-Strauss'sche Totemismus[2] als auch die Linguistik des Schweizer Sprachforschers Ferdinand de Saussure[3] begründeten eine neue Sichtweise in ihren Wissenschaftsgebieten. Der Erste bestritt, daß der Totemismus zugleich eine religiöse und soziale Bedeutung besitzt. Darüber hinaus negierte er die geschichtliche Entwicklung oder Veränderung der Mythen. Stattdessen vertrat und bewies er seine Auffassung, daß ein Mythos als ein Code für die Wechselwirkung gegensätzlicher Begriffspaare anzusehen ist, die bestimmte ökonomische oder kulturelle Bedingungen ihrer Anwender beschreiben. Dabei ist die inhaltliche Ausprägung der Mythen nur von ästhetischem Wert, ihr Wesen besteht dagegen in dem aus ihm abgeleiteten Aufbau und Funktionalismus einer Gesellschaft. Mit dieser neuen Sichtweise der uralten Mythen gelang es ihm, grundlegende Verwandtschaftsbeziehungen z.B. zwischen nord- und südamerikanischen indianischen Völkern nachzuweisen, die mit einer inhaltlichen Analyse der von ihnen verwendeten Mythen niemals gelungen wären.

Der linguistische Strukturalismus entstand als Gegenposition zu der historisch-genetischen Auffassung von Sprache. Sprache, so sagen die Strukturalisten, muß als Gebilde mit synchroner Struktur[4] angesehen werden. Synchronisch ist alles, was mit den Entwicklungsvorgängen zusammenhängt. Alle Veränderungen im Verlaufe der Sprachgeschichte sind nicht Wandlungen von isoliert zu betrachtenden Partikeln, wie das beispielsweise mit Hilfe der Etymologie geschehen könnte, sondern derartige Veränderungen können nur aus dem Zusammenhang des Sprachsystems erklärt werden. Wiewohl das einen radikalen Neuanfang des Denkens beinhaltet, so bedeutet das aber lediglich eine Neuordnung der Sprachzeichen, denn nach wie vor wird an die bestehenden oder vormaligen Formationen des Wissens angeknüpft.

Der moderne Strukturalismus lehnt gemeinsam mit der sprachanalytischen Philosophie all das ab, was unter dem Begriff der Metaphysik subsumiert wurde. Für Aristoteles war Metaphysik das, was als »göttlichen Geist« – verstanden als eine körperlose und damit unsterbliche Selbstvergegenwärtigung des Menschen – über Jahrtausende über die Menschheit gekommen war. Damit war der Beginn der Entwertung, ja Verleugnung der Körperlichkeit gemacht worden, deren Fortsetzung über die christliche Religion bis hin zur neueren Philosophie des René Descartes und Hegel vollzogen wurde. Die Strukturalisten gehen stattdessen von dem Faktum aus, daß das andere, d.h. die Körperlichkeit, von Anfang an die andere Seite des Selbst und damit das Selbe ist. Desweiteren verwirft der Strukturalismus die Auffassung, die Sprache könne Gedanken oder Vorstellungen mittels bestimmter Worte abbilden. Vielmehr liege die Bedeutung der Worte in den Regeln ihres Gebrauchs und nicht in der Entsprechung zu Gedanken oder Wahrnehmungen. Somit sind Worte über Sachverhalte z.B. Gemälde und die Bilder selbst niemals eine Sache, sondern nur eine Beurteilung derselben mit Hilfe von Bewertungen.

Es gibt keine sprachunabhängige Gegenständlichkeit, was übrigens auch auf den Menschen zutrifft, weil alle Sachverhalte, auch die den Menschen betreffenden, nicht ohne den Rückbezug auf die sie bezeichnenden Sätze und deren Bedeutung festgestellt werden können. Die Herstellung einer bestimmten Bedeutung kann aber auf einer rein subjektiven, ja privaten Ebene liegen, weil zu der Aussage noch der Akt ihrer Entäußerung hinzukommt und beide den Wert einer Lüge besitzen können. Damit sind wir unzweifelhaft im Bereich des psychologischen Strukturalismus. Er mahnt uns, daran zu denken, daß das System der Sprache nicht in der Lage ist, das zu erfassen, was der Sprecher aus den Möglichkeiten des Sprachumgangs für sich ausgewählt hat oder ihnen von sich aus zufügt. Letzteres geschieht zudem häufig genug ohne eine freie Willensentscheidung des Sprechenden, da das Ich nicht Herr im eigenen Hause ist, wie Sigmund Freud uns mitteilt. Vielmehr werden wir am Gängelband des Unbewußten durch die Arena des Lebens geführt.

Der Strukturalismus ist in diesem Zusammenhang bestrebt, das Unbewußte aus dem Schatten der Wissenschaft und der Forschung zu befreien. Er führt uns vor Augen, daß unser Glaube an die Universalität der Vernunft und die Dominanz eines zur Verantwortlichkeit verpflichteten Bewußtseins zu nichts anderem geführt haben, als die Überlegenheit und Vorherrschaft des abendländischen Rationalismus vor allen anderen Kulturen wie eine Tatsache zu behandeln, womit sowohl der innere als auch der äußere Kolonialismus und Imperialismus noch heute legitimiert werden. Die Vorherrschaft des sinnstiftenden Bewußtseins unserer Alltagsrationalität und ihre Entsprechung in der Philosophie wird von den Strukturalisten radikal verworfen, und an ihre Stelle werden die Zeichensysteme und ihre Theorie gesetzt. Die Worte und das Sprechen, sagt Roman Jakobson,[5] unterliegen den gleichen Regeln wie der Sprachgebrauch selbst. Diese Regeln bleiben uns stets unbewußt, weil wir uns im Sprechakt auf die Inhalte der Aussagen und Botschaften konzentrieren und nicht auf die Regeln des Sprechens und der Sprachanwendung.

Das Unbewußte ist somit der analytische Schlüssel zur Sprachstruktur, womit der Strukturalismus in eine verwandtschaftliche Beziehung zur Psychoanalyse eintritt. Nur in der Sprache oder im Sprachgebrauch kann das Verborgene aufgedeckt werden, wie es die Methodik der psychoanalytischen Kur zeigt.

Die Frage ist nun: Wie können der Strukturalismus und die strukturale Analyse auf die Beurteilung und Interpretation von Bildwerken angewandt werden? Darüber hinaus müssen wir untersuchen, ob es überhaupt eine Struktur außerhalb dessen gibt, was Sprache ist.

Jeder lebendige Bewandtniszusammenhang des Menschen, und somit auch der des Unbewußten, besitzt nur dann eine Struktur, wenn sowohl das Bewußte als auch das Unbewußte redet und Sprache ist. ›Die Dinge selbst haben nur insofern Struktur, als sie einen schweigenden Diskurs abhalten, welcher die Sprache der Zeichen ist‹.[6] Es geht demnach um die ›Erkundung einer Reihe von Konfigurationen oder Ordnungsprinzipien (Epistemen), die seit fünf Jahrhunderten den Wahrnehmungen des Wissens vorstanden und deren unterschwellige Diskontinuität jede progressive Pseudogeschichte der Wissenschaften zum Irrtum verdammen‹.[7]

Die Ordnung der Dinge im strukturalen Denken ist mit dem Realen, dem Imaginären und dem Symbolischen triadisch organisiert. Das letztere, also das Symbolische, kennzeichnet die Genesis dessen, was die Struktur im Wissensgefüge konstituiert. Das bedeutet zugleich, daß man eine Struktur nur dann erkennen und beschreiben kann, wenn man das strukturale Objekt in den untersuchten Zusammenhängen der Dinge und in dem Gefüge der Beziehungen identifiziert. ›Damit steht das Symbolische als Element der Struktur am Beginn einer Genese: die Struktur nimmt in den Realitäten und den Bildern in bestimmbaren Reihen Gestalt an‹.[8]

›Das Reale ist das Ideal, ohne Ideal im Sinne von etwas Gedachtem zu sein‹.[9] Es strebt stets zur Einheit, es ist die in sich selbst ruhende Wahrheit. Das Imaginäre erscheint stets als die Verdoppelung des Einen. Ursache dieser Verdoppelung ist der Gebrauch der Sprache im Prozeß der Imagination. Dabei entstehen jene Differenzen und Differenzierungen, die zu Erkenntnissen führen, weil das Eine auf das Andere oder eine Serie auf eine weitere verweist und somit Zeugnis ablegt von sich und den Unterschieden. ›Das Imaginäre bestimmt sich durch Spiele umgekehrter Spiegel, Verdoppelungen, Identifikationen und Projektionen, immer nach dem Muster des Doubles‹.[10] Das Symbolische als Drittes steht nicht neben dem Realen und dem Imaginären, sondern es ist ein für sich selbst Drittes, das zugleich irreal und nicht imaginierbar zwischen den anderen Elementen der Struktur zirkuliert.

Die Struktur hat nichts mit einer sinnlichen Form, einer Figur der Imagination oder mit einem intelligiblen Wesen zu tun. Sie besitzt keine Form, denn sie bestimmt sich nicht durch die Souveränität der das Ganze dominierenden Gestalt,[11] sondern sie kennzeichnet sich durch gewisse atomische Elemente, welche von der Bildung des Ganzen und den Abwandlungen ihrer Teile sprechen. Die Struktur zeigt sich in den Reflexionen über ihre strukturalen Figuren der Metapher und Metonymie, denn diese sind selbst strukturale Verschiebungen, die nicht nur vom Eigentlichen, sondern auch vom Übertragenen Zeugnis ablegen müssen. Die Struktur ist kein Wesen, sondern eine Kombinatorik ›formaler Elemente, die aus sich heraus weder Form noch Bedeutung, noch Repräsentation, noch Inhalt, noch gegebene empirische Realität, noch hypothetisches funktionales Modell … sind‹.[12] Der Strukturalismus ist interpretatorisch, wenn er die Werke und Kunstwerke von dem Punkt aus zu entdecken sucht, wo sich die Ideen und Tätigkeiten beispielweise eines Künstlers verknüpfen. In diesem Zusammenhang werden sowohl die poetischen Werke als auch die Bildkünste einer strukturalen Interpretation unterzogen. Darüber hinaus werden durch die Interpretationstätigkeit gleichzeitig Neuschöpfungen angeregt, womit sich das Symbolische als Quelle für lebendige Interpretationen und Schöpfungen erweist.

Das symbolische oder strukturale Objekt finden wir beispielhaft in der Ordnung der biologischen Systeme. Betrachten wir die Gene, die innerhalb eines Chromosoms die Verhältnisse und Erscheinungen prägen und verändern, so stellen wir fest, daß sie in realen Lebenwesen jene Rollen, Ereignisse und Verhältnisse erzeugen und steuern, die immer dann erkennbar werden, wenn sie ihren Platz und ihre Funktion auf dem Chromosom eingenommen haben. Allerdings sind die Gene nicht auf alle Zeit an einen Ort gebunden, sondern nur zeitweise, denn der wahre Ort ihrer Existenz ist der strukturale Raum, der ein unausgedehnter topologischer Ort der Virtualitäten ist. Die Gene, auch grundsätzlich alle strukturalen Objekte füllen jene Leerstellen aus, die zwischen den strukturalen Elementen des Realen und des Imaginären notwendigerweise vorhanden sind, um eine Nachbarschaft zu begründen. Diese Nachbarschaft verhindert zugleich, daß das Reale sich mit dem Imaginären vermischt oder das eine mit dem anderen zusammenfällt. Sobald diese Leerstelle vom strukturalen Objekt besetzt ist, übernimmt dieses Objekt die Funktion einer Vermittlung zwischen den beiden anderen strukturalen Elementen. Zugleich diffundiert das symbolische Objekt in die Elemente hinein, es zirkuliert im System.

Die Bildwerke sind in diesem Zusammenhang nicht in der Dimension menschlichen Schaffens zu definieren, sondern als die Qualifikation von Orten und Stellungen der Nähe, die sie im Rollenspiel des Begehrens, des Vergänglichen und des Spiels innehaben und damit eine flüchtige Struktur konstituieren.

Nicht nur das einzelne Subjekt, sondern alle Subjekte, nicht nur ein bestimmtes Bild, sondern alle Bilder reihen sich ein in eine Prozession, die als Kette das nachbilden, was in den Handlungen, ihren Verblendungen, den Weigerungen, dem Schicksal ungeachtet der angeborenen Anlagen oder den charakteristischen Malweisen sich vollzogen haben wird.

Das symbolische Element, das weder eine äußerliche Beziehung noch eine innere Bedeutung besitzt, ist allein dazu da, um einen Sinn zu erzeugen, der aus der Kombination von Elementen resultiert, die selbst nichts bezeichnen. ›Der Sinn ist immer ein Resultat, eine Wirkung: nicht allein eine Auswirkung als Produkt, sondern eine Auswirkung der Optik ...‹.[13]

Die Struktur der Bildwerke bestimmt sich durch die Differentialverhältnisse der Besonderheiten, Verteilungen besonderer Punkte, welche die Kurven oder die Figuren charakterisieren, die ihrerseits die Bildqualitäten und Bedeutungen der Werke erzeugen. Die Struktur der Bildkünste erscheint als System differentieller Verhältnisse, nach denen sich die symbolischen Elemente gegenseitig bestimmen. Eine Struktur ist immer dann vorhanden und sie läßt sich identifizieren, wenn man im Bild symbolische Elemente, differentielle Verhältnisse und besondere Punkte freilegen kann. Die symbolischen Elemente nehmen in den Bildern Gestalt an, die differentiellen Verhältnisse aktualisieren sich in den realen Beziehungen zwischen den Bildern und die Besonderheiten sind so zahlreich in der Struktur verortet, wie es imaginäre Rollen und Funktionen im Raum der Bildkünste gibt.

Die Besonderheiten ähneln nicht den symbolischen Elementen, aber sie korrespondieren mit ihnen und ihren Verhältnissen, indem sie sich mit ihnen symbolisieren. Erkennbar sind die Besonderheiten dadurch, daß jede analytische Bestimmung differentieller Verhältnisse eine Verteilung besonderer Punkte erzeugt, die jene Funktion übernehmen, die für den strukturalen Ort und die strukturellen Verhältnisse charakteristisch sind und das Wesen oder die Struktur der Bilder ausmachen.

Jede Struktur ist stets unbewußt und ohne Anwendungsfall unexistent. Sie nimmt eine vergängliche Gestalt an, wenn sie sich mit Hilfe von Elementen, Verhältnissen und Punkten verkörpert. ›Durch sich selbst ist sie weder gegenwärtig noch fiktiv, weder real noch möglich‹.[14] Die Struktur besitzt den Modus der Virtualität, mithin eine gewisse Realität, die jedoch nicht einer gegenwärtigen Realität entspricht. Sie hat eine Idealität, die aber auch nicht mit einem Bild oder einer abstrakten Idee identisch ist. Sie ist ›real ohne aktuell zu sein, ideal ohne abstrakt zu sein‹.[15] Das bedeutet, daß die Strukturen der Bilder und jene in den Bildern unbewußt sind und durch die Inhalte und Auswirkungen des ökonomischen, ideologischen, politischen und nicht zuletzt durch den wissenschaftlich-dogmatischen Diskurs und den darin vorhandenen Beziehungen maskiert werden, obwohl sie sich in ihnen aktuell verkörpern.

Die Methode oder die Anstrengung der methodischen Interpretation von Bildwerken schafft stets selbst jene Probleme und Fragestellungen, die sich nur lösen oder beantworten lassen, indem die entsprechende Struktur sich aktualisiert und dann jene Lösungen produziert, die dem Zustandekommen dieser Struktur entsprechen. Ein Problem löst sich immer nach der Art wie es gestellt wird und entsprechend dem verfügbaren symbolischen Feld, das diese Frage erst zuläßt. Die interpretatorischen Arten der Fragen, die in dem Feld der Bildkünste entstehen, finden immer die Antwort, die sie im Dienste des symbolischen Feldes, auf dem sie sich stellen, verdienen.

Allerdings können wir eine Struktur nicht allein durch die Auswahl der symbolischen Elemente und der differentiellen Verhältnisse, in die sie eintreten, auch nicht durch das Auffinden und

Verteilen besonderer Punkte bestimmen, sondern sie muß einen Verweisungsbezug zu einer weiteren Serie mit gleichem Aufbau aufweisen, mit der sie komplexe Beziehungen unterhält, wie das die Verwendung von Metaphern und Metonymien deutlich macht. Letztere sind strukturale Faktoren, weil sie von den Verschiebungen zwischen den Serien und innerhalb der jeweiligen Serie sprechen. Diese Verschiebungen bedingen das strukturale Objekt, das unaufhörlich die Serien durchläuft und zwischen ihnen vermittelt. ›Es hat die Eigenschaft, nicht dort zu sein, wo man es sucht, aber dafür auch gefunden zu werden, wo es nicht ist‹.[16]

Es entzieht sich seiner eigenen Ähnlichkeit und kann von daher kein Bild sein. Es entzieht sich zudem seiner eigenen Identität, weshalb es auch kein Begriff ist. Es denunziert sich durch den Hinweis auf jene Existenz, die es zuvor hatte, bevor man es brauchte. In diesem Sinne bilden die Verschiebungen oder nennen wir sie Austauschformen die grundlegende Eigenschaft mit der es möglich wird, die Struktur als Ordnung der Orte unter wechselnden Verhältnissen zu definieren.[17] Das rätselhafte Objekt erscheint als ein Unerkennbares, ein Unbestimmtes, was es aber keineswegs ist. ›Es ist vollkommen bestimmbar, selbst in seinen Verschiebungen und durch die Verschiebungsweise, die es charakterisiert. Es ist einfach nur nicht zuweisbar: das heißt, es ist nicht auf dem Platz fixierbar, als eine Gattung oder Art identifizierbar‹.[18] Dieser Sachverhalt wird weiter unten im Zusammenhang der visuellen Metaphern und Zeichen wieder aufgegriffen.

4.2 Die strukturale Analyse

Fügen sich Elemente zu einem Ganzen zusammen, entstehen Strukturen mit gesetzmäßigem Aufbau. Diese Ganzheit trägt den Begriff ›System‹, und der Prozeß der gesetzmäßigen Systembildung nennt sich ›Organisation‹. Auf der Ebene der Struktur treten Beziehungen auf, während auf dem Niveau der Organisation oder des Systems Kommunikationen stattfinden. Daraus resultiert, daß die kommunikativen Beziehungen die Funktion der Elemente innerhalb eines Systems darstellen.

Die strukturale Analyse sucht das Netz der Elemente und deren Beziehungsgefüge aufzudecken, Funktionsanalysen dagegen beschäftigen sich mit den Kommunikationsvorgängen im System. Es ist demnach in methodischen Untersuchungen zu klären, ob beispielsweise festgestellte Analogien auf eine Gestaltähnlichkeit oder eine Funktionsähnlichkeit beruhen. Desweiteren muß festgestellt werden, ob in untersuchten Problemen der Systemcharakter mit dem Komplexitätsgrad übereinstimmt, und ›wenn von einem Objekt als System die Rede ist, (so ist zu klären,) wie die Komplementarität von strukturellen und systematischen Faktoren konstituiert ist‹.[1] Das ist insofern von besonderer Bedeutung, als die Kontextualität beim Strukturbegriff die entscheidende Größe ist. Ein Kontext entsteht durch die Kombination von semiotischen und/oder künstlerischen Grundoperationen, die Verkettungen, Nachbarschaften, Subordinationen und Koordinationen herstellen. Ein Kontext kann entweder durch lineare Verkettung auf einer Zeitschiene oder durch eine Bündelung in Zeit und/oder Raum entstehen. Die hier verbundenen Elemente bilden ein Syntagma. Die ein Syntagma bildenden Elemente stehen stets im gegenseitigen Abhängigkeitsverhältnis, das mittels einer strukturalen Analyse ermittelt werden kann.

Die struktural-syntagmatische Analyse ist in dem Moment abgeschlossen, sobald eine Einheit nicht mehr in untergeordnete Syntagmen zerlegbar ist. Diese Einheit ist dann ein Element eines Paradigmas. Das Paradigma wiederum besitzt eine Klasse oder Menge von Elementen, die den gleichen Platz in einem Syntagma einnehmen könnten. Die mit einem sogenannten Kommutationstest[2] ermittelten Elemente stehen in einer Beziehung der Opposition. Diese Opposition bezieht sich auf eine Operation, die die Beziehung zwischen zwei Elementen in einem System oder einem Paradigma definiert.[3] Dadurch entsteht ein aus dem Zentrum herausgelöstes Denken. Nietzsche kennzeichnet dieses Phänomen, wenn er sagt: ›Seit Kopernikus scheint der Mensch auf eine schiefe Ebene geraten – er rollt immer schneller nunmehr aus dem Mittelpunkt weg …‹[4]

Der traditionelle Beginn jeder idealistischen Erkenntnis, die stets vom Subjekt ausging, existiert nun nicht mehr. Stattdessen müssen wir beim Denken vom Exzentrischen mit seiner Kontextualität ausgehen. Es ist jenes Denken, das es wagt, sich selbst in Frage zu stellen, weil es sich nicht ins Zentrum der Beziehungen des Systems setzt, sondern als Teil desselben seinen exzentrischen Platz innerhalb von Oppositionsverhältnissen einnimmt. Es ist zu fragen, ob in der Kunstgeschichte auch die Frage gestellt werden kann, ob die Struktur in einem Gemälde als Ziel für sich gelten soll oder ob darüber hinaus die Betrachtung und Kennzeichnung einzelner Objekte oder Bildwerke durch Strukturaussagen möglich ist.

Objekt, Struktur und Kontext verweisen immer wechselseitig aufeinander, weshalb der Systemcharakter des Bildobjektes eine Vorbedingung für das strukturalistische Objektdenken ist.[5] Das Inhaltliche der Bildwerke rangiert stets wegen der Vieldeutigkeit hinter dem Formalen und Relationalen. ›Es ist in der Tat anzunehmen, daß es Schriftsteller, Maler und Musiker gibt, in deren Augen das *Praktizieren* der Struktur (und nicht nur der Gedanke an sie) eine distinkte Erfahrung darstellt, und daß man Analytiker wie Schöpfer unter das gemeinsame Zeichen dessen stellen muß‹.[6]

Es geht hier unmißverständlich um die Bewußtwerdung methodischer Prinzipien, die allerdings die traditionellen Methoden nicht ablösen, sondern deutlich machen, daß jede Erfahrung auf ein System korrelativer Elemente zurückgeführt werden kann, die ihrerseits nur aus einem Beziehungsgefüge ableitbar sind. Damit treten Bedeutungen in den Schatten von Beziehungen und die technische Konstruktion eines Bildwerkes wird als Wesen des künstlerischen Schöpfungsaktes anerkannt. So ist der Entstehungsprozeß eines Bildwerkes manchmal wichtiger als das Werk selbst, denn der nachvollzogene Weg des Künstlers gestattet es, das Bildobjekt jeweils wieder neu zusammenzusetzen, damit die Funktion desselben erkennbar werden kann.

Die strukturale Analyse arbeitet also mit Praktiken und Einsichten, wobei die Fakten beispielsweise eines Bildes nicht einfach aus dem im Bild Gegebenen abgelesen werden, sondern das strukturale Lesen erstellt theoretische Modelle, die nicht nur als theoretische Vermittlungsinstanzen auftreten, sondern darüber hinaus Zugang zu den Strukturen der Realität ermöglichen. Diese theoretische Konstruktion der Modelle sollte der Wirklichkeit so ähnlich sein, daß das Funktionieren des Modells offensichtlich ist.

Die strukturale Analyse löst sich also von der Unmittelbarkeit des Erlebten, des Erlebnisses und der Erfahrung insgesamt, um sich dem Allgemeinen nähern zu können. Außerdem arbeitet sie nicht mit dem Primat des Rationalen, sondern mit dem umfassenden Ganzen, wo auch das Irrationale seinen Platz hat. Damit wird sowohl das Mystische als auch der logische Positivismus versöhnt. ›Nicht wie die Welt ist, ist das Mystische, sondern *daß* sie ist‹.[7] Das Mystische ist stets das Unaussprechliche, was in gewisser Weise auch für den Menschen zutrifft, denn der Mensch ist nur eine vorübergehende Laune der Natur. Letztlich hat der Mensch sich selbst erst vor kaum mehr als 200 Jahren erfunden, und er existiert auch nur so lange, bis das Wissen eine neue Form gefunden hat.[8]

Das Ich ist weder das Zentrum seiner selbst noch Zentrum der Welt. Es hat sich jedoch bis zu dem Zeitpunkt, als S. Freud das System der Psychoanalyse schuf, dafür gehalten. Deshalb ist der Humanismus ein idealistischer Trugschluß, mit dem die menschliche Würde zu einem ideologischen Trick verkommen ist. Allerdings darf weder das Humane, das Subjekt oder die Anthropologie absolut verneint werden, sondern man muß es grundsätzlich einem Relativismus unterordnen. Es geht eben nicht vornehmlich um die Geschichte und um die Bilder mit ihren Inhalten, sondern es geht auch um das Intelligible, desweiteren nicht nur um das Ideologische, sondern zudem um das Ästhetische. Auch das ›Denken, wie es die Erkenntnistheoretiker ansetzen, kommt gar nicht vor: das ist eine ganz willkürliche Fiktion, erreicht durch Heraushebung *eines* Elementes aus dem Prozeß und Subtraktion aller übrigen, eine künstliche Zurechtmachung zum Zwecke der Verständlichung ...‹[9]

Das künstlerische Schöpfungsverfahren in den Bildkünsten ist eine Formierung des Materials und eine Deformierung der Wirklichkeit. Es schafft das Kunstwerk als selbständigen Gegenstand, weshalb die Kunst notwendigerweise in allen Einzelheiten wie im Ganzen mit Zeichen arbeitet. Das Bild ist demnach nicht einfach ein Ab-Bild, sondern es besitzt Authentizität, Eigenwert und einen Bedeutungskomplex, der durch den Konstruktionsvorgang seitens des Künstlers und des Betrachters mit der Außenwelt eine ihm eigene Beziehung schafft, die derjenigen ähnlich ist, die in der Sprache zu finden ist. Das erklärt auch, weshalb kubistische Maler eine Affinität zur Schrift im Bildwerk haben.[10] Sie wollen mit den Schriftzeichen auf den Sprachcharakter ihrer Kunst verweisen.

Insbesondere in der analytischen Phase dieser Kunst versuchten die Künstler jede Naturähnlichkeit durch Deformation des natürlich Gewordenen zu vermeiden. Stattdessen strebten sie danach, ihr künstlerisches Bewußtsein mit seinen konstruktiven Prozessen der Bildschöpfung darzustellen. Es ging ihnen um die Eigengesetzlichkeit ihres Werkes, um die authentische Ordnung desselben, ohne jeden Verweis auf die Erscheinungswelt. Ihre Kuben und Facetten zeugen von den Elementen der Sprache – den Schriftzeichen. Der spätere synthetische Kubismus war dann bestrebt, die Strukturkomplexität zu erhöhen, ohne die analytisch kubistische Formensprache aufzugeben.

Das kubistische Konstruktionsverfahren entspricht der strukturalen Methode der Zerlegung und des Arrangements. Die Kubisten zerlegen ihre Zeichenobjekte in lose Fragmente, aus denen kleinste Differenzen untereinander Bedeutungen erzeugen. Das einzelne Fragment selbst besitzt keine Bedeutung, aber sobald die geringste Veränderung der Lage, Gestalt und Menge in der Gesamtheit der Fragmente hinzugefügt wird, beispielsweise ein Viereck bei Mondrian, kommt es zu einer Änderung des Ganzen. Die distinkten Einheiten existieren allein durch die Grenzen, die zwischen ihnen und anderen aktuellen Einheiten und den möglichen Einheiten, mit denen sie eine Klasse bilden, bestehen. Diese Einheiten muß die strukturale Analyse entdecken und ihre Assoziationen entziffern oder sie ihnen zuweisen.

Damit entsteht ein Arrangement, das anschließend benannt werden kann. Sobald die Einheiten und Assoziationen von Einheiten regelmäßig wiederkehren, entsteht das künstlerische Werk als eine kunstvolle Formkonstruktion mit Bedeutung, womit der Künstler sein Kunstwerk dem Zufall entreißt. Es darf aber nicht übersehen werden, daß Bedeutung immer ein sprachliches Phänomen ist, unabhängig wie konkret, abstrakt, gegenstandslos oder verzerrt die dargestellten Bildobjekte auch sind. Damit wird auch deutlich, daß zwischen den Bildobjekten und dem psychischen Erleben des Bildbetrachters eine selbständige Vermittlungsinstanz existiert – die Sprache. ›Die Kunst ist ein semiologisches Faktum‹.[11] Das heißt zugleich, daß alles Ästhetische Zeichencharakter aufweist. Dabei beschränkt sich diese Aussage nicht auf das Werk als Faktum, sondern sie gilt auch für den Urheber des Kunstwerks und seine Subjektivität. Desweiteren ist in der strukturalen Analyse sowohl der innere Aufbau des Kunstwerks als auch das Verhältnis von Kunst und Gesellschaft zu berücksichtigen. Damit bekommt diese methodische Vorgehensweise eine gewaltige Komplexität, die eine Interdisziplinarität zwingend macht.

Das Bindeglied zwischen Kunst und Gesellschaft ist der Künstler, denn er ist einerseits der Schöpfer des Kunstwerks, und andererseits ist er selbst Bestandteil der Gesellschaft. Er arbeitet immer für sein Publikum ohne mit ihm identisch zu sein und das stets in seinem gesellschaftlichen Milieu. Diese beiden Bedingungsfaktoren lösen das Kunstwerk teilweise vom Künstler, und mit der sich einstellenden Distanz ergibt sich ein Einblick in die Individualität des Künstlers. Zugleich ist das klassische mechanische Widerspiegelungsmodell der Kunst durch den Zeichencharakter des Werks ausgehebelt. Das ästhetische Werk muß stets als Ganzes aufgefaßt werden, denn seine Zeichenfunktion und die gesellschaftliche Relevanz ist an diese Ganzheit gekoppelt.

Das ist an sich nicht neu, denn jede Gesellschaft in der Vergangenheit faßte die Kunst ihrer Zeit ganzheitlich in begriffliche Konzeptionen, wie Realismus, Expressionismus, Symbolismus, Kubismus etc. zusammen. Aber die Kunst ist nicht immer ein Spiegelbild der gesellschaftlichen Formationen, denn der französische und der russische Kubismus entstanden gleichzeitig nach ähnlichen ästhetischen Prinzipien, obwohl in beiden Ländern die gesellschaftlichen Strukturen sehr unterschiedlich waren. Dieses Faktum kann nur durch den Zeichencharakter der Kunst verständlich werden. Das bedeutet zugleich: Kunstwerke vermitteln ganz wesentlich als eigenständige materielle Sache zwischen Schöpfer und Betrachter. Aber dieser Vermittlungsprozeß ist nicht für alle Zeiten gleich, denn das Aussehen und die innere Struktur der Werke verändern sich nicht nur in Zeit und Raum, sondern auch, wenn sie ihren sozialen Kontext verlagern. In dem ursprünglichen sozialen Kontext besitzen sie den Rang eines Symbols als Bedeutungsträger eines kollektiven Bewußtseins, und zugleich erzeugen sie durch die vielen individuellen Bewußtseinszustände in dieser Population die Gemeinsamkeit eines Milieus.[12] Diese subjektiven psychischen Prozesse, die als assoziative Faktoren wirken, verändern die Struktur des Werks.[12a]

Es sind nicht allein die objektiven Strukturen des Werks, die bei der Betrachtung eines klassischen Bildes objektive Züge tragen, sondern die soziale Struktur der Rezeption wirkt hinein, weshalb bei der Betrachtung von kubistischen oder surrealistischen Werken die subjektiven assoziativen Faktoren kaum objektive

Strukturen hervorrufen. Das wirft ein Licht auf die konstitutive Rolle der Subjektivität. ›Nur innerhalb einer funktionalistischen Theorie kann die Subjektivität des Rezipienten einen objektiven semiologischen Wert bekommen‹.[13]

Der semiologische Aspekt des Kunstwerks betrifft auch die kommunikative Funktion desselben mit ihrer Beziehung zur bezeichneten Sache. Diese Beziehung hat keinen existentiellen Wert, sondern letzterer liegt im Kunstwerk als Ganzes, wenngleich die stoffliche Realität der Bildwerke ihren kommunikativen Aspekt belebt.

Gemeint ist hier weniger die Kommunikation zwischen Künstler und Kunstkonsument als vielmehr die funktionelle Kommunikation der Individualität im künstlerischen Geschehen, in dem Rezipienten, Mäzene, Auftraggeber, Kritiker und Galeristen eine wichtige Rolle spielen. Damit relativiert sich die Urheberschaft eines Bildwerkes zugunsten einer funktionalistischen Interpretation, und das nicht zuletzt aufgrund des strukturalen Standpunktes, demzufolge das Subjekt einer Dezentrierung seiner selbst unterliegt. Zwar befreit oder relativiert diese Dezentrierung das Subjekt vom idealistischen abendländischen Standpunkt, der diesem Subjekt ein authentisches und autoritäres Sein zugewiesen hatte, aber diese Freiheit oder Relativierung ist nicht total, denn das Subjekt verbleibt im funktionellen Gefüge der Struktur. ›Freiheit ist immer nur im Ordnungsgefüge möglich – oder sie wird zur Absurdität einer Freiheit in der erbarmungslosen Wüste‹.[14]

Mit dem funktionalistischen Zugriff zum Kunstwerk offenbart sich das Verhältnis des Ästhetischen außerhalb und innerhalb der Kunst und gibt Einblicke in die sonstigen Beziehungen zur gesellschaftlichen und intersubjektiven Realität, womit das Problem des Ästhetischen sich unvermittelt auf der anthropologischen Ebene wiederfindet. Nun erscheint das Ästhetische als Element jeden menschlichen Handelns und Gestaltens.[15]

Die strukturale Analyse darf also die Funktion nicht nur oder vornehmlich aus der Sicht des Objektes betrachten, denn das bindet das Objekt an ein bestimmtes Ziel, an feste Wertmaßstäbe und monofunktionelle Deutungen. Mit der strukturalen Analyse muß stattdessen die Funktion mit wechselnder Sicht den Standpunkt, die Sichtweise und das Sich-in-die-Welt-Setzen des schöpferischen Subjekts sichtbar machen, was auch dem Systemcharakter des strukturalistischen Denkens entspricht. Dieses Sich-in-die-Welt-Setzen oder Geltendmachen des Subjekts geschieht entweder durch unmittelbare oder durch zeichengeformte Funktionen. Bei der unmittelbaren praktischen Funktion geht es vornehmlich um das Objekt, beispielsweise um ein Bild, das durch die Interpretation des betrachtenden Subjekts nicht nur wieder neu-, sondern auch umgestaltet wird. Sofern die unmittelbare Tätigkeit sich jedoch auf die Theorie der Bildkünste bezieht, steht das Subjekt im Vordergrund, denn es geht darum, die Einschreibung der Wirklichkeit im Bewußtsein des Subjekts auszuweisen, wobei die Realität von diesem Prozeß naturgemäß nicht betroffen ist.

Die zeichenhafte Funktion unterteilt sich ebenfalls in eine Objekt- und Subjektfixierung. Sobald das Objekt betrachtet wird, gerinnt es zu einem symbolisierten Gegenstand, dessen Wirksamkeit durch das symbolisierende Zeichen bestimmt wird. Steht dagegen das Subjekt im Blickpunkt, so bekommt die Zeichenfunktion eine ästhetische Ausformung, die sich nicht mehr auf eine individuelle oder singuläre Wirklichkeit bezieht, sondern auf die Realität des Ganzen. Die von der strukturalen Analyse ermittelte ästhetische Funktion verschmilzt das Subjekt mit der Wirklichkeit des Kunstwerks.

Die praktischen Funktionen lassen sich zwar analytisch kaum differenzieren, aber die Analyse der Korrelationen der verschiedenen Funktionen ist durchaus machbar, wobei die strukturale ästhetische Funktion der Beginn der Analyse der Mehrgestaltigkeit der Funktionen ist.

Das macht deutlich, daß der Strukturalismus und die strukturale Analyse nicht durch die Inhalte oder Interpretationen charakterisiert werden, sondern durch die Tätigkeit, die die strukturale Analyse mit den Begriffen und Inhalten der Kunst und Ästhetik entfaltet. Die Beobachtung und Analyse künstlerischer und ästhetischer Aktionen geschieht nicht mehr nach einer vorgegebenen Ordnung, sondern diese Ordnung selbst läßt das Kunstwerk entstehen. Die ästhetische Wirkung des Werkes und die damit verbundenen Handlungen schaffen diese Ordnung, womit die Kunst ihre Zielantizipation verwirklicht hat. Das heißt zugleich, daß jede ästhetische Wirklichkeit das Chaos besiegt. Hier liegt die wahre Existenzberechtigung des Kunstwerks.

Die Kunst und ihr Werk sind unverzichtbar, und so wie sie existiert, so muß sie sein. Andernfalls stehen wir einem Chaos gegenüber oder einem anderen Kunstwerk.

5.1 Hermeneutik als Deutungs- und Interpretationsmethode

Bevor wir uns mit der kunstgeschichtlichen Hermeneutik, ihren Methoden, ihren wissenschaftlich-theoretischen Implikationen und der praktischen Verwendbarkeit in der Kunstgeschichte beschäftigen, müssen wir einen kurzen Exkurs auf das machen, was den Begriff Hermeneutik kennzeichnet.

Der Terminus Hermeneutik steht für eine wissenschaftliche Erkenntnismethode, in der die untersuchten aktuellen oder überlieferten Sachverhalte und Ereignisse unter dem Gesichtspunkt eines historisch angemessenen, d.h. verstehenden Zugriffs betrachtet und bearbeitet werden können.

Hermeneutik ist somit eine Deutungs- und/oder Verstehenslehre. Sie weist auf etwas hin, und sie deutet, wie das bereits bei Aristoteles[1] dargestellt wird. Ihr Generalthema ist die Auslegung von Sachverhalten, Prozessen und Überlieferungen und die exegetische Funktion der theoretischen Interpretation ihrer sprachphilosophischen Untersuchungen am Gegenstand. Ihr Ziel besteht darin, den Sinn einer Aussage oder eines Zeichens als richtig oder wahr zu deuten. Diese Bemühungen gehen bis ins 17. Jh. zurück[2].

Die neuere Hermeneutik beginnt mit Humboldt und Schleiermacher, denen es daran gelegen war, Mißverstand mit dem Rüstzeug der Klassik und der Romantik zu vermeiden. Als Hilfsmittel und als Schlüsselinstrument des Weltverstehens diente ihnen die Sprache. Den modernen Ansatz der Hermeneutik hat der Philosoph Wilhelm Dilthey mit dem Gedanken des Selbstverstehens des Menschen in seiner Geschichtlichkeit eingebracht.

Er charakterisierte die erkenntnismäßige Funktion jeder Geisteswissenschaft als ›Verstehen‹, womit das nachvollziehende Erfassen fremder und früherer Sinngebungen gemeint ist. Wir haben es also mit einem Deutungsprozeß zu tun, der sich auf das Äußerlichwerden eines Gedankens in seiner empirisch faßbaren sprachlichen Gestalt konzentriert, womit neben die grammatikalische Interpretation das psychologische Verstehen tritt. Beide Elemente bilden gemeinsam die Hermeneutik.

Vor diesem Hintergrund war der Weg frei für die sprachanalytische, aber auch strukturalistische Kritik des überkommenen Repräsentationsmodells der Sprache. Dieses Modell unterstellte fälschlicherweise, daß Sprechen nichts anderes bewirke, als daß Gedanken oder Vorstellungen durch Wörter abgebildet werden.

Diesen Repräsentationsgedanken finden wir ebenfalls in der Wende vom 19. zum 20. Jh. in der Psychologie, die den Begriff vom Selbstbewußtsein nach dem Modell der Beziehung eines Subjekts auf ein Objekt auslegt und als Objekt in diesem besonderen Fall das Subjekt selbst einsetzt. Das bedeutet aber nichts anderes, als daß wir es hier mit einer Art innerer Schau oder innerer Wahrnehmung zu tun haben. Daß dies weder für die Sprache noch für das Subjekt zutreffen kann, haben Ferdinand de Saussure und später Ludwig Wittgenstein und für das Subjekt Sigmund Freud unmißverständlich aufgedeckt.

Der Sprachwissenschaftler Ferdinand de Saussure schuf um die Jahrhundertwende vom 19. zum 20.Jh. eine revolutionierende Konzeption von Sprache. Das Revolutionäre bestand darin, daß er die Sprache als ein autonomes System von miteinander in Beziehung stehenden Zeichen charakterisierte.[3] Damit schuf er sowohl für die moderne Hermeneutik als auch für den klassischen Strukturalismus das Fundament, auf dem die beiden philosophischen Strömungen des modernen Abendlandes, jeweils auf einer der beiden Seite des Rheins, ihr Gedankengebäude errichteten. Betrachten wir noch einmal den klassischen Strukturalismus de Saussures, um ihn anschließend der Hermeneutik gegenüber zu stellen.

Die menschliche Rede (language), so de Saussure, ist in Sprache (langue) und Sprechen oder Sprechakt (parole) zu unterscheiden. Das Sprachsystem (langue) wird von der grammatikalisch-lexikalischen Norm der gesamten sozialen Gesellschaftsformation bestimmt. Zwar existiert die Sprache virtuell in jedem einzelnen, sie kann aber nur in der Gesamtheit aller Individuen vollständig ausgeprägt sein.

Sprechen (parole) ist die jeweils stattfindende Aktualisierung des Systems durch Individuen in konkreten empirisch erfaßbaren Situationen. Da die Sprache kein Wissensfundus von präexistenten Vorstellungen ist, verbindet das Sprachzeichen – und das gilt für jedes Zeichen, also auch die Bildzeichen in Kunstwerken – nicht Name und Sache in sich, sondern Lautform bzw. Bildform und Vorstellungselement. Mit anderen Worten: Das Zeichen verbindet das Bezeichnende (Signifikant) und das Bezeichnete (Signifikat). Zwischen beiden steht die trennende, aber unter bestimmten Bedingungen durchlässige Barre (ein Algorithmuszeichen, entlehnt dem Bruchrechenverfahren), die in ihrer Trennungsfunktion verhindert, daß das eine für das andere gehalten werden oder daß jenes mit jenem identisch sein kann. Das Verhältnis der beiden zueinander ist unmotiviert und arbiträr, denn sie werden allein durch Konventionen und nicht durch natürliche Entsprechungen verknüpft. Die Sprache formt und gliedert die gestaltlosen Massen des Denkens und der Phoneme oder Laute zu zweiseitigen Einheiten. Von daher ist sie niemals Substanz, sondern stets Form.

Die Funktion der Zeichen und ihr Inhalt sind nicht positiv bestimmt, also definierbar, sondern nur negativ, indem man die Bindungsverhältnisse zwischen ihnen untersucht und beschreibt. Dadurch entsteht ein sich durch relative Werte in einem Fließgleichgewicht haltendes Regelsystem, das zwar in gewisser Weise in seiner Struktur an ein Schachspiel erinnert, aber über dieses weit hinausgeht, da es ein durch soziale Prozesse in Grenzen wandlungsfähiges Gefüge besitzt. Es ist also ein halboffenes System, was bei dem Schachspiel nicht der Fall ist.

Wenn hier von Struktur die Rede ist, so ist damit ein System von Bedeutungs- und/oder Ausdruckspaaren gemeint. Es handelt sich um die im Zeichen befindliche Paarung von Signifikant und Signifikat in der Form, daß jedem Signifikant ein und nur ein einziges Signifikat zugeordnet ist. Das geschieht nach festen Regeln, die die Unterschiede der Zeichen und ihre Rekombination gewährleisten, damit ein festgelegter Bauplan entsteht – die Struktur.[4] Dabei darf nicht übersehen werden, daß die Struktur nichts mit den Ausdrücken oder Erscheinungen und auch nichts mit den Bedeutungen ›an sich‹ zu tun hat, sondern allein mit den Werten und Funktionen des Bauplans.[5] Die Werte und Funktionen sind aber nicht beliebig, da sie von den Erfordernissen des betreffenden Systems kontrolliert werden.

Ein fundamentaler Gedanke der Hermeneutik liegt in der Kritik der Metaphysik, den sie mit dem klassischen Strukturalismus teilt. Der Gewährsmann dieses Gedankens war Friedrich Nietzsche mit seiner Metaphysik-Überwindung, was sich prägend für Sigmund Freuds Psychoanalyse, später noch konsequenter bei Jacques Lacan als auch auf Martin Heideggers Philosophie und Hans Georg Gadamers Hermeneutik auswirkte.

Heidegger versucht die Metaphysik im Namen des Seins, › ...das keiner denkbaren theoretischen Besinnung sein Wesen restlos preisgibt‹[6] zu überwinden. Freud gelingt der gleiche Kraftakt, indem er neben das System des Bewußtseins das Unbewußte stellt, das sich durch seinen Begriff niemals voll ausleuchten läßt, da es die Gesamtheit der im aktuellen Bewußtseinsfeld nicht gegenwärtigen Inhalte bezeichnet. Das gilt sowohl für das System Vorbewußt und Unbewußt.[7]

Gehen wir von der Metaphysikkritik aus, so gilt folgende Grundannahme: Die sinnliche Welt ist kein Spiegelbild oder eine Äußerungsweise, auch kein Anwendungsfeld der übersinnlichen

Welt, wie das beispielsweise für die Welt der Zahlen gilt, die ihrerseits in keiner Weise sinnlich zu erfassen sind. Das gilt auch für die naturwissenschaftlichen Formeln und Gesetze, denn ihre Anwendung ist der Natur etwas Äußerliches, ein Aufgezwungenes. Werden sie angewandt, waltet ein Akt der Machtausübung gegenüber dem Realen, das keiner sprachlichen oder definitorischen Systematisierung bedarf, denn es ist sich selbst genug. Das Sinnliche ist also keine Widerspiegelung, auch keine Äußerung eines an sich Unsinnlichen. Das bedeutet für die hermeneutische Kunstgeschichte nichts anderes, als daß sie von der überlieferten Tradition abrücken muß, in der die bildlichen Zeichen eines Gemäldes als die Wieder-Vergegenwärtigung der unsinnlichen, also der geistigen und/oder der bedeutungstragenden Zeichen angesehen wurden.

Die traditionelle Auffassung der Widerspiegelung des Nichtsinnlichen im Sinnlichen ist seit der Metaphysikkritik nicht mehr tragbar, denn die bildlichen Zeichen in Kunstwerken sind nichts anderes als der Effekt der künstlerischen Artikulation des Ausdrucksmaterials.

Das Zeichen, so versteht es die Semiologie mit Kant,[8] ist eine Synthesis von Begriff und Anschauung. Der Begriff allein ist jedoch ohne Bedeutung, denn es fehlt ihm der Objektbezug. Die Anschauung ihrerseits, sofern sie ohne begriffliche Deutung ist, entbehrt jeglichen Inhalts. Zwischen beiden, also zwischen Begriff und Anschauung, vermittelt ein Schema, in dem die Vorstellungskraft von einem allgemeinen Verfahren der Einbildungskraft einen Begriff erschafft[9]. Das Schema ist jenes Mittel, mit dem sowohl das sinnliche als auch das gedankliche Ding erzeugt wird und uns als Zeichen entgegentritt.

Es taucht nun die Frage auf, was an die Stelle der kritisierten abendländischen Metaphysik getreten ist? Die Frage zielt im wesentlichen auf die Seins-Auslegung der nachmetaphysischen Zeit, in der das Sein nicht in dem zuhause ist, was durch das Bewußtsein des Individuums von sich selbst nahegelegt wird. Lacan spricht in diesem Zusammenhang vom l'Autre[10] (das Andere), womit das Unbewußte der Freudschen Psychoanalyse angesprochen ist, die jedes Sprechen auf das hin befragt, was jenseits seiner ›manifesten Inhalte‹ eigentlich in ihm gedacht wird.[11]

An die Stelle der tradierten Metaphysik hat die sprachanalytische Philosophie seit Saussure und der Neostrukturalismus seit Derrida und Foucault den sogenannten *linguistic turn* gesetzt. Dabei handelt es sich im Kern um die Überführung des philosophischen Paradigmas des Bewußtseins in dasjenige des Zeichens. Nicht das Bewußtsein ist der Garant oder der Produzent der Möglichkeit der Sinn- und Bedeutungsgenerierung, sondern dergleichen geschieht allein durch das Zeichen. Damit geht die Transzendentalphilosophie vollkommen in die Semiologie, d.h. in die Zeichentheorie auf. Dahinter verbirgt sich die Auffassung, daß jeder Gedanke, will er sich seine Identität gegenüber anderen Gedanken bewahren, auch der des Subjektes von sich selbst, durch das défilé du signifiant geschickt werden muß. Das heißt, der Gedanke muß artikuliert sein. Seine Definition ist niemals positiv, sondern negativ und zwar insofern, als er nur das ist oder sein kann, was alle anderen Gedanken nicht sind. Hier vereinen sich sowohl die sprachanalytische Philosophie als auch der Neostrukturalismus und die Hermeneutik.

Etwas als etwas zu erkennen heißt, es von allen anderen Dingen zu unterscheiden. Mit anderen Worten: Ich interpretiere das erkennbare Zeichen als das betreffende (und nicht als ein anderes), indem ich die Gegenstandskonfiguration beispielsweise eines Bildes von denjenigen aller anderen Bildzeichen unterscheide, womit sich mir die Chance eröffnet, den möglichen Sinn des Bildes zu erschließen. Jedes Bild ist nichts als ein Produkt des empirischen Vermögens der produktiven Einbildungskraft zuerst des Künstlers später auch des Betrachters. Sie erschafft notwendigerweise mit Hilfe eines Schemas sinnlicher Begriffe des Sprachsystems – die Figuren im Raum – das Bild bei jeder Betrachtung wieder neu.

Eines soll aber, um jedem Mißverständnis vorzubeugen, noch

klargestellt werden: Wenngleich man nur in einer vor der Existenz jedes Individuums vorgängigen Sprache etwas mit etwas meinen kann, wie das Ludwig Wittgenstein[12] formuliert, so bedeutet das nicht, daß wir der Sprache ausgeliefert sind. Ihr Daseinsgesetz hat den Seinsstatus einer Virtualität und nichts anderes. Niemals hat sie einen zwingenden Einfluß auf den individuellen Sprachgebrauch. Dieser Gedanke verweist auf folgenden elementaren Grundgedanken der Hermeneutik.

Die Sprache und alle anderen symbolischen Ordnungen sind im Gegensatz zu Naturgesetzen in Deutungen gegründet. Diese Ordnungen können also nur eine hypothetische Existenz beanspruchen, da sie von neuen Sinnentwürfen, von Stilbrüchen und Formvariationen transformiert und überschritten werden können. Das bedeutet zugleich, daß › ...sich Sinn, Bedeutung und Intention, – die semantischen Fundamente jedes Bewußtseins – nur in einer Sprache, einer sozialen, kulturellen und ökonomischen Ordnung bilden können‹[13]. Dabei dürfen wir nicht vergessen, daß Gefühle, beispielsweise das Sinngefühl, Kunstgefühl, Rollengefühl, Rechtsgefühl, Stilgefühl etc., das Erkennen von Sachverhalten und Prozessen beeinflussen.

Gegenüber den früher dominierenden Sprach- und Textdeutungen gewinnt die Kunst-Deutung in der Gegenwart eine besondere Bedeutung. Das darzustellen, fühlt sich die kunstgeschichtliche Hermeneutik berufen. Ihr geht es vornehmlich um das Verstehen der überlieferten Kunstwerke, wozu es hermeneutischer Interpretationsfähigkeiten bedarf.

Bei der Interpretation von Bildern, das gilt auch für allegorische Skulpturen, müssen die gesellschaftlichen Strukturen der jeweiligen Epoche, aus der die Bilder stammen, berücksichtigt werden. Dabei sind die Kunstwerke nicht von der Inhaltsseite, also von den materiellen Eigenschaften ihrer Elemente her zu begreifen, sondern nur dadurch, daß man diese Elemente als Werte oder Funktionen eines Systems aus reinen Beziehungen begreift. Das bedeutet nichts anderes, als daß einem Inhalt stets Formen auferlegt werden müssen.

Damit verschafft uns die Hermeneutik, aber nicht sie allein, jenen Blickwinkel, mit dem wir die Interpretation und die Deutung von Sachverhalten und Prozessen bewältigen können, auch wenn uns dabei immer wieder das weitgehend ungelöste Problem der Ein- oder Mehrdeutigkeit entgegentritt. Ursache dieses Dilemmas ist nicht zuletzt die Tatsache, daß Texte oder andere Informationsträger, beispielsweise Bilder, Botschaften enthalten können, die zum heutigen Zeitpunkt nicht verstanden werden, weil der Sinnzusammenhang und der Bedeutungshintergrund der Entstehungszeit des betrachteten Gegenstandes irrelevant geworden oder womöglich verloren gegangen ist. Abhilfe kann nur ein historischer Sachverstand schaffen, der mit dem Wissen um die zeitgemäßen philosophischen, sozialen, gesellschaftlichen und politischen Umstände und Sinnentwürfe der Entstehungszeit des Kunstwerkes ausgestattet ist.

Hier sind aber nicht nur grammatikalische, sondern darüber hinaus psychologische, gelegentlich technische Interpretationen erforderlich, wie das bereits Schleiermacher in seiner Schrift ›Hermeneutik und Kritik‹ gefordert hat. In diesem Zusammenhang hat er zwei Formeln für die Errichtung wichtiger Regeln der Auslegung entworfen: ›das geschichtliche und divinatorische objektive und subjektive Nachkonstruieren der gegebenen Rede‹[14] und die vergleichende und divinatorische Methode, mit der gewissermaßen ein Wandlungsprozeß des Betrachters hinein in die untersuchte Person oder Sache verbunden ist. Dieser Weg, so Schleiermacher, führt stets vom Allgemeinen des zu Verstehenden hin zu den individuellen oder besonderen Ausprägungen desselben, wobei eine vergleichende Methodik zur Anwendung kommen muß.[15] Ähnlich argumentiert Dilthey, wenn er sagt, daß der Interpretierende eines Bildes, beispielsweise von Leonardo, dessen Handlungen, Gemälde, Bilder und Texte in ihrer Gesamtheit heranziehen muß. Nur so können wir uns die Rede des Kunstschaffenden zugänglich machen und verbleiben nicht bei der Interpretation des Sujets oder des Textes stehen.[16]

Wir haben es hier mit einer in die Tiefe gehenden psychologischen Deutungsmethode zu tun, weil einerseits das psychoanalytische Verfahren Freuds, aber andererseits auch die kunstdetektivischen Methoden des Guilio Mancini, des Arztes und Kunstkenners aus Siena[17], und des Giovanni Morelli[18] zur Anwendung gelangen.

Auch jene Sichtweise des Kunsttheoretikers und Ikonographen Erwin Panofsky[19], derzufolge Kunstwerke nur allein unter der Berücksichtigung der zeithistorischen Weltanschauung wahr oder evident interpretiert werden können, gehört in diesen hermeneutisch-interpretatorischen Formenkreis. Diese Auffassung deckt sich eindeutig mit der Hermeneutik Diltheys, dessen Standpunkt hinsichtlich des Verstehens von Martin Heidegger und nach ihm von Hans-Georg Gadamer[20] in der hermeneutischen Textauslegung fortgeführt wurden. Gadamer ist auch derjenige, der sich insbesondere der Legitimation und Auflösung des Hermeneutischen Zirkels verschrieben hatte.

Der hermeneutische Zirkelschluß beruht auf dem logischen Dilemma, demzufolge eine hermeneutische Methodik vom Wissen über die Gesamtheit des Untersuchungsgegenstandes auszugehen hat, dieses Ganze oder das Allgemeine aber nur induktiv aus dem Einzelnen erkannt und formuliert werden kann. Die Lösung dieses Problems finden wir vor Gadamer bereits bei dem Geodäten und Logiker Charles Sanders Peirce,[21] der bereits vor fast hundert Jahren mit dem Gedanken eines vorgreifenden Résumees ein Problemlöseverfahren hinsichtlich des hermeneutischen Zirkels erarbeitete. Gadamer seinerseits operiert in diesem Zusammenhang mit dem Begriff des ›Vor-Urteils‹ (trennende Schreibweise von mir), der inhaltlich dem vorgreifenden Resumee verwandt ist.

Mit dieser vorgreifenden Zusammenfassung der Problemlösung wird das Ganze mit einer abduktiven Schlußfolgerung, unter dem theoretischen Dach des konjekturalen Paradigmas erraten oder gemutmaßt. Im weiteren Verlauf der Absicherung der Problemlösung wird, wenn erforderlich, noch mehrfach die logische

Denkfigur der Abduktion zu Hilfe genommen, bis die Lösung des Problems plausibel erscheint. Das bedeutet, daß die Abduktion kein Beweisführungsverfahren ist, was für die Induktion von jeher zutraf.

Inwieweit auch die Aussage am Schluß des Problemlöseverfahrens das Allgemeine plausibel formuliert, eines kann sie nicht leisten: Sie ist außerstande den Nachweis zu führen, daß das dargestellte Allgemeine tatsächlich das ist, wofür es steht, denn die Frage, ob es überhaupt ein Allgemeines gibt oder geben kann, ist nicht zu beantworten. Das Allgemeine ist in gleicher Weise ein Artefakt, wie das des Durchschnittsbürgers. In beiden Fällen handelt es sich um eine statistische Größe, von der alle Besonderheiten bzw. alle Individuen abweichen. Wenn es also kein Allgemeines gibt, so ist es auch nicht möglich, vom Allgemeinen zum Besonderen zu gehen. Das gleiche trifft für das Ganze zu, denn wir sind außerstande, das Ganze zu kennen, weil wir nicht wissen können, was und wieviel ein Ganzes darstellt. Außerdem, wollten wir das Ganze – auf welchem Wege auch immer – herstellen, so wäre dieser Absicht und der daraus folgenden Tätigkeit die Kenntnis vom Ganzen a priori vorgeschaltet, und sofern wir diese Kenntnis nicht besitzen, können wir niemals wissen oder sicher sein, das Ganze hergestellt zu haben oder es zu besitzen. Außerdem dürfte es die menschliche Geisteskraft übersteigen, das Ganze kennen oder wissen zu wollen.

Das, was wir wissen, ist stets nur ein Teil dessen, was das Ganze sein könnte, und jede behauptete Ableitung des Besonderen aus dem Allgemeinen entstammt lediglich der Beziehung des Besonderen zum Besonderen. Dennoch ist der methodische Weg vom Allgemeinen oder Ganzen zum Besonderen oder Einzelnen nicht irrelevant, unsinnig oder gar töricht, denn wir können eine bestimmte Menge von Daten als das Allgemeine oder Ganze bezeichnen und ansehen, wenn wir ein theoretisch fundiertes und genau definiertes Abbruchkriterium für die Suche und das Sammeln von Teildaten, die für das Ganze auch von Bedeutung sein können, darlegen. Das Ganze und das Allgemeine ist somit nur durch anerkannte Sammel- und Abbruchkonventionen von Daten herstellbar. Das kann durchaus als ein Akt der Willkür und der mangelnden wissenschaftlichen Redlichkeit bezeichnet werden, aber für die methodische Praxis der Interpretation und des Verstehens von Sachen und Sachverhalten hat es seine Wirksamkeit hinlänglich unter Beweis gestellt.

Wollen wir einen Text, ein Gemälde, eine Skulptur oder einen x-beliebigen unbekannten Gegenstand verstehen, so gehen wir stets von einem Vorverständnis bezüglich der Erkennungsaufgabe aus. Um anschließend in den Status des Verstehens zu gelangen, bedarf es aber eines Einverständnisses in der Sache als Ziel des Verstehens. Allerdings haben wir mit dem Verstehen in der Sache noch nicht den Gegenstand verstanden, beispielsweise ein Bild, denn wollen wir dieses verstehen, so kann der Inhalt desselben völlig in den Hintergrund treten, vielleicht sogar gegenstandslos werden, wenn wir nach dem Künstler und seinem Schaffensprozeß, den Stilelementen, den historischen und soziologischen Hintergründen des Entstehens des Bildes fragen. Die Interpretation eines Bildes darf also nicht nur das Sujet im Blick haben, sondern darüberhinaus muß das Verstehen des Bildes als ein uns entgegentretendes Blickobjekt berücksichtigt werden.

Dem Erkennen eines Gegenstandes ist die Wahrnehmung vorgeschaltet. Diese ist kein neutraler und auch kein aus sich heraus natürlicher Vorgang, denn der Wahrnehmungsakt unterliegt einem unbewußten, ideologisch geprägten Auswahlverfahren, denn das, was wahrgenommen werden soll, ist stets theoriegeleitet und vigilanzabhängig. Mit anderen Worten: Die Wahrnehmung ist nicht Herr im eigenen Hause, denn jeder wahrgenommene Gegenstand steht in einem Bewandtniszusammenhang mit dem Wahrnehmenden und seiner Weltanschauung, seiner Gesinnung und seinem Lebenssinnentwurf. Das bedeutet, daß völlig unbekannte Objekte genauso wenig wahrgenommen werden, wie das für absolut verhaßte und abgelehnte Dinge zutrifft. Sie werden einfach ignoriert und das gelegentlich so radikal, daß das Sehen des betreffenden Gegenstandes nicht ins Bewußtsein dringt. Ich werde später unter dem Stichwort ›Strukturale Wahrnehmung‹ diese Thematik noch einmal aufgreifen.

Stets sind wir auf tradierte Zusammenhangskonfigurationen, erlerntes Wissen und auf intelligente und richtige Schlußfolgerungen, die auf einer motivgesteuerten Tätigkeit beruhen, bei der Wahrnehmung und dem Erkennen angewiesen. Diesen Sachverhalt thematisiert die hermeneutische Erkenntnismethode unreflektiert, und zwar insofern, als sie die Voraussetzungen des Erkennens ignoriert oder ausblendet. Die Frage, warum und wie es überhaupt zu dem Erkennensresultat kommen kann, überläßt sie der Psychologie.

Der kritisierte Mangel der Hermeneutik hindert sie aber nicht daran, fruchtbar zu sein, sofern sie von einem Gemeinkonsens des menschlichen Welterlebens, den tradierten Denkmechanismen unter Hinzuziehung historischer Zusammenhänge, zeitgenössischer Grundbefindlichkeiten und Menschenbilder, ideologischer Weltsicht und Sinnprofilen der Lebensgestaltungen der Menschen ausgeht. Unter dieser Prämisse können Texte, Kunstwerke und andere Bedeutungsträger im Sinne des Erkennens zugänglich gemacht werden.

Eines kann sie aber nicht leisten, und dieses Schicksal teilt sie mit allen konkurrierenden Erkenntnistheorien und -methoden: Die Interpretationen und Deutungen der Gegenstände müssen auf die Rede (parole) verzichten, mit der die betrachteten Gegenstände, Sachverhalte und überlieferten Prozesse ihren Platz in der jeweiligen Realität gefunden haben. Die Rede oder der Sprechakt besitzt keinen Text, kein Bild oder sonstige überdauernde Sachverhalte und Ereignisse, denn sie ist an ihren kurzlebigen Augenblick gebunden. Ist die Rede verstummt, sind alle mit ihr transportierten Bedeutungen bereits an einem anderen Ort. Diese Tatsache wird deutlich, wenn wir eingestehen, daß allein während des Sprechaktes alle nonverbalen Kommunikationselemente sichtbar und erkennbar sind. Es handelt sich um die Mimik, die Körpersprache, die Intonation der Rede, den Blick im Blickkontakt, möglicherweise olfaktorische und haptische Wahrnehmungselemente, die allesamt, neben der wiederholbaren Aussage als Informationsträger der parole, also dem Akt der Äußerung (énonciation) innewohnen.

Die Äußerung ist ein einmaliger unwiederholbarer Akt der Entäußerung von Subjektivität, er ist niemals Bestandteil historischer Überlieferungen oder tradierter kollektiver Verhaltensweisen. Selbst tiefenpsychologische Text- oder Bildinterpretationen, die meinen, unter gewissen Umständen Spuren des Redeaktes aufgespürt zu haben, unterliegen einer Selbsttäuschung. Das Angebot von teilweise sehr intimen Botschaften im Redeakt ist der Moment, wo die Wahrheit ihr Kreuz errichtet, denn diese Wahrheit ist auf einen gleichwertigen Empfängerhorizont und an eine ideologiefreie Zuhörbereitschaft gebunden. Wer etwas mißverstehen will, dem stehen all seine Dogmen, Vorurteile und ideologischen Bewußtseinstrübungen zur Verfügung.

Vor diesem Hintergrund können wir feststellen, daß wir bei allen Interpretationen und Deutungen von Texten, Kunstwerken und sonstigen Sachverhalten und Ereignissen weit weg sind von einer Objektivität des Erkennens und Verstehens. Hier finden wir die Ursache der Mehrdeutigkeiten und des Mehrfachsinns, die bei Interpretationen immer wieder zu beobachten sind. Das ist das Dilemma, aber auch die große Chance der Geisteswissenschaften, denn die verschiedenen Deutungen lassen unterschiedliche Bedeutungen erscheinen, die uns gestatten, in die überkommene Geschichtlichkeit korrigierend einzugreifen und eine neue zu schaffen. Diese Möglichkeit besitzen die Naturwissenschaften seit Newton und der Postulierung des Naturgesetzes nicht mehr. Sie sind ihren starren, weil objektiven Fakten und Gesetzen ausgeliefert, wenngleich seit Werner Heisenbergs Unbestimmtheitsrelation in der Physik Risse in ihren Festungsmauern sichtbar sind. Auch mit dem Satz des Mathematikers

Kurt Gödels, demzufolge alle widerspruchsfreien axiomatischen Formulierungen der Zahlentheorie unentscheidbare Aussagen enthalten, wurde das scheinbar so festgefügte Gebäude der Mathematik erschüttert.[22]

Diese Unentscheidbarkeit gilt grundsätzlich für jede Wissenschaft, seit Nietzsche aufdeckte, daß der wissenschaftliche Geist in dem Moment einen Sinnverlust erlitten hatte, als sein wissenschaftlicher Wahrheitsanspruch auch auf ihn selbst angewendet wurde. Von Stund an verlor sie den Anspruch, die Wahrheit erkennen zu können, was sie in einen tiefen Abgrund stürzen ließ.

Die Wissenschaft besitzt keine Metasprache, die in einem allen Sachverhalten und Ereignissen übergeordneten Metadiskurs die Sprache der Wahrheit spricht. Daraus folgt, daß die Sprache der Wissenschaft in der Gemengelage der vielen nicht reduzierbaren Sprachspiele[23] enthalten ist. Diese Sinnkrise eröffnet aber eine nicht zu unterschätzende Chance. Sie gestattet das Sagbare und das Wissensmögliche von dem Konsens-Dogma zu befreien, wobei das Wissen nicht mehr unter der Prämisse von Ausschlüssen, die alle Resultate des Sagbaren antizipierbar macht, stehen darf.[24]

5.2 Kunstgeschichtliche Hermeneutik

Die kunstgeschichtliche Hermeneutik ist im Gegensatz zur philosophischen ein fachspezifisches, auf ihren Erkenntnisgegenstand ausgerichtetes Verfahren, mit dem Kunstgegenstände erkannt, gedeutet und interpretiert werden sollen. Ihre Herangehensweise an die ihr überantworteten Gegenstände muß grundsätzlich variabel sein, denn sie hat die Aufgabe, flexibel auf die jeweiligen Kunstgattungen reagieren zu können. Was die Interpretation von Werken der bildenden Kunst angeht, will sie nicht den Sinn des jeweiligen Werkes, sondern das Werk selbst auslegen, was nicht bedeutet, daß wir es hier mit einer Inhaltsdeutung zu tun haben.

Die kunsthistorische Hermeneutik beschäftigt sich vielmehr einerseits mit der Theorie der Auslegung der Bildkünste, andererseits geht es ihr um die Methoden dieses Auslegungsvorganges und ihrer Begründung. Außerdem will sie die Praxis des Interpretierens von Werken in kritischer Relation zur Kunsttheorie und ihren Methoden untersuchen.[1]

Im 20. Jh. dominierte die Inhaltsanalyse der Bildwerke, wie das aus den Arbeiten über die Ikonographie und Ikonologie von Aby Warburg[2] und Erwin Panofsky[3] hervorgeht. Die Vorherrschaft der Inhaltsanalyse führte aber zu einer gewissen Einseitigkeit, auch wenn ihre großartigen Ergebnisse die Errichtung umfangreicher Lexika und Nachschlagewerke ermöglichte. Dennoch verstellte die eingeschränkte Sichtweise auf die Inhalte den Zugang zur Erfassung der Sinnhaftigkeit der Kunstwerke. Auch die traditionelle Stilanalyse kann diese Tatsache nicht beschönigen, denn sie ist keine Alternative zur Ikonographie, nicht zuletzt deshalb, weil ihre strenge Ausrichtung auf die Form ebenfalls einseitig ist, diesmal zugunsten der zweiten Seite der Medaille. Dennoch zeigen die Arbeiten über die Probleme der bildnerischen Darstellung, der Komposition, der Erzählung und der Entstehungszeit des Bildes sowie der Farbanordnung und des Hell-Dunkel-Aufbaus, daß eine kunsthistorische Hermeneutik sich allmählich etabliert, wie das Oskar Bätschmann feststellt.

5.2.1 Ein Bild verstehen

Ein Bild zu verstehen, entweder wie es der Künstler gemeint hat oder was ihn dazu bewogen haben mag, dieses zu malen, ist kein selbstverständlicher und schon gar nicht ein simpler Allerweltsvorgang.

Das Verstehen ist eine elementare kognitive Operation des erkennenden Geistes, die nicht bewußtseinspflichtig ausgelöst werden muß, deren Ergebnis jedoch ohne Bewußtsein unmöglich ist. Das Ziel dieses Prozesses ist, die aufgenommenen Zeicheninformationen in einem meist bereits vorhandenen sinnvollen System miteinander zu verknüpfen. Dadurch, daß in diesem Zusammenhang etwas Bezeichnendes auf etwas Bezeichnetes verweist, wird aus dem vorhandenen Sinngefüge des Systems, der für den Verstehensprozeß des Kunstwerks erforderliche Sinn des Bildes generiert. Dieser Sinn setzt die Zeichen gemäß einem vertrauten Regelsystem in die ihnen vorbestimmten Positionen ein. Die Folge ist, wir erkennen, was auf dem Bild dargestellt wird. Das kann ein geometrisches Gitterwerk sein oder eine ansprechende und harmonische Farbkomposition, vielleicht aber genau das Gegenteil. Es können vertraute oder rätselhafte Gegenstände und Welten, Figuren und Gestalten sein, in jedem Falle realisieren wir ein inhaltliches Wahrnehmungsresultat. Das ist jedoch nicht die gesamte Ausbeute, denn gleichzeitig erkennen wir die Randkonturen des Bildes mit oder ohne Rahmen, die das Bild gegen die weitere Umgebung abgrenzen und ihm seinen Seinsstatus verschaffen. Darüber hinaus mag es dem Betrachter gelingen, auch den Urheber des Werkes zu identifizieren.

Damit wissen wir weder alles noch gelegentlich viel über die Künstleraussage im Bild, noch haben wir etwas über die Eigenheiten und Merkmale des Schaffensprozesses erkannt, denn die Wahrnehmungen der Pinselführung, der Hell-Dunkel-Kombination, der Farbwahl etc. werden meist als unwesentlich angesehene Teile der Bildbotschaft im Wahrnehmungsprozeß vernachlässigt.

Ist der Akt des Erkennens vollzogen, haben wir die Voraussetzung für die Interpretation des Werkes geschaffen. Jetzt sind wir in der Lage, die Bedeutung der Bildaussagen, d.h. des Bildinhaltes zu erarbeiten. Darüber können wir die unbewußt vermittelten Entäußerungen des Künstlers, die sich in den darstellerischen Eigenheiten des Bildes verbergen, versuchen zu entschlüsseln, um damit etwas über die Stimmung, Mentalität und Befindlichkeit des Malers während des Schaffensprozesses zu erfahren und darüberhinaus etwas über seine Persönlichkeitsmerkmale zu mutmaßen.

Zweifelsfrei befinden wir uns in der Tätigkeit des Interpretierens, der Deutungen, des Kombinierens, des Ratens und der Mußmaßungen. Hier versagt jede objektive wissenschaftliche oder technische Methodik des Messens, des Rechnens und die Anwendung jeglicher Gesetzmäßigkeiten. Dennoch stehen wir nicht ohne methodisches Werkzeug der Interpretationsaufgabe gegenüber, denn mittels der kunsthistorischen Hermeneutik oder einer strukturalen Analyse finden wir Zugang zu den Hintergründen und Bedeutungen des Inhalts, des Schaffensprozesses und der Künsterpersönlichkeit. Und letztlich erfahren wir auch etwas von uns selbst, denn das Interpretieren ist kein objektiver Prozeß, sondern er offenbart ungemein viel von unserer eigenen Persönlichkeit als Interpretierende und unseren unbewußten Wünschen und unserem Begehren, jener ›zentralen Funktion für jede menschliche Erfahrung‹.[1]

Das Begehren ist für Lacan und zweifelsohne auch für Freud im wesentlichen unbewußt. Seine unbewußte Struktur entspricht der der Sprache als differentielle Artikulation von Signifikanten. Außerdem ist es nicht nur das Begehren nach dem Anderen (l'autre), das seinerseits nie einfach sich selbst als identisches Objekt gleich sein kann, sondern es ist zugleich das Begehren, vom Anderen begehrt zu werden.

Dieser Prozeß ist selbstverständlich auch im Künstler und in seiner Schaffenstätigkeit wirksam und durch den Vorgang des Verstehens dem Bildbetrachter in gewissem Umfang zugänglich.

5.2.2 Ein Bild nicht erkennen können – Eine Provokation

Erwin Panofsky schildert 1932 einen spektakulären Fall in Hamburg, der von vielen Kunstfreunden als Skandal empfunden wurde. Der damalige Direktor der Kunsthalle, Gustav Pauli, hatte das Bild ›Mandrill‹ des deutschen Malers und Graphikers Franz Marc, der 1916 vor Verdun gefallen ist, gekauft und ein Jahr nach dem Krieg dem Publikum präsentiert. Der expressiv-abstrahierend dargestellte Affe ist kaum erkennbar. Die in Formen und Farben mit der weiteren Umwelt fast verschmelzenden Umrißlinien des Tieres machen das Bild gewissermaßen zu einem Rebus. Das empörte die Hamburger Kunstfreunde, wenngleich sie im Grunde nicht wirklich vom Marcschen Stil überrascht wurden, denn der Künstler war für seine abstrakten, mit reinen, symbolisch befrachteten Farben und kristallinen Formen, mit denen er seine Tierbilder ausstattete, seit längerem bekannt. Dennoch, die Aufregung, das Entsetzen und die aggressive Reaktion des Kunstmuseumspublikums, die das Gemälde auslöste, kann als gutes Beispiel für das Unverständnis der Betrachter, die in dem Bild nicht das vorfinden, was sie von einem Gemälde erwarten, dienen.

Ursache dieser Aufregung war eindeutig das Nichtverstehen des Bildes, wie Pauli in einer Stellungnahme sagte. Der Bildinhalt und der Titel des Bildes schienen sich völlig fremd zu sein, und es erforderte viel Einfühlungsvermögen, Körperteile eines Affen im Gemälde zu entdecken. Das war offensichtlich eine Zumutung für das Publikum, denn es empfand sich als nicht ernst genommen, betrachtete das Gemälde als Fremdkörper und fühlte sich und das tradierte Kunstverständnis bedroht.[1]

Die Betrachter erlebten das, was der Künstler bereits vollzogen hatte, nämlich den Bruch mit vertrauten und liebgewonnenen Traditionen der Malkunst. Der Bezug zur wahren oder vermeintlichen Umwelt war ausgehebelt worden und der Künstler schien sich über die Betrachter lustig machen zu wollen. Wer wollte sich das gefallen lassen, hatte man doch an der Kasse der Kunsthalle Eintritt bezahlt? Später sollten die selbsternannten arischen Kunstkenner dieses Bild und das ganze Oevre Franz Marcs als ›entartete Kunst‹ stigmatisieren und aus der Kunsthalle entfernen. Allerdings hinderte das Hermann Göring nicht daran, mit dem Marcschen Mandrill seinen feudalen Wohnsitz ›Karin Hall‹, auszuschmücken.

Wenden wir uns wieder der Publikumsreaktion von 1919 zu. Im Grunde sprachen die Betrachter, legen wir die Alltagswahrnehmung zugrunde, nicht ganz unerwartet auf das Werk an, denn sofern eine Sache oder ein Vorgang in der gegenwärtigen Umwelt für ein Individuum von Interesse und Bedeutung ist, das fragliche oder erwartete Objekt aber nicht identifizierbar, also abwesend zu sein scheint, erzeugt das Erregung, Ängstlichkeit, Aggression und Ablehnung.

Diese Befindlichkeit verschwindet erst in dem Moment, in dem der Betrachter sich in die Lage versetzt sieht, das in dem Werk angekündigte Objekt zu erraten. Sofern ihm das nicht aus eigener Kraft gelingt, muß er angeleitet werden, was einige hilfreiche und besänftigende Zusatzinformationen erforderlich macht. Das mag dadurch gelingen, daß die Einstellung zur Künstlerpersönlichkeit positiv beeinflußt wird, indem seine Tugenden aufgezeigt werden und, wie das bei Franz Marc möglich war, an die patriotische Hingabe des Kriegshelden erinnert wird. Darüber hinaus können die Betrachter dazu herausgefordert werden, ihre intellektuelle Kompetenz unter Beweis zu stellen, indem sie nachweisen, daß sie die zuerst vermißten Ähnlichkeiten zwischen Begriff und Objekt im Bild doch noch entdecken oder hinein interpretieren können.

Der manipulierte Betrachter soll wissen, daß der Künstler seine Mitarbeit erwartet, ja fordert. Er soll den Rhythmus, die Objektarchitektur und die Maße des Mandrills selbst erzeugen, indem er eine Interpretationsarbeit vollzieht. Ist das seitens des Betrachters begriffen worden, hat der Künstler das erreicht, was man ihm wohl zu Recht unterstellen kann und worum es ihm nicht selten geht, denn andernfalls müßte sich der Kunstkonsument tatsächlich verhöhnt vorkommen. Im positiven Falle wird einerseits der Betrachter dazu verführt, länger vor dem Bild zu verweilen, und andererseits wird ihm dadurch eher bewußt, daß nicht nur eine Interpretationsaufgabe auf ihn wartet, sondern darüberhinaus auch die Entschlüsselung der transportierten Bedeutung, die sich zweifelsfrei in der verzerrten und wie zerstört wirkenden Umwelt- und Tiergestaltkonfiguration verbirgt.

Eine derartige Kommunikation zwischen dem Betrachter, Kunstwerk und der Meinung, die er über den Künstler hat, wäre nicht entstanden, wenn ein naturgetreues Abbild des Mandrill, wie es in Brehms Tierleben zu finden ist, dargeboten worden wäre. Im letzteren Falle hätte allerdings zu Recht der Zweifel aufkommen können, ob die Kunsthalle der angemessene Ort für die Präsentation eines naturgetreuen Affenabbildes sei.

Mag das Unverständnis gegenüber neuen und dem bekannten Kulturbestand zuwider stehenden Werken und die dadurch ausgelösten Aggressionen und womöglich sogar die Provokation eines Ikonoklasmus in gewisser Weise noch verständlich sein, weil darin fest etablierte psychologische Reaktionsmuster des Menschen erkennbar werden, so müssen wir aber auch feststellen, daß es damit nicht getan ist. Die Sache entwickelt sich noch komplizierter, wenn wir beispielsweise jene überlieferten radikalen Reaktionen genauer untersuchen, die im Verlaufe der Bilderstürmerei der Reformationszeit vorgekommen sind, oder die irrationalen Verhaltensweisen betrachten, die durch die Stigmatisierung der Kunstwerke zur ›entarteten Kunst‹ seitens der Nationalsozialisten provoziert wurden. Hier beschworen das von den Künstlern präsentierte neue Verständnis und die veränderte Sichtweise der von ihnen dargestellten Sachverhalte und zuweilen auch abstrakte Gedankeninhalte ein Unverständnis seitens des Kunstkonsumenten herauf.

Was ist passiert? Der Künstler stellt die Heiligkeit und Erhabenheit der überlieferten Werte, dargestellt in Madonnenbildern, Passionszyklen, edlen Fürstengestalten, heroischen Handlungen und Aufopferungswillen zur Disposition und zerstört jenen Abglanz, der durch die Liebe zu den tradierten Werten, auch auf die Betrachter und Liebhaber der alten Werke gefallen ist. Unverständnis ist also nicht allein ein Problem der Wahrnehmung, sondern auch eines der Einstellung gegenüber Bildinhalten, womit wir uns unversehens in einem ideologischen Diskurs befinden.

Um diese hier geschilderten Probleme zu lösen, nützt ein Zugriff auf hermeneutische Methoden wenig. Entscheidend ist die Veränderung der Einstellung, nicht nur zum Gegenstand, sondern zu den Dingen und Dogmen um uns herum. Dazu gehört selbstverständlich auch unsere Einstellung zur Kunst. Jeder Zweifel ist erlaubt, und alle Dinge müssen in der Wahrnehmung gewissermaßen dekonstruiert werden, um sie im Anschluß zeitgemäß und der gegenwärtigen Realität angemessen wieder aufzubauen.[2] Allerdings wird jede Neu- oder Wiederdeutung, jede erneut stattfindende Interpretation stets einen umfangreichen Fundus von Elementen jener Deutung enthalten, deren Innovation sie betreibt.

Verstehen besteht nicht darin, eine semantische Deduktion aus vorhandenen Prämissen zu vollziehen, sondern es handelt sich um eine motivierte pragmatische Sinntransformation oder Novation mittels freier und schöpferischer Spurendeutung von Form und Inhalt, ohne in eine Rückkehr in ursprüngliche oder vom Künstler intendierte Sinngebungen zu verfallen. Der Sinn der Betrachter und der des Künstlers ist immer nur hypothetisch rekonstruierbar, und es besteht keine Sicherheit auf Verifizierbarkeit. Dennoch muß die Kreativität des künstlerischen Sinnentwurfs, soweit es irgend möglich ist, nachvollzogen werden, um zu verstehen, welcher Abstand zwischen der alten und nunmehr veränderten Bedeutung der Kunst und ihrer Aussagekonfiguration besteht. In diesem Sinne ist Verstehen reproduktiv. Nicht indem die ehemalige Bedeutung nachvollzogen wird, sondern deren Sinnentwurf, der die alte Bedeutung im Entwurf einer neuen aufspaltet. Ohne eine Öffnung des Kunstkonsumenten zur Andersartigkeit, ohne Neugier, Einfühlungswillen, Konfliktbereitschaft und Belehrung ist ein Verstehen nicht möglich.

Der Fall des Marcschen Mandrill ist aber im Grunde völlig harmlos, verglichen mit der Aufregung und Aggression, die beispielsweise von den Bildern George Grosz ausgelöst wurden, denn in diesem Zusammenhang haben sich sogar deutsche Strafgerichte mit der Person des Künstlers und seinen Werken auseinandergesetzt. Übrigens sehr zum Schaden des Künstlers, denn Grosz wurde wegen Blasphemie und Verunglimpfung des Reichsheeres verurteilt, weil er den Gekreuzigten mit einer Gasmaske dargestellt hatte.

Für die Zeitgenossen von Franz Marc und George Grosz war die ›kulturelle Assimilation‹, die für das Verständnis der Bilder erforderlich war, unmöglich zu vollziehen. In beiden Fällen verhinderte das ein falsches Bewußtsein, also eine ideologische Verblendung oder Blindheit. Bei Marcs Bild mißlang die Interpretation, bei Grosz wollten die Machthaber und die Ewiggestrigen den klar erkennbaren Interpretationsangeboten des Künstlers nicht folgen.

Meist ist es so, daß wir bei der Betrachtung von inhaltlich tatsächlich oder vermeintlich klaren Bildern nicht mit den Augen sehen, sondern mit dem Wörterbuch.[3] Die Wörterbuchwahrnehmung wird vom Verstand und Gedächtnis regiert, indem diese den Gegenständen die entsprechenden Begriffe zuordnen.

Um das zu ändern, schlägt Valery vor, ein Bild im Betrachtungsprozeß Stück für Stück aufzubauen. Ausgehend von der Identifikation der Farbkleckse über die Linienführung soll durch den Prozeß des Mutmaßens das Thema des Bildes erkannt werden. Dabei darf man sich nicht von dem Titel des Bildes zur Wiederholung vorgefaßter Sichtweise der Gegenstände und der Auslegung des Werkes verleiten lassen, weshalb es angebracht ist, die Betitelung des Bildes unsichtbar zu machen. Nur so vermeidet man die theoriegeleitete, weil begrifflich geprägte Sichtweise. Stattdessen kann der freie und kreative Herstellungsprozeß von optischen Phänomenen und Qualitäten an den Gegenständen stattfinden. Unverkennbar erinnert diese Methode an die Derridasche Re-Produktion.[4] Diese Sichtweise, ein Bild ohne Textbegleitung, sei es ohne die Titelei oder erläuternde Texte, im Sinne einer konstruierenden Bildwahrnehmung und nicht Wörterbuchwahrnehmung allmählich aufzubauen, ist äußerst problematisch und kann nicht unwidersprochen stehen bleiben.

5.2.3 Die Sprache – Das unverzichtbare Hilfsmittel für die Kunstgeschichte

Das Verhältnis von Sprache in Form von Texten, die zu Bildwerken in Beziehung stehen, ist, so gibt uns Oskar Bätschmann zu verstehen, eindeutig geklärt. Wir müssen prinzipiell von der Unvereinbarkeit von Sprache als System und dem Sichtbaren in Bildern und optischen Wahrnehmungen ausgehen.

Sprache besteht aus Phonemen und Lexemen, die nach bestimmten Regeln kombiniert werden und auf einen Sinn hin streben. Der Sinn schöpft aus der Kodierung des Systems und gibt den Elementen den Rahmen ihres Auftretens. ›Die regelmäßige Verknüpfung zwischen einem Zeichen, dessen Sinn und dessen Bedeutung ist derart, daß dem Zeichen ein bestimmter Sinn und diesem wieder eine bestimmte Bedeutung entspricht, während zu einer Bedeutung (einem Gegenstand) nicht nur ein Zeichen zugehört …Von der Bedeutung und dem Sinne eines Zeichens ist die mit ihm verknüpfte Vorstellung zu unterscheiden‹.[1] Dabei ist zu bedenken, daß die Vorstellung stets subjektiv ist, denn die des einen ist nicht die des anderen. So treten bei unterschiedlichen Individuen verschiedene Vorstellungen auf, wenn bestimmte Gegenstände mit einem allgemein geläufigen Sinn wahrgenommen werden. ›Wir drücken mit einem Zeichen dessen Sinn aus und bezeichnen mit ihm dessen Bedeutung‹.[2]

Im Prozeß der Kommunikation werden Informationen oder Botschaften von einem Sender zu einem Empfänger übertragen, wobei sichergestellt sein muß, daß der Sinnentwurf des Senders mit hohem Ähnlichkeitswert dem des Empfängers entspricht, weil sonst eine Verständigung ausgeschlossen ist. Sofern die Sinngebungen miteinander harmonieren, kann der Prozeß des

Verstehens stattfinden, dessen Ziel die Generierung von Bedeutung ist.

Beispielsweise fesseln uns beim Anhören eines Epos oder bei der Betrachtung eines Gemäldes neben dem Wohlklang der Sprache oder der faszinierenden Farbkomposition allein der Sinn der Sätze oder des Bildinhaltes mit den dadurch erweckten Vorstellungen und Gefühlen. In dem Moment, wo wir allerdings die Frage nach der Wahrheit stellen, verlassen wir den Kunstgenuß und wenden uns einer wissenschaftlichen Betrachtung zu.

Zeichen, die nur vom Sinn her auf uns wirken sollen, sind Bilder, Befehle oder Bitten, denn ihnen geht jeder Wahrheitswert ab. Auch der so häufig mißbrauchte Hinweis der Politiker auf den ›Willen des Volkes‹, wenn es darum geht, ihre Machtausübung aufgrund einer Wählerentscheidung zu legitimieren, ist ein Ausdruck ohne jede Bedeutung. Er ist nur demagogisch verwendbar, denn er enthält absolut keine Bedeutung. Aber darüber hinaus auch keinen Sinn, weil ihm kein Gedanke angehört. Der ihm innewohnende Sinn ist nur ein Teil eines Gedankens, der auch durch ein einzelnes Beiwort (Volkswille) ausgedrückt werden kann. Es fehlt ihm daher grundsätzlich das selbständige Subjekt und damit auch die Möglichkeit, den Sinn des Nebensatzes in einem selbständigen Hauptsatz wiederzugeben.[3]

Sobald wir nach der Bedeutung fragen, verlassen wir das Bildwerk, denn nun steht die Frage nach dem Wahrheitswert des Bildes im Raum. Unter dem Wahrheitswert eines Satzes versteht Frege den Umstand, daß er entweder wahr oder daß er falsch ist.[4] Wer nach der Wahrheit fragt, beschreitet den Weg vom Sinn hin zur Bedeutung.

In der Kommunikation muß der Empfänger den gleichen Gedanken fassen, wie er im Gemeinten des vom Sender angebotenen Textes enthalten ist. Damit ist ersichtlich, daß die Bedeutung niemals als lesbare Textpassage zur Verfügung steht. Stattdessen ist sie stets unausgesprochen als gedankliches Konstrukt Begleiter eines Textes, das erst durch eine kognitive Arbeit erschlossen werden muß. Wenn das nicht sofort gelingt, so fragen wir üblicherweise danach, wie die Aussage gemeint ist.

Nun sind die Prozesse, die sich an Texte und Bilder heften, nicht identisch, denn die Sprache analysiert, das Bild dagegen synthetisiert. Michel Foucault sagt in diesem Zusammenhang: ›Wenn man interpretieren will, werden die Wörter aufzubrechender Text, damit man jene (andere) Bedeutung in vollem Licht auftauchen sehen kann, die sie verbergen‹.[5] Dabei, und das soll hier noch einmal unterstrichen werden, sprechen die Wörter niemals die Bedeutung aus. Und dennoch sind die Bedeutungen für uns und unser Ringen um Leben und Überleben die entscheidende Dimension aller Austauschprozesse.

Vor diesem Hintergrund müssen wir uns fragen: Was ist die Sprache, wie können wir sie so beschreiben und erläutern, daß sie in sich und ihrer ganzen Fülle erscheint? Aristoteles kennzeichnete die Sprache weder als etwas Wahres oder Falsches, sondern als einen Prozeß der Signifikation. Seelenzustände, sagt er, werden durch gesprochene Wörter symbolisiert und die geschriebenen sind die Symbole von gesprochenen.[6] Die Symbole oder Bezeichnungen hängen aber niemals mit dem Bezeichneten zusammen. Der Zusammenhang wird erst durch Konventionen hergestellt. Die Symbole der Sprache sind demnach arbiträr.

Bemerkenswert ist die bereits bei Aristoteles vorzufindende Dreiteilung im Sprachsystem. Er unterscheidet zwischen dem Referenten (die Sache selbst: das Reale), dem Bezeichneten (Seelenzustände: das Imaginäre) und dem Bezeichnenden (Sprache: das Symbolische).

Die Sprache besitzt keine eigentliche Identität. Vielmehr fungiert sie nur als die Signifikation dessen, was abwesend ist und was sie in dieser Abwesenheit bezeichnet. Um die Sprache aber in ihrer Tiefenbedeutung zu verstehen, müssen wir fragen, wie es überhaupt dazu kommt, daß etwas zum Symbol werden kann und wie die Sprache als Signifikation funktionieren kann.

Die Sprache im weitesten Sinne (langage) ist durch drei Sphären gekennzeichnet. Erstens dadurch, daß der Mensch mit Hilfe von psychologischen, soziologischen, ethnologischen und physikalischen Elementen die Fähigkeit besitzt, Sprache zu entwickeln. Ihr gegenüber steht die zweite Sprachsphäre. Es handelt sich um den Sprechakt (parole), in dem sich die Sprache aktualisiert. Sie ist gebunden an die individuelle Existenz des Menschen mit den jeweiligen Seelenzuständen. Dabei, und das ist in diesem Zusammenhang nicht zu ignorieren, entsprechen die gesprochenen Worte selten den wahren Seelenzuständen, weil das, was gesagt wird, bereits durch Konventionen gefiltert wurde. Authentisch und wahr ist allein die Tatsache, daß jemand spricht, so daß die zentrale Frage lautet: Wer spricht? Außerdem erscheinen die Dimension des Sprechaktes – die parole – und das dazugehörige Individuum als Substanz oder als der Körper der Sprache in ihrer lebendigen Gegenwart durch eine Projektion auf einen ganz konkreten und einmaligen Augenblick. Diese Gegenwart ist aber nicht bewußtseinsfähig, weil das sprechende Individuum sich im Sprechakt nicht Rechenschaft darüber ablegen kann, daß es spricht, da es die gesamte Aufmerksamkeit auf die inhaltliche Aussage richten muß. Der Sprechakt geschieht bewußtseinsmäßig unkontrolliert, er ist unbewußt, und von daher ist er höchstens beschreibbar, aber nicht in Gesetze zu fassen. Der Körper der Sprache im Sprechakt muß also auf eine andere Ebene projiziert werden, soll dieser Prozeß wahrnehmbar, bewußtseinsfähig und gesetzmäßig werden.

Die dritte Sphäre ist die der Sprache (langue) als in sich geschlossenes Zeichensystem. Sie gehört in gewisser Weise der ersten Sphäre an, denn dort erfüllt sie die Funktion, dem Sprachvermögen seine Einheit zu geben. »C'est la langue qui fait l'unité du langage«.[7] Sie ist vergleichbar einem Schachspiel, in dem ebenfalls Umwelten innerhalb und außerhalb desselben existieren. Innerlich ist das, was ihre Regeln und ihr System ausmachen, äußerlich sind jene Umwelten, die sich auf die Substanzen beziehen, aus denen die Spielfiguren und das Brett bestehen, sowie auf die Herkunft des Spiels. Das gilt in gleicher Weise für die Sprache und ihre prinzipielle Geschlossenheit. Zwar wird sie durch den Sprechakt aktualisiert, aber sie besitzt unabhängig von ihm keinerlei Existenz. Dennoch ist die Sprache der Rede strukturell vorgeordnet, ähnlich wie das Kollektive dem Individuellen. Als Zeichensystem ist sie Gegenstand der Semiologie.

Die Sprache verbindet nicht Ding und Namen, sondern Begriff (Seelenzustand: Signifikat) und Lautbild (Rede, Schrift: Signifikant). Das System der Lautbilder, also die Gesamtheit der Signifikanten, ist dadurch gekennzeichnet, daß die einzelnen Signifikanten auch untereinander als Signifikanten fungieren können, was zugleich die Voraussetzung dafür ist, daß jene Differenz konstituiert wird, die sie überhaupt erst zu Signifikaten werden läßt.[8]

Diese Verbindung ändert aber nichts an dem Zustand des arbiträren Verhältnisses zwischen Signifikant und Signifikat. Beide stehen gegensätzlich zueinander, wenngleich nicht absolut, denn ein Signifikant kann unter bestimmten Umständen zum Signifikat werden und umgekehrt. Mehr noch, ein Signifikat kann nur dann die ihm zugewiesene Funktion und Position wahrnehmen, wenn es vorher Signifikant gewesen ist.

Dieser Sachverhalt ist an sich nicht neu, denn wir finden ihn gleichermaßen formuliert beispielsweise in der metaphysischen Sprachtheorie der Stoiker. Neu ist die Postulierung der radikalen Trennung und Differenz als konstitutives und immanentes Prinzip des sprachlichen Zeichens. Die Differenz besteht nicht mehr zwischen Sprache und dem von ihr bezeichneten Sinn, wie das noch Aristoteles sagte, sondern bei Saussure ist die Differenz das Entstehungsprinzip von Signifikat und Signifikant.

Ein Laut, so sagt er, kann nur als Signifikant erscheinen, wenn er sich von anderen unterscheidet. Und ein Gedanke wird zum Signifikat erst durch einen Gegensatz zu anderen Gedanken. Damit verliert der Begriff der Signifikation seine traditionelle Bedeutung, er ist nicht mehr Repräsentation, sondern Artikulation.

Somit wird die Sprache von einer vorgeordneten Präsenz befreit. An deren Stelle tritt eine Differenz, die erst nachträglich Identitäten – die jeweiligen konkreten Signifikanten und Signifikate – als ihre Effekte produziert. Die Sprache besteht demnach nicht aus wahrnehmbaren, substantiellen Einheiten der Grammatik, sondern aus relativen Werten. Die Begriffe dürfen nicht positiv durch ihre Inhalte bestimmt werden, sondern rein differentiell und negativ durch die Beziehung mit anderen Termini des Systems. Die Begriffe und Werte sind stets das, was alle anderen nicht sind.[9]

Die Bedeutung ist das Reale eines Zeichens. Ihr Referent ist der Begriff, der im Zeichen als Signifikat erscheint. Ein Begriff kann nur durch einen Begriff ersetzt werden, niemals durch einen Gegenstand. Eigenschaften eines Gegenstandes sind zugleich Merkmale eines Begriffs. Eine Bezeichnung eines Gegenstandes ist niemals ein Begriff, denn sie kann beispielsweise als Gegenstandsname nicht prädikativ sein. Der Grund liegt darin, daß eine Bezeichnung keine Verbform besitzt. Beispielsweise besitzt die Bezeichnung Tisch keine Verbform, wie das z. B. für das Wort Liebe zutrifft. Sofern ein Begriff prädikativ verwendet wird, ist er wieder in die Signifikantenkette zurückgekehrt. Wird ein Gegenstand prädikativ benutzt, so ist der Ausdruck oder Satz sinnlos. Der Sinn (Signifikat) kann sich nur durch das Spiel der Differenzen einstellen.

Es stellt sich gewiß für den Leser die Frage, was um alles in der Welt hat das mit Deutungs- und Interpretationsverfahren von Bilderwelten zu tun? Nun, wir stehen vor der Frage, inwieweit die Bildinterpretation, die unzweifelhaft die Verwendung von Sprache erforderlich macht, tatsächlich etwas über den Sinn und die Bedeutung eines Bildes aussagen kann. Außerdem ist zu klären, ob ein Bild reden kann, und wenn ja, ist die Aussage einer hermeneutischen Analyse zugänglich? Unabhängig ob das tatsächlich der Fall ist oder nicht, muß darüber hinaus geklärt werden, inwieweit eine strukturale Analyse oder ein sprachanalytisches Verfahren eine Alternative zur hermeneutischen

Erkenntnismethode darstellen und wenn ja, ob sie in diesem Zusammenhang womöglich neue und unerwartete Fragen und Erkenntnisse bereithalten.

Was den Strukturalismus angeht, so muß gesagt werden, daß er sowohl in der Sprachwissenschaft als auch in der Semiologie tief verwurzelt ist. Mehr noch, der Strukturalismus versucht all jene Erkenntnisermöglichungen, die sich außerhalb des Bewußtseinssystems befinden, aus dem Dunkel der wissenschaftlichen Ignoranz zu befreien. Das führt uns zwangsläufig in den Bereich der tiefenpsychologischen, sprich psychoanalytischen Erkenntnismethode.

6.1 Das Bild als manifester Traum – Ein psychoanalytischer Zugriff

Läßt sich zwischen der Arbeit des bildenden Künstlers und des tag- und nachtträumenden Alltagsmenschen eine Beziehung der Analogie herstellen? Ist das Kunstwerk der Gestalt gewordene Traum des Künstlers? Etwas Traumhaftes? Sollte das zutreffen, so befinden wir uns auf dem Weg zum Sublimen, der uns ins Reich der Illusionen führt.[1] Bildende Künstler besitzen das Privileg, ihre Tag- und Nachtträume in Analogon-Bildern zu materialisieren. Das Kunstwerk ist in diesem Fall der Gestalt gewordene Traum.

Die hier angesprochene Verbindung zwischen einem Kunstwerk und einem Traum führt uns unwiderruflich in den Bereich der Psychoanalyse und hier insbesondere zu der von ihr betriebenen Traumdeutung.

Wenn wir das Kunstwerk als Analogon des Traumes ansehen, dann ergibt sich auch eine Begrifflichkeit, die zwischen den beiden Bereichen eine enge Verwandtschaft aufweist. So entspricht der im Traum vollbrachten Traumarbeit die im Entstehungsprozeß eines Gemäldes oder einer Skulptur aufgewandte Leistung einer Schöpfungsarbeit. Den in diesem Zusammenhang eingeschlagenen Weg konsequenterweise fortzusetzen, bedeutet, daß wir den Versuch wagen können, die Mechanismen der psychoanalytischen Traumdeutung, auf die Deutung des Kunstwerkes zu übertragen und einzusetzen.

Der Traum erscheint uns nach jedem Erwachen als ein erlebtes Bild- und in geringerem Umfang als Textsystem, in dem ähnlich wie in den gezeichneten Bildgeschichten mit erläuternden Texten der comic-strips, comic-books oder den satirischen Bildgeschichten

Wilhelm Buschs ein ausgesprochen phantasievoller Gestaltungsprozeß zu erkennen ist. Der Traum als Bild- und Schriftsystem dient einerseits der Wunscherfüllung und andererseits als Entstellung im Sinne einer Bilderschrift und eines Rätselbildes (Rebus).

Wunscherfüllung, für wen? Sigmund Freud versucht im siebenten Kapitel seines Werkes über ›Die Traumdeutung‹, dem Subjekt auf die Spur zu kommen, für das die Wunscherfüllung geschieht. Die detektivische Suche führt ihn zur Frage des Unbewußten, jene Instanz, die entscheidend für die Bestimmung des Subjekts ist.

›Das Unbewußte ist der größere Kreis, der den kleineren des Bewußtseins in sich schließt; alles Bewußte hat eine unbewußte Vorstufe, während das Unbewußte auf dieser Stufe stehenbleiben und doch den vollen Wert einer psychischen Leistung beanspruchen kann. Das Unbewußte ist das eigentlich reale Psychische ...‹.[2]

Das Subjekt wurde vor Freud stets als jenes gekennzeichnet, das aus dem Bewußtsein und speziell aus dem von sich selbst – dem Selbstbewußtsein – seine Existenz bezog. Das wahre Subjekt dagegen, das gemäß Freud im größeren, das Bewußtsein umschließenden Kreis eingeschrieben ist, muß notwendigerweise ein unbewußtes sein. Es ist dasjenige, das sich selbst in den Diskurs der Signifikanten, d.h. in ihre metonymische Bewegung einschreibt und zu verstehen geben will, wer spricht!

Die Metonymie bestimmt mit ihrer Kontextualität (Zusammenhang im Text) oder Kontiguität (zeitliches Zusammentreffen) den Fluß der Signifikanten in der Signifikantenkette. Das geschieht gemeinsam mit der Metapher, die nach dem Prinzip der Auswahl oder Substitution infolge von Ähnlichkeit zwischen dem Objekt und dem Substituenten, die Operationen der Bewegung der Signifikanten charakterisiert.

Allerdings definiert sich das Subjekt in der metonymischen Bewegung nicht als solches, das an einem bezeichneten Ort mit beschreibbaren Eigenschaften und Merkmalen einen Platz ausfüllt, sondern sichtbar wird dieses Subjekt im Traum, der ohne

Ausnahme egoistisch ist. Auch wenn sich das wahre Subjekt mit anderen geträumten Personen maskiert, so handelt es sich dennoch immer um die wahren Wünsche des autochthonen Subjekts, die der Traum befriedigt.

Der Traum und die Wunscherfüllungen sind kein diffuser, zufälliger und ungeordneter Prozeß, sondern in ihm waltet eine feste gesetzmäßige Ordnung. Diese gliedert sich in die zwei Operationen: Verdichtung und Verschiebung[3]. Sie verwandeln die Traummaterialien der körperlichen Reize, der Tagesreste und der Traumgedanken in jenes Produkt, das Freud den ›manifesten Traum‹ nennt. Die in diesem Zusammenhang feststellbare Entstellung ist das Ergebnis dieser Arbeit.

Es sind also insgesamt zwei Leistungen im Traum zu erbringen: erstens die Herstellung der Traumgedanken und ihre Umwandlung zum manifesten Inhalt und zweitens die Traumarbeit in Form von Verdichtung, Verschiebung, Darstellbarkeit und sekundärer Bearbeitung. Die Traumarbeit ist niemals schöpferisch, denn ihr reicht die Umwandlung der Materialien, die sie bereits besitzt. Dennoch ist es die Traumarbeit, die das Wesen des Traumes ausmacht und nicht der latente Inhalt.

Diesen Sachverhalt hat die Traumarbeit mit der Schöpfungsarbeit des bildnerischen Künstlers gemein. Auch bei ihm ist der Entstehungsprozeß das Wesentliche und nicht der Inhalt des Bildes, der womöglich durch einen Auftraggeber determiniert ist. Der Ursprung des Bildes ist dem Künstler in gleicher Weise unbewußt, wie das für den zu befriedigenden Wunsch des Träumers zutrifft.

Die sehr unterschiedlichen Traumgedanken, die sich dem Traum als Material anbieten, müssen in der Traumarbeit zu einer Einheit verschmolzen werden, deren logischer Zusammenhang sich als Gleichzeitigkeit ausweist. Hier geschieht eben das, was Raffael in seinen Fresken, beispielsweise der Schule von Athen oder des Parnaß, getan hat. In diesem Werk hat der Renaissancekünstler alle antiken Philosophen oder Dichter gemeinsam in seine Wandbilder hineingestellt, wohlwissend, daß sie niemals in einer Halle oder auf einem Berggipfel beisammen gewesen sind, wenngleich sie für die denkende Betrachtung eine Gemeinschaft bilden. Diese künstlerische Darstellungsweise Raffaels ist identisch mit der schöpferischen Tätigkeit des Träumers. Schauen wir sie uns genauer an.

Sobald in einem Traum zwei Elemente nahe beieinander liegen, beispielsweise wenn der erwachende Träumer zwei ihm bekannte Personen in einer einzigen geträumten Figur zusammengefügt hat, dann hat die Traumarbeit nicht nur zwei Figuren verschmolzen, sondern diese Mischperson steht in einer engen Beziehung zum unbewußten egoistischen Wunsch des Träumenden. Letzterer will sich in dieser Personenkonfiguration sehen.[4] Diese bildliche Kombination ist jener Umarbeitungsprozeß des Traumes, der das Ziel hat, ihn in Form eines relativ kohärenten und verständlichen Szenariums darzubieten.

Durch die hier stattfindende sekundäre Bearbeitung verliert der Traum den Anschein von Absurdität und Inkohärenz. Außerdem können mit dieser Bearbeitung Lücken in der Traumgeschichte geschlossen werden, womit der Nachttraum die Verständlichkeit und Charakteristik eines Tagtraumes erhält. Die Verdichtung ist die metaphorische Wendung, die wir im Signifikat und in der Synekdoche vorfinden. Und zugleich stellt sie den wesentlichen Mechanismus dar, nach dem unbewußte Vorgänge funktionieren. Eine einzige Vorstellung steht für mehrere Assoziationsketten, an deren Kreuzungspunkt sie sich befindet.

Sie arbeitet in den Bildungen des Unbewußten und am deutlichsten im Traum, aber auch in den psychopathologischen Symptomen. Eine Verdichtung ist aber nie eine Zusammenfassung, wie das beispielsweise beim Begriff der Fall ist. Sie ist auch nicht allein dem Traum vorbehalten, denn sie findet sich auch im lapsus linguae, im Vergessen von Worten, im Witz und in Wortneubildungen, wie sie im Traum erscheinen.

›Wenn bestimmte Bilder, namentlich im Traum (aber auch auf

Bildträgern, R.M.), eine besondere Lebhaftigkeit erlangen, dann nur, weil sie als Produkt der Verdichtung besonders stark besetzt sind‹.[5] In jedem Falle handelt es sich um die Aufeinanderschichtung von Signifikanten, worin die Metapher ihren Wirkungsbereich findet. Das ist der Punkt, der einen Poeten in den Stand versetzt, in den Bereich der Dichtung und Poesie überzugehen.

Die Operation der Verschiebung kennzeichnet jenen Bewegungsablauf, der mit seinem metonymischen Verlauf zur Bedeutung eines Gedankens führt. Die Bedeutung, die niemals einen manifesten Ort im sinnvollen Gefüge der Traumgedanken besetzt, sondern erst durch eine Idee außerhalb des Bildes oder Textes sozusagen gezündet werden muß, ist jenes Mittel, mit dem das Unbewußte am besten die Zensur, die den unbewußten Wünschen den Zugang zum Bewußtsein verwehren soll, umgehen kann. Die Darstellbarkeit des Traumes, das gilt auch für jedes Bild, ist weniger eine Darstellung als eher eine Entstellung, die den Gesetzen des Signifikanten gehorcht. Das heißt, daß die Signifikanten nicht eine darstellende, repräsentative Struktur des Bildes erzeugen, sondern vielmehr die einer Szene oder einer Schrift, weshalb Freud in diesem Zusammenhang in der ›Traumdeutung‹ von einer ›Bilderschrift‹ oder von einem ›Bilderrätsel‹ (Rebus) spricht. Allerdings dürfen die Zeichen der Bilderschrift, die den Trauminhalt darstellen, nicht nach ihrem Bilderwert, sondern nur nach ihrer Zeichenbeziehung gelesen werden. Die Darstellbarkeit des Traumes entspricht einer Inszenierung, in der die szenische Qualität der Traumentstellung die entscheidende Rolle spielt.

Wenn Freud immer wieder von der Schrift oder Traumschrift spricht, so will er damit nicht sagen, daß sich die Darstellbarkeit innerhalb eines Schriftsystems abspielt und sie sich damit jeder Bildhaftigkeit entzieht, sondern die Traumschrift ist eine Schrift ›als ob‹, was nichts anderes bedeutet, als daß sie nach den Gesetzen der Schrift funktioniert, aber selbst kein Schriftsystem besitzt, in dem die Signifikanten jeweils einem Signifikat zugeordnet sind. Die Signifikanten des Traumes werden, wie alle anderen Elemente des Traumes – Wort, Bild, Rede, aber auch deren syntaktische Anordnung selbst – allein durch ihre kontextuelle Beziehung zu anderen Zeichen und zum Ganzen richtig deutbar und interpretierbar.

Dabei ist auch zu bedenken, daß der Traum den Träumenden in eine systematisch entstellte Kommunikation führen kann. Hier stoßen wir grundsätzlich auf die nichttriviale Grenze des Anwendungsbereichs hermeneutischen Verstehens, die die Psychoanalyse und im Falle kollektiver Zusammenhänge die Ideologiekritik versucht aufzuklären. In beiden Fällen › …haben wir es mit umgangssprachlichen Objektivationen zu tun, in denen das Subjekt, das diese Lebensäußerungen hervorbringt, seine eigenen Intentionen nicht wiedererkennt.‹[6] Dieser Sachverhalt kennzeichnet ein unvollständiges hermeneutisches Verstehen, weil die Grenzen dieses Verstehens nicht erkannt werden können, da die Akteure den Bereich des Bewußtseins verlassen haben.

Hier zeigt sich eine hermeneutische Komponente der Traum- und Bilddeutung, die zugleich impliziert, daß der jeweilige Kontext eines Traumes und eines Bildes nie ganz bestimmbar oder erschöpfend deutbar sein kann, denn beide sind selbst ein Teil eines umfassenden Kontextes, der grundsätzlich unabschließbar und damit auch spezifisch unverständlich ist. ›Diese spezifische Unverständlichkeit läßt sich durch keine noch so kunstvolle Ausübung der natürlich erworbenen kommunikativen Kompetenz überwinden; ihre Hartnäckigkeit darf als Anzeichen dafür gelten, daß sie nicht aus der durch Hermeneutik zu Bewußtsein gebrachten Struktur umgangssprachlicher Kommunikation zu erklären ist.‹[7] Was die hermeneutische Bildinterpretation betrifft, so fehlen ihr, ähnlich wie der Traumsprache, die Objektivität der sprachlichen Überlieferung und die Horizontgebundenheit des sprachlichen Weltverständnisses. Bei der Bildinterpretation ist es die historisch-zeitliche Distanz zum vergangenen aktuellen Schaffensakt eines Kunstwerkes und bei den Traumtexten übernehmen die Verschiebungen und Verdichtungen diese Funktion, die das von Freud als ›Normalbild‹ bezeichnete Phänomen dieser spezifischen, systematisch entstellten Kommunikation erschaffen.

Die Struktur des Traumes und der Text der Deutung bilden zusammen ein Palimpsest, dessen Bedeutung durch den unbewußten Wunsch zwar eingegrenzt aber nicht abgeschlossen ist. Zugleich verweist dieses Palimpsest auf die Theorie des Subjektes und des Begehrens.

Freud hat die Verschiebung derart gekennzeichnet, daß die wichtigsten Elemente des latenten Inhalts durch kleinste Details dargestellt werden, wie das auch in der Morellischen Kunstdetektei der Fall ist, die entweder gegenwärtig oder unklare, bereits in der Kindheit erlebte Begebenheiten sind. Unter latentem Inhalt ist die Gesamtheit der Bedeutungen zu verstehen, zu der die Analyse einer Produktion des Unbewußten führt. Sind die latenten Inhalte entziffert, erscheint der Traum nicht mehr wie ein Bilderrätsel, sondern wie die Organisation von Gedanken oder wie eine Erzählung.

Es ist zu fragen, ob dieser Sachverhalt auch für Werke der bildenden Kunst zutrifft. Besitzen Bilder latente Inhalte? Wenn ja, können diese entschlüsselt und in eine Erzählung umgeformt werden? Sollte das gelingen, dann geben das Bild und der Künstler die intendierte Erzählung zur Kenntnis, womit der latente Inhalt sich zu einem manifesten Inhalt wandelt. Die grundlegende Frage lautet demnach: können Bilder sprechen oder bleiben sie stumm? Noch einmal auf das Analogon von Traum, Traumdeutung und bildender Kunst und ihrer Interpretation bzw. Deutung eingehend, soll nun eine vergleichende Analyse der Relation zwischen den beiden Handlungsfeldern versucht werden.

Hier ist grundsätzlich eine Übereinstimmung festzustellen: Der Traum wird von einem träumenden Subjekt erzeugt, und die eigene Traumdeutung mag diesem zwar im Sinne einer Selbstanalyse gelingen, aber in aller Regel übernimmt ein Psychoanalytiker diese Aufgabe. Bei einem Kunstwerk geschieht das auf gleiche

Weise. Der Künstler erschafft das Bild oder die Skulptur, und ein kunst- und sachverständiger Betrachter, beispielsweise ein Kunsthistoriker, macht sich an die wissenschaftliche Deutung und Interpretation des Werkes.

Der Deutungsversuch beginnt mit einem radikalen Verzicht darauf, sogleich mit der Betrachtung des Kunstwerks über den Gesamteindruck der wahrgenommenen Gestalt zu resümieren, weil man sich von der Allgemeinwirkung des Werkes hat überwältigen lassen. Unter den Umständen einer Überwältigung erscheint im Geist nur die verführerische heroische Gestalt des Bildwerkes, in die sich der Betrachter wunschgemäß hineinversetzen kann. Das ist der Augenblick der imaginären Verkennung, die den Interpretierenden an den Ort versetzt, wo ihn sein unbewußtes Begehren hinstellt. Um das zu vermeiden, muß man ähnlich vorgehen wie der Kunstkenner und -detektiv Giovanni Morelli, alias Lermolieff. Er betrachtete in seinen kunstdetektivischen Untersuchungen die untergeordneten Details eines Bildes, die zwar nebensächlich erscheinen, aber dennoch für einen bestimmten Künstler charakteristisch sind. Hier findet jener Vergilsche Vers, den Freud als Motto über seine Traumdeutung gestellt hat, seine besondere Berechtigung:

> Flectere si nequeo Superos, Acheronta movebo
> (Kann ich die höheren Mächte nicht beugen, will ich doch die Unterwelt bewegen)

Das Motto besagt, daß der unsichtbare, verborgene Teil der Realität nicht weniger bedeutend ist als der sichtbare.

Nun will der Kunstmaler eher selten durch seine Bilder dem Betrachter willentlich Zugang zu seinen intimsten und verletztlichsten psychischen Befindlichkeiten und Eigenheiten gewähren, weshalb eine wahre Deutung der Werke sich in aller Regel weit schwieriger gestaltet, als das bei dem Analysanden in der psychoanalytischen Behandlung der Fall ist. Zwischen dem Künstler und dem Analysanden besteht ein gravierender Unterschied, letzterer unterzieht sich auf Grund eines psychischen Leidensdrucks einer Psychoanalyse. Bei dem Künstler einen Leidensdruck als Auslöser seines Schaffensprozesses anzunehmen oder zu behaupten, muß generell zurückgewiesen werden. Dieser Umstand setzt dem psychoanalytischen Deutungsverfahren von Kunstwerken von Anfang an klare Grenzen. Diese im Deutungsverfahren von Bildwerken zu überschreiten bedeutet, daß das unbewußte Begehren des Kunstkritikers auf die interpretierten Bilder projiziert wird.

Allerdings ist der Analysand in gleicher Weise wie der Künstler nicht in der Lage, über seine unbewußten Wünsche, Traumatisierungen und sein Begehren Rechenschaft abzulegen, denn das Unbewußte ist dem eigenen willentlichen Bewußtseinsprozeß nicht zugänglich. Erst das psychoanalytische Deutungsverfahren gibt allmählich Aufschluß über das, was im Unbewußten des Betroffenen geschieht. Viel verraten die alltäglichen kleinen Fehlleistungen verbaler und nonverbaler Art, die einem aufmerksamen und kundigen Beobachter durch das sogenannte ›szenische Verstehen‹ nicht entgehen. In diesem Zusammenhang denunzieren kleinste Sprachpartikel und die unkontrollierte Körpersprache die verborgenen Wünsche. Diese können, wenn sich eine ausreichende Anzahl von symptomatischen Informationen angesammelt hat, zu einem Mosaik zusammengesetzt werden, das seinerseits der psychoanalytischen Deutung unterworfen wird.

Ob sich das ebenfalls mit Hilfe von Bildpartikeln arrangieren läßt, erscheint fragwürdig, denn die Summe aller Bildteile ergibt nicht jene Bildgestalt, die sich in aller Regel bereits beim ersten Anblick des Gemäldes herauszuschälen scheint. Zur Bildgestalt gehören nicht nur die Bildelemente, sondern der gesamte Kontext desselben, beginnend mit dem Entstehungsprozeß, über das Präsentationssetting bis hin zu den gesellschaftlichen und sozialen Zusammenhängen, in die sowohl das Bild als auch der Künstler und die Zielgruppe eingebettet sind.[8] Das unterscheidet das psychoanalytische Deutungsverfahren in der Therapie von jeder versuchten psychoanalytischen Bilddeutung nach dem Muster der Traumdeutung.

Daß ein Bild wie ein manifester Traum wirkt und auch als solcher entstanden ist, kann nicht völlig von der Hand gewiesen werden, was aber die Frage nahelegt, ob wir uns dem Bildinhalt, der Form, dem Entstehungsprozeß und -motiv und der Persönlichkeit des Künstlers mit Hilfe der psychoanalytischen Traumdeutung auch nur einen Schritt genähert haben. Dieser Frage wollen wir im folgenden nachgehen.

6.2 Kunsthistorische Interpretationen als detektivische Arbeit

Das psychoanalytische Traumdeutungsverfahren ist in wesentlichen Teilen mit dem Untersuchungsverfahren der Morellischen Kunstdetektei identisch. Diese Behauptung wollen wir auf ihren Wahrheitsgehalt untersuchen, indem wir das Morellische Verfahren mit dem psychoanalytischen Deutungsprozeß des Traumes in Beziehung setzen.

Beginnen wir mit der Freudschen Behauptung, derzufolge die Kunst die nicht zwanghafte, nicht-neurotische Form der Ersatzbefriedigung ist. ›Der Zauber der ästhetischen Schöpfung rührt nicht von der Wiederkehr des Verdrängten her‹.[1] Welchen Platz die Kunst zwischen dem Lustprinzip und dem Realitätsprinzip einnimmt, ist jedoch nicht eindeutig geklärt.

Zunächst ist festzustellen, daß die psychoanalytische Kunstdeutung stets fragmentarisch bleiben wird, weil sie auf Analogschlüsse angewiesen ist. Um nun überhaupt zu psychoanalytischen Deutungsresultaten zu gelangen, ist es zwingend erforderlich, die Details der zu deutenden Kunstwerke unter voller theoretischer Strenge zu betrachten und das Werk zu umreißen, wie das aus dem Freudschen Deutungsverfahren des Moses des Michelangelo zu ersehen ist.[2] Auch in ›Eine Kindheitserinnerung des Leonardo da Vinci‹[3] überschreitet Freud seine selbst gesteckte Grenze nicht, denn das Bild, das er vom künstlerischen Schicksal und der Mutter-Sohn-Beziehung des großen Künstlers zeichnet, setzt sich aus Lichtpunkten zusammen, die neben dem sichtbaren auch nicht ausgeleuchtete Teile zeigen. Über die Analogie zwischen Traumarbeit und Kunstarbeit oder zwischen Triebschicksal und Künstlerschicksal geht er niemals hinaus.

Zwischen der Kunstarbeit und dem Künstlerschicksal vermitteln die sichtbare Phantasiewelt, die vom Kunstschaffenden mit großen Affektbeträgen ausgestattet wird. Diese Übertragung schafft das, was als Tagtraum erscheint, über dessen latente Inhalte das Kunstwerk berichtet. Zugleich legt der Künstler Zeugnis ab von ›seiner Majestät, das Ich, den Helden aller Tagträume wie aller Romane‹.[4] Traum und Kunstwerk liegen auf einem Kontinuum, wo sie jeweils ein Ende besetzen und wo sie beide über das Schicksal und die Triebkräfte des Menschen berichten.

Das bedeutet aber nicht, daß bei der Interpretation von Kunstwerken die Traumdeutung einfach nur kopiert oder wiederholt werden kann. Das ist schon deshalb nicht möglich, weil der Tagtraum eine Zeitmarke besitzt, was beim Traum nicht der Fall ist. Die Träume kennen genauso wenig eine zeitliche Skalierung wie das Unbewußte, beide sind synchron, also zeitgleich oder zeitneutral. Im Traum erscheinen Kindheitserinnerungen und Tagesreste wie aktuelle Geschehnisse, im Tagtraum dagegen halluziniert der Träumer eine erwünschte Zukunft.

Wollen wir etwas über die Kunstarbeit aussagen, so müssen wir sie an ihrer handwerklichen Seite packen, um dort mit Hilfe der strukturalen Analogie die tiefere funktionale Analogie erkennen zu können. Damit sind wir an dem Punkt angelangt, wo es gilt, die Widerstände, die der Künstler dem Erkennen von sich entgegensetzt, zu überwinden. Wenn wir uns aber weniger für den Künstler interessieren, so gestatten uns seine Kunstwerke, in eigene Tagträume zu versinken. Damit wird uns ein Lusterlebnis und eine Triebbefriedigung, die den eigenen Wünschen entsprechen, ohne Scham erlaubt. Der Lustgewinn des Künstlers und der des Bildbetrachters mögen gleich groß und funktionell ebenbürtig sein, die Lustinhalte dagegen können sich sehr stark voneinander unterscheiden, müssen es aber nicht. Der Künstler kann uns zu einem formalen, d.h. ästhetischen Lustgewinn, der aus tief reichenden psychischen Quellen schöpft, anregen. Diesen Lustgewinn und die damit verbundene Entspannung, nennt Freud ›Vorlust‹.

Nun geht es aber bei der kunsthistorischen oder kunstverständigen Interpretation weniger um die psychischen, emotionalen und lustbringenden Resultate des Kunstgenusses, sondern um die formale und inhaltliche Analyse des uns zur Begutachtung vorliegenden Kunstwerkes. Es sind in diesem Zusammenhang unsere handwerklichen Kenntnisse und Fertigkeiten gefragt, die sich mit den wissenschaftlichen Theorien und Modellen der Kunstgeschichte zu einer Interpretationsgestalt verdichten sollen. Jetzt sind wir an dem Punkt angelangt, wo wir uns sehr genau der Morellischen Kunstdetektei und weiteren ähnlich gelagerten Deutungsverfahren widmen können.

Giovanni Morelli, ein italienischer Arzt, der 1816 in Verona geboren wurde und in Deutschland sein Medizinstudium absolvierte, machte in den 70er Jahren des 19. Jahrhunderts mit einer Reihe von Artikeln, die er unter dem Pseudonym Ivan Lermolieff, übersetzt von Johannes Schwarze, in der deutschen kunsthistorischen Zeitschrift für bildende Kunst auf sich aufmerksam. Er stellte den Lesern und Kunstkennern eine brauchbare Methode der korrekten Zuschreibung von alten Meistern vor und behauptete zugleich, daß in den Museen viele falsch zugeschriebene Werke großer alter Meister hängen. Ursache, so sagte er, seien die oftmals fehlenden Signaturen, der schlechte Erhaltungszustand und die nicht seltenen hervorragenden Leistungen von Kopisten, die ihre Nachahmungen als Originale verkauften.

Morellis Methode sollte diesem Übel dadurch abhelfen, daß sich nicht wie bislang die Aufmerksamkeit der Gutachter auf die offensichtlichen Charakteristika der Werke richten sollte, denn diese würden bei den Kopisten die beste Nachahmung erfahren, wie beispielsweise das Lächeln von Leonardos Frauen oder der gen Himmel gerichtete Blick der Figuren Periginos. Stattdessen erkenne man eine Kopie besser und zuverlässiger an den sekundären, als unwichtig eingeschätzten Details des Bildes, die für den Meister oder für eine bestimmte Schule typisch waren. So richtete Morelli seine Aufmerksamkeit auf Ohrläppchen, Fingernägel, Finger- und Zehenbildungen und schuf einen Katalog der typischen Merkmale einzelner Künstler, beispielsweise von Fra Filippo, Filippino, Signorelli, Bramtino, Mantegna, Botticelli u.a.. Die besondere Eigenart des Künstlers hinsichtlich der Darstellung einer Hand, um ein Detail aufzugreifen, wiederholte sich in den Werken des betreffenden Meisters immer wieder, fand aber keine korrekte Nachahmung bei den Kopisten

Wenngleich Morellis Methode kaum oder keine öffentliche Anerkennung seitens der sachverständigen Kunsthistoriker und Museumsdirektoren fand, bedienten sie sich doch stillschweigend derselben, wie das Edgar Wind feststellt.[5] Letzterer verglich die Bücher Morellis mit einem Verbrecheralbum und dem kriminalistischen Hilfsmittel der Daktyloskopie bei der Verfolgung von Missetätern. Auch der italienische Kunsthistoriker Enrico Castelnuovo[6] argumentierte ähnlich, indem er Morellis Methode mit der Vorgehensweise von Arthur Conan Doyles Romanfigur Sherlock Holmes verglich. Dieser Vergleich oder die Inbeziehungsetzung ist durchaus angebracht, denn beide, also Morelli und Holmes, lesen aus den allgemein unbeachtet bleibenden Indizien eines Falles den Urheber des Verbrechens oder des Gemäldes heraus. Holmes zieht dafür Fußabdrücke, Zigarettenasche und in einem Fall die besonderen Merkmale abgeschnittener Ohren zu Rate.[7] Hier scheint sich Holmes ausdrücklich der Morellischen Methode zu bedienen.

Morelli und Holmes verfuhren genauso wie das in der Technik der Psychoanalyse geschieht oder umgekehrt, Freud kopierte die

Morellische Methode, denn › …auch diese ist gewohnt, aus gering geschätzten oder nicht beachteten Zügen, aus dem Abhub – dem refuse – der Beobachtung, Geheimes und Verborgenes zu erraten.‹[8]

Freud hatte die Schriften Morellis schon vor dem Beginn seiner psychoanalytischen Tätigkeit entdeckt. Später, im Jahre 1898, hat er in einer Mailänder Buchhandlung eine Ausgabe der Morellischen Bände erstanden, wie das aus der handschriftlichen Datierung seitens Freud darin hervorgeht. Die Bücher sind bis heute im Büchernachlass Freuds in London aufbewahrt.

Für Freud war es von größtem Interesse und elementarer Bedeutung, wie Morelli die scheinbaren Nebensächlichkeiten, wie das die Ohren, Finger, Fingernägel etc. in einem Gemälde im allgemeinen sind, für die Echtheitsbestimmung verwendete. Hier konnte sich der Künstler von den kulturellen Traditionen lösen und mit einer rein individualistischen Darstellungsweise seine eigene Handschrift einsetzen, wobei die charakteristische Darstellungsweise der Details sich durch die Macht der Gewohnheit beinahe unbewußt wiederholt. Freud und Morelli benutzten in gleicher Weise winzige Details, um zu der tieferen Realität der Persönlichkeit des Patienten bzw. des Künstlers Zugang zu finden. In der Psychoanalyse sind es die Symptome, die kleinen verbalen und nonverbalen Fehlleistungen und die Traumgedanken, bei Morelli sind es die Merkmale der Maltechnik.

Auffallend ist, wenn wir Morelli, Conan Doyle und Freud miteinander in Beziehung setzen, daß alle drei Männer Mediziner waren. Deshalb ist es nicht verwunderlich, wenn wir in ihrer gemeinschaftlichen Methode das Modell der medizinischen Semiotik oder Symptomatologie entdecken können. Darin enthalten sind Diagnosetechniken, denenzufolge ohne direkte Beobachtung der Krankheit, beispielsweise weil sie noch nicht oder nicht in vollem Umfang ausgebrochen ist, allein aufgrund der oberflächlichen Symptome und Anzeichen, die dem Laien in der Regel verborgen bleiben, die betreffende Krankheit erkannt oder erraten werden kann.

Ganz neu war die Methode der hier besprochenen Protagonisten nicht, denn ihre Wurzel ist weitaus älter. In sehr frühen Zeiten, als die Menschen von der Jagd lebten, war das Lesen und Entziffern von Tierspuren für den Jagderfolg entscheidend. Erforderlich war ein Denkprozeß, bestehend aus Analyse, Vergleich und Klassifizierung, um sowohl zu regressiven als auch zu progressiven Denkresultaten zu gelangen. Das galt nicht nur für den Jäger, sondern auch für Wahrsager, Schamanen, Priester und Orakeldeuter, die über die zu erwartenden Lebensschicksale und Schlachtenerfolge und das zukünftige Liebesglück befragt wurden.

Es handelt sich hier um ein divinatorisches Paradigma, dessen Aussagen sowohl die Vergangenheit, die Gegenwart als auch die Zukunft betreffen. Dieses Wissensgebiet stand bei den frühen Griechen unter der Herrschaft von Jupiters erster Gemahlin Metis (Klugheit, kluger Rat), die als Göttin sinnbildlich die Divination als Wasserwesen verkörperte. Sie war Richterin nach Maßgabe der Zeichen. Ihr semiotisches Paradigma ist das der Konjektur, und ihr methodischer Zugriff liegt auf der Ebene der Qualität, des Einzelfalls, der aktuellen Situation oder des Dokuments der Individualität. Das führt dazu, daß ihre Ergebnisse stets mit Elementen des Zufalls behaftet erscheinen. Im übrigen ist der etymologische Ursprung des lateinischen Wortes ›Konjektur‹ mit dem der Divination verknüpft.

Wir haben es also mit der Methode des Mutmaßens und des Ratens zu tun, die wir unübersehbar auch in der Geschichtswissenschaft und gerade in der Kunstgeschichte vorfinden, da ihnen die der galileischen Methode zugehörigen Meß- und Rechenverfahren versagt bleiben. So gleicht auch die Kunstgeschichtsforschung der konjekturalen Medizin, in der mittels Krankheitsklassifikationen das Leiden von Patienten analysiert wird.

In diesem Zusammenhang sei auf den Arzt und Kunstkenner Giulio Mancini aus Siena hingewiesen. Er war erster Leibarzt der Päpste Urban VII. und Urban VIII. und berühmt für seine außergewöhnlichen Diagnosefähigkeiten,[9] aber auch berüchtigt für seine skrupellose Art, den von ihm betreuten Patienten Gemälde abzuwerben. In diesem Zusammenhang hatte er sich nicht nur zu einem der besten Kunstkenner seiner Zeit entwickelt, sondern er hatte zudem eine Methode zur Unterscheidung zwischen Original und Fälschung entwickelt.[10] Mit seinem Verfahren sollte die Unterscheidung von Original und Kopie gelingen und gleichzeitig wollte er den Kunstfreunden und Sammlern für den im 16. und 17. Jh. entstandenen Kunstmarkt, dessen Bilder alljährlich am 19. März im Pantheon ausgestellt wurden, eine Orientierung zur Verfügung stellen. Mancini ging davon aus, daß zwischen einem Original und einer Kopie ein unüberwindbarer Unterschied besteht. Ein Gemälde ist einmalig und eine Wiederholung desselben ist unmöglich.

Für die Datierung von Bildern bedarf es nach Ansicht Mancinis zweier Kriterien: Erstens müssen die jeweiligen Zeitcharakteristika entdeckt werden und zweitens muß man anschließend daran gehen, die Individualcharakteristika zu bestimmen. Zuerst wird also das Zeitanalogon und dann das des Individualen erarbeitet. Letzteres ist möglich, wenn man die für die Nachahmung schwierigen Bildteile betrachtet, beispielsweise die Haare, die Bärte und die Augen der Figuren. Sind die Locken und Wellen beim Kopisten exakt wiedergegeben, sagt Mancini, wirken sie mühsam, wenn sie jedoch nicht genau gelingen, dann fehlt ihnen die Perfektion des Meisters. In gleicher Weise muß man nach besonders kühnen oder brillanten Pinselstrichen Ausschau halten. Diese werden vom Meister mit absoluter Sicherheit auf die Leinwand geworfen, was dem Nachahmer nicht gelingt.

Wenn derartige Eigenarten des Meisters sein Werk einmalig und nicht kopierbar machen, so muß gerade in diesen Besonderheiten viel von seiner Befindlichkeit und Persönlichkeit herausdeutbar sein. Die Deutungssymptome liegen, folgen wir Mancini, in der Pinselführung oder im › … Pinselstrich des Meisters und zwar stets in denjenigen Teilen des Werkes, die erstens rasch ausgeführt worden waren und zweitens leicht von einer Abbildung der Realität abwichen (wie Einzelheiten bei Frisuren, Gewandfalten), die mehr mit der kühnen Phantasie des Meisters als mit dem eigentlichen Faltenwurf zu tun haben mögen‹.[11]

Wir haben es hier mit den besonderen Einzelmerkmalen einer Malweise zu tun, die es gilt zu verstehen. Dabei, und das darf nicht übersehen werden, ist jedes auf individualisierende Unterscheidung gegründete Wissen immer anthropozentrisch oder anderen Vorurteilen verhaftet. So ist die Fähigkeit eines Betrachters, einen aufkommenden Sturm aus einer Änderung der Windrichtung oder unfreundliche Absichten und negative Charaktereigenschaften aus einem finsteren Gesichtsausdruck abzulesen, nicht das Resultat von Kenntnissen aus der Wetterkunde bzw. aus der Psychologie, sondern aus dem Lauschen, Beobachten und aus eigenen Erfahrungen entstanden. Hier spielt die persönliche und die kollektive Erfahrung der Gesellschaftsschicht oder Gruppenzugehörigkeit die entscheidende Rolle. Und der in diesem Kontext erworbene Erfahrungsschatz resultiert immer aus konkreten Einzelfällen, was den Gebrauch von Abstraktionen fehl am Platze erscheinen läßt.

In der Würdigung des Dargestellten kann zusammenfassend gesagt werden, daß bis hierher ein Netz gesponnen wurde, das aus verschiedenen Kontexten zusammengefügt wurde, die jedoch alle einem gemeinsamen epistemologischen Modell angehören. Das belegen die wechselseitig anwendbaren Methoden und Schlüsselworte. Grundlegend ist hier das medizinische Modell, das nicht nur in der Zeit der Ärzte vom Schlage eines Hippokrates, Galen oder Mancini von entscheidender Bedeutung war, sondern auch heute noch einen hohen Status innerhalb von Wissenschaft und Gesellschaft genießt. Die Medizin wurde zur Bezugsgröße aller Humanwissenschaften, wenngleich sich die Psychologie ein eigenständiges Handlungs- und Wissenschaftsfeld eroberte, auf dem sie sich weitestgehend von der Medizin emanzipieren konnte. Das gelang ihr durch die Rezeption des naturwissenschaftlichen

Paradigmas, indem sie die Lern- und Persönlichkeitstheorien und die psychopathologischen Modelle im großen Umfang meßtechnischen Verfahren zugänglich machte. Ob und inwieweit dadurch die Psychologie verarmte, soll hier nicht untersucht werden.

Wollen wir die Analyseverfahren von Morelli, Mancini und Freud mit den angestrebten Interpretations- und Deutungsverfahren von Kunstwerken anwenden, die uns das jeweilige Werk verstehbar und offen darlegen sollen, so ist festzustellen, daß die hier dargestellten analytischen Verfahren äußerst erfolgreich zur Unterscheidung zwischen Original und Kopie dienen können. Ob mit dieser Methode auch Aussagen über Form, Inhalt und Entstehungsmotiv des Bildes und darüber hinaus auch etwas über die Künstlerpersönlichkeit zu erfahren ist, soll jetzt im Anschluß untersucht werden.

6.3 Erkenntnistheoretische Implikationen der Bildinterpretation

Es ist jetzt an der Zeit, das konjekturale Paradigma, von dem weiter oben die Rede war, etwas genauer unter die Lupe zu nehmen und es in seine einzelnen erkenntnistheoretischen Bestandteile zu zerlegen. Dabei leitet uns die Hoffnung, den Hintergründen und Zusammenhängen bei der Analyse von und Zugängen zu Bildern näherzukommen. Diesen Weg müssen wir aber nicht ohne Begleitung gehen, denn auch hier stehen uns erneut Morelli und Freud zur Seite, die, wie bereits gesagt, davon ausgehen, daß innerhalb eines kulturell determinierten Zeichensystems jene Konventionen (in der Malerei die Malkonventionen) und Zeichen ausfindig zu machen sind, die wie Symptome unbeabsichtigt entstehen und etwas über die Befindlichkeit und Eigenart des Künstlers und seines Werkes aussagen. Dabei darf aber nicht vergessen werden, daß die Frage im Raum steht, wozu und für wen diese Erkenntnisse von Bedeutung sind.

Sollten wir entschlüsseln können, in welcher Befindlichkeit und Motivation sich der Künstler bei seiner Schaffensarbeit befunden hat, so ist diese Erkenntnis durchaus von Belang für das Werk des Meisters. Die Echtheit eines Bildes bleibt jedoch davon völlig unberührt. Nähern wir uns dem Künstler über sein Kunstwerk, um etwas von ihm und seiner Arbeit, seiner Persönlichkeit und seinen Lebensproblemen zu erfahren, sollten wir jene kleinen und kleinsten Details seiner Hinterlassenschaft oder Bildbotschaft betrachten, die als Indizien für die künstlerische Identität zu lesen sind. Diese kennzeichnen zwar nicht die Realität des Künstlerindividuums, aber immerhin können gewisse Indizien, Symptome und Brüche es uns ermöglichen, zu ihr vorzudringen.

Hiermit haben wir das Kernanliegen des konjekturalen oder semiotischen Paradigmas formuliert, das insbesondere in den Humanwissenschaften Fuß fassen konnte, wie wir das bei den Kunstkennern Mancini und Morelli, aber auch bei den Sprachinnovationen des Francois Rabelais erkennen können. Auch in der Philosophie ist dieser Weg von Nietzsche bis Adorno durch deren aphoristische Betrachtungsweise beschritten worden, wobei schon das Wort Aphorismus ein Hinweis auf das konjekturale Paradigma darstellt, denn übersetzt lautet es: Hinweis, Symptom oder Indiz. Wir werden auch nicht müde, hier wieder auf Sigmund Freud zu verweisen, ohne dabei die Lebensaphorismen von Francois de La Rochefoucauld zu vergessen,[1] genauso wenig wie das Werk über die ›Suche nach der verlorenen Zeit‹ von Marcel Proust. Überall finden wir die strenge Anwendung des konjekturalen Paradigmas.

Ein erster Blick sagt uns bereits, daß wir es bei diesem Paradigma mit Wissensformen zu tun haben, die oftmals kaum verbal festlegbar sind und deren Regeln sich formal kaum fassen lassen, denn es scheint sich um ein Wissen zu handeln, das durch das Instinktvermögen des Menschen entsteht. In diesem Zusammenhang sagt uns Jacques Lacan, › ...der Instinkt unter allen Erkenntnisweisen, die die Natur dem Lebewesen zu Zwecken der Bedürfnisbefriedigung abverlangt, (ist) als die Kenntnis zu definieren ..., die man dafür bewundert, daß sie kein Wissen zu sein vermag‹.[2]

Wie eine Kunstkennerschaft oder eine besonders sensible ärztliche Diagnosefähigkeit zustande kommt, läßt sich nicht mit Hilfe formaler Regeln erlernen, sondern hier ist die Aneignung von Wahrnehmungsphänomenen entscheidend. Kennerschaft entsteht durch das immer wiederholte Betrachten von Bildern. Dadurch werden Faktoren wirksam, die sich jeder Meßbarkeit entziehen. Es handelt sich um ein flüchtiges Riechen, einen raschen Blick oder um eine Intuition.

Wir dürfen die hier gemeinte Intuition aber nicht mit dem Modell des Irrationalismus des 19. und 20. Jh. verwechseln, denn es handelt sich nicht um elitäres Wissen, sondern um jenen plötzlichen Sprung vom Bekannten zum Unbekannten, der bereits in der frühen mystisch-sufistischen Terminologie zu finden ist und dort ›firasa‹ genannt wird. Dieser Begriff wird in gleicher Weise für mystische Eingebungen wie für durchdringenden Scharfsinn benutzt. Versuchen wir unseren eigenen Scharfsinn an der Betrachtung eines Bildes zu erproben.

An einem regnerischen kühlen Novembertag, als ich mich in der englischen Metropole an der Themse aufhielt, entschloß ich mich, der Londoner National Gallery einen Besuch abzustatten, einerseits um mich an den dort präsentierten Bildern zu erfreuen, andererseits um dem schlechten Wetter in der Stadt wenigstens zeitweise zu entfliehen. Unter den vielen hervorragenden Werken entfesselte ein bestimmtes Bild meine Neugier und Begeisterung in besonderem Maße. Es handelte sich um ein Gemälde von Hans Holbein d.J. mit dem Titel ›Die Gesandten‹. Zu sehen sind zwei Persönlichkeiten, bei denen es sich um französische Gesandte am englischen Hofe handelt. Sie waren in die englische Hauptstadt entsandt worden, um an den Hochzeitsfeierlichkeiten Heinrichs VIII. mit Anne Boleyn teilzunehmen. Links im Bild steht in farbenprächtiger, vornehmer Hoftracht, mit dem hohen

Michaelisorden an goldener Kette geschmückt, Seigneur de Polisy, ein junger französischer Edelmann und Diplomat aus dem alten Adelsgeschlecht der Dinteville, und rechts im Bild ist der noch nicht 30-jährige Bischof von Lavaux, ein Ort in der Nähe von Toulouse gelegen, abgebildet. Darüber hinaus finden sich in dem Gemälde allerlei Instrumente, die Hinweise auf alle sieben freien Künste geben sollen. Von besonderem Interesse ist ein seltsames Gebilde, das sich vorn auf dem Mosaikfußboden befindet. Es war für mich auf Anhieb nicht zu entschlüsseln. Erst als ich mich nach links vom Bild abwandte, stockte meine Bewegung und ich fuhr herum, meinen Blick wieder auf das Bild und insbesondere auf das merkwürdige Gebilde heftend. Ich hatte für einen winzigen Augenblick einen Totenschädel zu sehen gemeint, aber mein erneuter direkter Blick bestätigte diese Annahme nicht. Später konnte ich erfahren, daß ich mit meiner Vermutung Recht hatte, denn wenn man das Gebilde, das eher wie ein Fisch aussieht, entzerrt, ist tatsächlich ein Totenschädel erkennbar. Das hatte ich für einen winzigen Augenblick gesehen. Doch es stellt sich die Frage: Trifft das tatsächlich zu?

Betrachten wir den Kern jedes Wahrnehmungsprozesses, so ist das beschriebene Wahrnehmungsresultat so nicht zutreffend. Allerdings habe ich keine andere Möglichkeit, als das Gesehene so zu schildern. In Wahrheit ist meine Beschreibung nichts als eine Behauptung, ein Satz und die darin enthaltene Beschreibung ist durchaus nicht mit der Wahrnehmung identisch, denn ich nehme weder eine Behauptung noch einen Satz wahr. Was ich sehe ist ein Bild, das ich mir mit meiner Beschreibung zur Kenntnis gebe, wobei das, was ich sage, absolut abstrakt ist, nur das Gesehene ist konkret. Um das nun in einen sinnvollen Satz zu übersetzen, muß ich mich der logischen Schlußfolgerung einer Abduktion bedienen. Das untersuchen wir mit Hilfe der logisch-syllogistischen Schriften von Charles Sanders Peirce genauer.

Ch. S. Peirce[3] kennzeichnet die drei kanonischen Arten des

Schlußverfahrens: Deduktion, Induktion, Abduktion, wie folgt.

1. Deduktion fußt auf dem Vertrauen in unsere Fähigkeit, die Bedeutung der Zeichen, mit oder anhand derer wir denken, zu analysieren.
2. Induktion beruht auf unserer Zuversicht, daß der Fluß einer bestimmten Erfahrung keine Veränderung erfährt oder abrupt endet, ohne daß uns ein Hinweis auf dieses Ende gegeben wird.
3. Abduktion hängt von unserer Hoffnung ab, früher oder später die Bedingungen erraten zu können, unter denen ein gegebenes Phänomen auftreten wird.[4]

Auf meine Schlußfolgerung hinsichtlich des zunächst unerklärlichen Objektes in dem Gemälde von Hans Holbein d.J. angewandt, stelle ich fest, daß ich mich mit ihr in jenem Gefüge des Wissens befand, das nichts als eine dichtgewobene Schicht aus reinen Hypothesen ist. Diese bestätigen und entwickeln wir immer weiter und umfassender durch induktive Schlüsse. Sofern wir jedoch unser Wissen erweitern wollen, sind wir auf Abduktionen angewiesen.

Abduktionen sind Schlußfolgerungen, die dem konjekturalen Paradigma zugeordnet werden können, denn bei der abduktiven Schlußfolgerung handelt es sich um die Anwendung eines ›seltsamen Rateinstinkts‹.[5] Es ist ein eigentümliches Gewirr, sagt Peirce, dessen Hauptelemente Unbegründetheit, Allgegenwart sowie Verläßlichkeit sind. Letzteres erscheint zunächst nicht einsichtig, da das Raten oder Mutmaßen von vorgeblichen Tatsachen lediglich den Schluß des Vielleicht, d.h. vielleicht ja, vielleicht nein, zuläßt. Allerdings, so läßt uns Peirce weiterhin wissen, ›die Tendenz zur affirmativen Hypothese ist ... deutlicher ausgeprägt, und die Häufigkeit, mit der sie sich dann als in der Wirklichkeit bestätigt ..., bildet gewiß eines der erstaunlichsten Wunder des Universums‹.[6] Die Abduktion ist demnach nichts anderes als Raten. Dazu bemerkt Chomsky: ›Peirce behauptet, daß wir, um dem Wissenszuwachs Rechnung zu tragen, annehmen müßten, daß der menschliche Verstand eine natürliche Veranlagung besitze, bestimmte korrekte Theorien zu ersinnen, eine Art Abduktionsprinzip, das die Zahl der zulässigen Hypothesen in Grenzen hält, … ein Instinkt, der sich im Laufe der Evolution entwickelt habe‹.[7]

Warum sollte, so fragt Peirce an anderer Stelle, ein neugeborenes Küken den treffsicheren Instinkt besitzen, sofort und ohne Fehler das Korn aufzupicken, von dem es leben kann, und dem Menschen soll ein derartiger Überlebensinstinkt nicht mitgegeben sein? Das Raten des Menschen basiert auf seinem unbewußten Denkvermögen und darauf, daß ihm von Natur die Affinität mitgegeben ist, daß dieses Denken, das wie Raten erscheint, nicht vollkommen hoffnungslos ist. Dabei ist es selbstverständlich notwendig, daß alles Geratene gründlich empirisch überprüft wird.

Ein wahrgenommenes Bild, unabhängig ob es sich um eine optische Umweltwahrnehmung oder um ein Gemälde handelt, versammelt außerordentlich viele Zusammenfügungen von Wesenmerkmalen, deren Erklärung erforderlich ist, wobei das Erklärungsverfahren aus einer Reihe von Mutmaßungen und Annahmen besteht. Sofern eine Erklärung erfolgen kann, wird sie in der Regel nur auf einer einzigen verborgenen Tatsache beruhen. Die Deutung, die uns in diesem Zusammenhang ans Ziel führt, geschieht also nicht durch Zufall oder nach dem Wahrscheinlichkeitsprinzip. Der Grund für dieses Phänomen liegt darin, daß das Denken der Menschen das Produkt des evolutionären Prinzips in der Natur ist und somit auch in naturgeschichtlichen Bahnen verläuft. Dieser Umstand ergibt eine zuverlässige Plausibilität hinsichtlich der Überlebenstauglichkeit mittels zutreffender abduktiver Schlußfolgerungen.[8] Darüber hinaus liefern alle Beobachtungen von Bildern und Sachverhalten einen bewußt nicht wahrgenommenen und damit auch nicht bewußtseinsfähigen Inhalt, der nicht nur wahr, sondern auch für Problemlösungen relevant ist. Somit werden Urteile unterhalb der Bewußtseinsschwelle gefällt, deren Zustandekommen zwar unerklärlich erscheint, die aber darum nicht weniger gültig und zutreffend sind. Bevor eine Hypothese bewußt wird, wirken bereits schon länger verschiedene Elemente derselben im Unbewußten, bis schließlich alle Elemente ein sinnvolles Mosaik bilden und dem Bewußtseinssystem zugeführt werden können. Es handelt sich um Autosuggestionen, die wie ein Blitz in unser Denken fahren. Dabei helfen Wahrnehmungsurteile, denn sie sind im Gegensatz zu abduktiven Schlußfolgerungen nicht Resultat einer logischen Analyse.

Nicht nur die alltäglichen Denkprozesse beginnen mit der Abduktion, sondern auch in der Wissenschaft ist sie der erste Schritt und die einzige Schlußfolgerung, derzufolge neues Wissen entsteht. Der Weg beginnt mit unbewußten Wahrnehmungspartikeln von konkreten Aspekten der Umwelt oder anderen terminologischen Bereichen und schöpft daraus mittels unbewußter Kommunikation Botschaften, die stets auch emotionale Bezüge besitzen. Letztere unterscheiden die Abduktion sowohl von der Deduktion als auch von der Induktion.

Die Abduktion entwirrt ein kompliziertes Geflecht von Gedanken zugunsten einer einzigen Idee. Es ist aber nicht allein die Idee, die ausgewählt und gezündet wird, sondern darüber hinaus wird die Idee durch eine ganz bestimmte, ihr angemessene Empfindung, die in der Gesamtheit aller beteiligten Empfindungen die höchste Intensität besitzt, abgesichert. Diese Gefühlsintensität und die gedankliche hypothetische Folgerung bilden schließlich eine Einheit, die Peirce eine harmonische Störung nennt.

Hier liegt das Geheimnis der durch Klänge in der Musik verursachten emotionalen Erregung, wobei die Emotionen sich von den Klängen völlig unterscheiden. Vielmehr sind sie gleich denen, die bei abduktiven Schlußfolgerungen beteiligt sind. Die Abduktion oder Hypothesenbildung bildet das sinnliche Element unseres Denkens, das durch das habituelle Element der Induktion vervollkommnet wird. Mit der Induktion sind wir im Bereich des experimentellen Erprobens der betreffenden Hypothese. Die Deduktion schließlich kennzeichnet den Schritt, durch den die notwendigen und wahrscheinlichen Erfahrungskonsequenzen der Hypothesen aufgedeckt werden.

›Weder Deduktion noch Induktion‹, sagt Peirce, ›können jemals nur das kleinste Teilchen zu unseren Wahrnehmungen beitragen; und ... reine Wahrnehmungen stellen keine Erkenntnisse dar, die sich einem praktischen oder theoretischen Zwecke zuführen ließen. Alles, was Erkenntnisse für uns anwendbar gestaltet, erhalten wir via Abduktion‹.[9]

6.4 Text versus Bild

In der kunstgeschichtlichen Hermeneutik wurde und wird immer wieder die Beziehung zwischen Text und Bild diskutiert. Bereits im 18. Jh. hat der Bildhauer und Radierer Jean-Baptiste Boudard in Parma ein dreibändiges Kompendium mit dem Titel ›Ikonologie‹ veröffentlicht. Zu seiner Zeit hieß ›Ikonologie‹ die Kunst der Personifikation der Affekte, der Tugenden und Laster, aller verschiedenen Zustände des Lebens, der Temperamente, der geistigen Eigenschaften usw..[1]

Für Boudard war die Ikonologie ein poetisches Hilfsmittel für die Malerei. Sie verfolgte das Ziel, die gemalten Bilder sprechen zu lassen. Diese Absicht steht in der Tradition von Cesare Ripa, der gegen Ende des 16. Jh. einen lexikalischen Text, seit 1603 auch bebildert, unter dem Titel ›Iconologia‹ herausgegeben hatte, um die Gelehrten, Dichter, Rhetoren, die bildenden Künstler und die Kunstfreunde in die Lage zu versetzen, einen Begriff mit seinen Attributen bildlich darzustellen oder bildliche Darstellungen zu entziffern und in Texte zu transformieren. Ripa hatte mit seinem Bildwörterbuch nachhaltigen Erfolg, denn bis heute findet es regen

Gebrauch in der kunstgeschichtlichen Decodierung von Bildern.[2] Dennoch, der Transformationsprozeß ist eine Einbahnstraße, denn er funktioniert nur vom Text hin zum Bild. Der umgekehrte Weg ist nicht gangbar. Bilder sind demnach keine bildlichen Texte, denn die sprachliche Metapher ist die Grundlage und der Startpunkt für die bildliche Übersetzung. Es wird uns aber nicht gelingen, ein Bild voller Attribute zu komponieren und anschließend daraus einen bislang unbekannten Text zu generieren. Das liegt daran, daß die sprachliche Kodifizierung der Attribute die Voraussetzung für ihre bildliche Anwendung ist und nicht umgekehrt.

Das gilt auch für die weltweit verteilten Schriftsysteme. Ferdinand de Saussure gibt uns beispielsweise zu verstehen, daß es insgesamt nur zwei Systeme gibt:

1. ›Das ideographische System, in welchem das Wort durch ein einziges Zeichen dargestellt wird, das mit den Lauten, aus denen es sich zusammensetzt, nichts zu tun hat. Das Zeichen bezieht sich auf das Wort als Ganzes und dadurch auf die Vorstellung, die es ausdrückt. Das klassische Beispiel für dieses System ist die chinesische Schrift.
2. Das im allgemeinen phonetisch genannte System, welches die Abfolge der Laute, die im Wort aufeinander folgen, wiederzugeben sucht.‹.[3]

Die phonetischen Schriften sind auf die Elemente des Sprechens gegründet, die sich nicht weiter zerlegen lassen.

Die chinesische Schrift wurde lange Zeit mit den ägyptischen Hieroglyphen in Verbindung gebracht. Beide wurden als Bilderschrift bezeichnet, was für die Hieroglyphen bereits seit Herodot, Strabo und Diodor gegolten hat. Ebenfalls die im 4. Jh. von Horapollon veröffentlichte Beschreibung der Bedeutung dieser Schrift war von nachhaltiger Wirkung. Er klassifizierte sie ebenso als Bilderschrift, weshalb er ihre Bedeutung in dem symbolischen Sinn der Bilder suchte. Das sollte sowohl bei ihm als auch bei allen seinen Nachfolgern, die sich seiner Grundauffassung anschlossen, in die Irre führen. Keine im Laufe der vielen Jahrhunderte vorgelegten Übersetzungen war im entferntesten Sinn zutreffend, sondern abenteuerlich falsch. Das Transformieren von Bildzeichen in ein phonetisches System gelang nie, denn Bilder sind zu vieldeutig oder zu bedeutungsarm, als daß sie die Fülle eines noch unbekannten Textes entstehen lassen können. Der grundlegende Irrtum lag in der Identifizierung des Ägyptischen mit dem Chinesischen, das so weit ging, daß De Guignes im 18. Jh. die Chinesen ägyptische Kolonisten nannte, womit er sich abseits jeglicher Vernunft bewegte. Das veranlaßte Voltaire zu einer spöttischen Glosse über die zeitgenössischen Etymologen, in der es u.a. heißt:

> Sich von der Vernunft zu entfernen, ohne es zu wissen, weil man keine Ideen hat, ist Dummheit; sich von ihr zu entfernen und es zu wissen, weil man Sklave einer heftigen Leidenschaft ist, ist Schwachheit; aber sich voller Vertrauen von ihr zu entfernen und in der festen Überzeugung, ihr zu folgen, ist, so scheint es mir, Wahnsinn.[4]

Erst dem französischen Gelehrten Champollion sollte mit Hilfe des Dreisprachensteins von Rosette die Entzifferung der alten Hieroglyphenschrift gelingen. Er stellte fest, daß die altägyptischen Sinnbilder nichts mit den eigentlichen Hieroglyphen zu tun haben. Sie sind völlig verschieden. Die Sinnbilder zeigen emblematische Szenen, wie die Schlange, die sich in den Schwanz beißt oder den himmlischen Regen, die Taube mit dem Lorbeerblatt usw. Diese Sinnbilder findet man nicht in den eigentlichen Hieroglyphen, obwohl sie wie Bilder und nichts als Bilder erscheinen. Champollion verwarf diese irreführende Zuschreibung und fand mit Hilfe einer abduktiven Schlußfolgerung die Lösung des Rätsels.

Er verstand die hieroglyphischen Bilder als Buchstaben, genauer gesagt, als Lautzeichen, die zwar nicht streng alphabetisch aber dennoch lautlich zu lesen sind. Champollion entzifferte, oder besser ausgedrückt erriet nicht einzelne Worte oder Buchstaben, sondern er erkannte das System. Erst deutete er, dann machte er die Schrift lesbar.

Wenn wir Bilder betrachten, sehen wir mehr als Konturen, Hintergründe, Farben, Räume etc. Was wir darüberhinaus sehen, aber nicht bemerken, sind Texte, die sich an das Bild heften. Der Gelehrte sieht und hört Essays, Kritiken, Interpretationen, Geschichtsdaten und Überlieferungen, der Kunstfreund die Kommentare und Katalogtexte und der Ignorant hört und sieht nichts. Aber alle, die sehen, werden von der Sprache im Sehen begleitet und angeleitet, so daß ein Bild stets eine Korrelation aus Text und bildnerischer Gestaltung aufweist, wobei der Text nicht aus dem Bild stammt, sondern aus seinem semantischen Umfeld. Das Gemälde selbst bleibt stumm, wie das bereits Platon erkannt hat, als er sagt: ›Denn dieses Schlimme hat doch die Schrift, Phaidros, und ist darin ganz eigentlich der Malerei ähnlich. Denn auch diese stellt ihre Ausgeburten hin als lebend, wenn man sie aber etwas fragt, so schweigen sie gar ehrwürdig still‹.[5]

Wenn Bilder also keinen Text hergeben, wir aber dennoch von den Bildern berichten und vor allen Dingen darüber sprechen, was sie uns sagen, so muß die Frage gestellt werden, wer spricht angesichts des Bildes und wovon ist die Rede? Worum scheint es dem Künstler gegangen zu sein? Zunächst einmal legt der Künstler in erster Linie Wert auf die formalen und technischen Eigenschaften seines Kunstwerkes. Die Inhalte stehen erst in der zweiten Linie. Was geschieht aber in den Heerscharen der Betrachter? Vor einem Meisterwerk sagt jeder Kunstkenner etwas anderes, aber niemand das, was das Rätsel für den einfachen Betrachter und Bewunderer lösen kann. Die Auslösung der bewundernden Emotionen des Betrachters dürften vermutlich zur Absicht des Künstlers gehören und weniger das logische, verstandesgemäße Erfassen des Werkes. Das ist genau jener Augenblick, wo sich die Bahn des Künstlers mit der des Betrachters kreuzt, ähnlich wie das zwischen dem Analysanden und dem Analytiker in der psychoanalytischen Kur der Fall ist. In beiden Fällen sollen die Triebkräfte und Affektlagen sich entzaubern, womit sich der Weg für eine angemessene, ja wahre Deutung eröffnen kann.

Bevor das geschieht, müssen aber sowohl der Sinn als auch der Inhalt des Kunstwerkes decodiert werden. Erst dann wird dem Betrachter klar, warum das Werk einen so großen Eindruck auf ihn gemacht hat. Will er sich jedoch nicht dieser Mühe unterwerfen, so mag ihm die emotionale Erregung und der damit verbundene Lustgewinn als ausreichend erscheinen, wie das üblicherweise beim Musikkunstgenuß der Fall ist. Entscheidend ist und bleibt aber für die Wahrnehmung eines Kunstwerkes der bildenden Kunst, daß der Betrachter es versteht.

Hier ziehen wir zwei wesentliche Prämissen der Sprache zu Rate. Sie besagen erstens, daß sie ›grundsätzlich ... die Abwesenheit dessen voraussetzt, wovon sie spricht – ihren Referenten. Dies ist gleichsam die Voraussetzung der Sprache, sofern sie als ein signifikantes System funktioniert; sie setzt ihren Referenten als das abwesende Andere voraus. Das trifft bei Bildern insofern zu, als das Dargestellte nur ein Abbild dessen ist, was es darstellen soll – den Referenten.‹[6] Die zweite Voraussetzung der Sprache betrifft sie nicht mehr als signifikantes System, sondern als distinktives, d.h. als ein unterscheidendes, ›als Bewegung der Differenz, die jeder Abwesenheit vorgeordnet ist, sofern diese sich immer auf die Negation einer Anwesenheit, eines Signifikats, bezieht‹.[7]

Wenn uns ein Bild anspricht, uns etwas zu sagen hat, dann ist das das Resultat der Symbolisierung, bei der das Bildzeichen durch den Signifikanten ersetzt wird. Sobald es in die Sprache der Signifikanten eintritt, beginnt es sich in eine Artikulationsstruktur einzubinden, in der keine einfache Identifikation mehr möglich ist. Das liegt daran, daß es sich selbst nie in dem ihm zugeordneten Signifikanten wiederfindet, weil der seine Identität nur durch seinen Platz in der Signifikantenkette bekommt und diese und alle anderen nur vermöge der Differenz überhaupt existieren.

Damit kommt es zur Spaltung in das Gesagte und das Sagen oder Aussage und Äußerung. Sofern aber das Bild in Wahrheit stumm bleibt, hören wir uns nur selbst und das sattsam bekannte Gerede der Experten um das Bild herum.

Nun muß aber unsere eigene innere Sprache nicht mit der des Künstlers unvereinbar sein. In dem Maße wie es dem Künstler gelingt, in uns ähnliche Emotionen zu wecken wie die, die ihn bei seiner Schöpfungsarbeit begleitet und angeregt haben, und wenn der Betrachter in einem vergleichbaren oder sogar identischen Erfahrungs- und Kulturraum lebt, so können aufgrund des waltenden abduktiven Rateinstinktes, die Bilder das als Botschaft transportieren, was vom Künstler intendiert war. Dem Erkennen und der Erkenntnis ist demnach das Raten, Mutmaßen und Denken vorausgeschaltet, ähnlich wie das in der Traumdeutung der Fall ist.

Der Traum, darauf sei noch einmal ausdrücklich verwiesen, ist etwas anderes als eine Merkwürdigkeit des Lebens im Schlaf. Er ist auch mehr als ein Mittel, um zu den Konflikten der Neurosen vorzustoßen. Der Traum hat einen Sinn, und die Gedanken im Traum unterscheiden sich nicht grundsätzlich von denen im Wachzustand. Dennoch ist er etwas anderes, und dieses Andere des Denkprozesses ist die Gewähr und Quelle der Bedeutung. Es ist wie mit den Leuten, die sich nie verliebt hätten, hätten sie nicht die Liebe vom Hörensagen gekannt.[8]

Wir wissen nun, Bilder sprechen nicht! Lediglich die Darstellung von Affekten[9] kann ohne sprachliche Dekodierung unmittelbar und eindeutig wirksam sein, weil die Gemütsbewegungen den allgemeinen kulturellen Konventionen gehorchen. Aber Behauptungen können Bilder nicht aufstellen, wie das mit Sprache ohne Probleme möglich ist. Die Maler und die Kunsthistoriker können Bilder nebeneinander stellen und über Vergleiche Identitäten oder Differenzen diskutieren und sich in Kontroversen verzehren. Die wahre Bedeutung können sie niemals aus dem Bild ablesen, dazu benötigen sie einen vom Künstler beigefügten erklärenden Text.

Da helfen auch keine historischen Kontextanalysen oder religiösen Eingebungen, ein Bild kann höchstens in einen Sinnkontext eingebunden sein, eine Erzählung mit lesbaren Bedeutungen zu sein, bleibt ihm versagt. Auch eine psychoanalytische Deutung nach dem Modell der Traumdeutung wird kaum zuverlässige Ergebnisse erbringen, weil einerseits die Traumdeutung, und das gilt auch für die psychoanalytische Bilddeutung, auf das gesprochene Wort angewiesen ist, und andererseits die Frage zu klären ist: Um wessen Traum im Bild geht es eigentlich, um den des Künstlers oder den des Betrachters?

7.1 Objektive Wahrheit oder metaphorische Dienstleistung

›... die Malerei und die Nachbildnerei überhaupt, wie sie in großer Ferne von der Wahrheit ihr Werk zustande bringt, so auch mit dem von der Vernunft Fernen in uns ihren Verkehr hat und sich mit diesem zu nichts Gesundem und Wahrem befreundet ... Selbst also schlecht und mit Schlechtem sich verbindend erzeugt die Nachbildnerei auch Schlechtes‹.[1]

Der große antike Philosoph und Sokrates' Schüler hat offensichtlich nicht viel von der Wahrheitsliebe oder von behaupteten wahren Bildaussagen und Abbildungen gehalten, was übrigens für Sokrates auch für das Schriftsystem zutraf, denn letzteres lasse, so behauptete er, das Gedächtnis verkümmern.

Hat Platon Recht, oder anders ausgedrückt, ist es möglich, erstens ein Wahrheitskriterium für Bilder und bildliche Darstellungen zu erstellen und gegen Falsifikationen zu sichern und zweitens, können wir darüber hinaus überhaupt davon ausgehen, daß Bilder mit uns sprechen und uns dabei wahre Aussagen übermitteln? Die letztere Frage ist weiter oben bereits negativ beschieden worden, als die Bilder als stumm erkannt worden sind. Wir wollen dieser Frage aber weiter nachgehen, da sie noch zusätzlicher Klärung bedarf.

Es geht hier nicht nur um den negativen Bescheid der zweiten Frage, sondern auch die erste, die sich auf die Wahrheit einer Bildaussage bezieht, trifft das gleiche negative Schicksal. Um es explizit zu formulieren, beide Fragen müssen prinzipiell mit Nein beantwortet werden, denn die Bilder besitzen weder Sprache noch einen Sprechapparat, sie können uns also weder Wahres noch

Falsches sagen. Sie sind stumm. Wenn im Zusammenhang mit Bildern von Sprache und Sprechen die Rede ist, so können das nur Äußerungen und Aussagen des Künstlers, eines naiven Betrachters oder eines so genannten Experten sein, der zu dem Bild etwas Wissenschaftliches zu sagen meint. Aber unabhängig wer die Stimme erhebt, um zu sagen, was das Bild hergibt, stets geben Worten nur eingeschränkt das wider, was sich dem Auge bietet.

Außerdem, und das ist durchaus entscheidend, sehen wir nicht das Bild, sondern immer nur die Vorstellung, die wir uns von dem Bildobjekt machen. Das bedeutet zugleich, daß das, was uns als Bild erscheint, bereits mindestens zwei Filtersysteme passiert hat. Das erste ist das der Wahrnehmung, das zweite das der sprachlichen Kodierung. Beide Filterprozesse bewirken eine Selektion innerhalb der Reizkonfiguration und geben daher nur Teile des vorliegenden Materials zur Kenntnis. Stets sind nicht zu umgehende psychische Mechanismen wirksam, beispielsweise emotionale Befindlichkeiten, Vigilanzstärke, Stimmungslagen, Perzeptionsmotivationen, vorhandenes aktuell verfügbares Wissen und Bildungsressourcen sowie sprachliche und semantische Decodierfähigkeit in dem relevanten Kulturkontext der Bilder. Es sind demnach eine beträchtliche Anzahl von Einflußfaktoren zu berücksichtigen, die verhindern, daß zwei Betrachter das gleiche sehen. Wer will in diesem Zusammenhang noch von einer Wahrheit der Bildaussage oder einer bildlichen Darstellung sprechen?

Das, was dennoch intersubjektiv gemeinsam und konsensual abläuft, ist die Verständigungswirkung, die bei allen Teilnehmern durch die Verwendung eines gemeinsamen Kodes im sprachlichen Austauschprozeß eintritt. Das kann und soll die Generierung und Erkennung vom Sinn der Aussage bewirken, so daß beispielsweise das ungewöhnliche Arrangement von Fett nicht als zu beseitigender Schmutz behandelt wird, wie das mit einem Werk des Aktionskünstlers Joseph Beuys geschah. Das intersubjektive Verständnis eines Sinnes heißt aber nicht, daß sich auch allen Beteiligten gleichermaßen die Bedeutung des betreffenden

Objektes erschließt, wie das grundsätzlich bei der Decodierungsanforderung einer Metapher der Fall ist.

Wir haben es hier mit der nicht mehr so neuen Einschätzung zu tun, die besagt, daß ästhetische Erfahrungen und Erlebnisse, die sich durch die Bildbetrachtung ergeben, und bei der zugleich eine metaphorische Verdrehung stattfindet, diese Wahrnehmung grundsätzlich zu einer ›subjektiven‹ Angelegenheit machen. Damit werden alle ästhetischen Urteile durch den Subjektivitätsfaktor auseinander dividiert.

Wir stehen unverändert vor der Frage nach der Wahrheit einer metaphorischen Aussage. Muß diese Aussage immer und grundsätzlich eine von innen kommende, rein interpretative oder imaginative Reaktion auf die Dinge der Außenwelt sein? Das legt die Vermutung nahe, daß verzerrungsfreie Wahrnehmungen nur durch photographisch genaue Abbildungen als sinnlich wahrnehmbare Objekte der ›objektiven‹ Beobachtung möglich sind, was letztlich auch nicht erwiesen ist.

Wenden wir uns zunächst der Frage bezüglich der Wahrheit in aller wissenschaftlichen Strenge zu, um uns dann mit den Aussagen von Metaphern und ihrem behaupteten Wahrheitswert und ihren hoffentlich oder vermeintlich vertrauenswürdigen Erkenntnissen zuzuwenden.

Der Begriff Wahrheit in der Wissenschaft bezieht sich auf das Ziel derselben, ihre Erkenntnisse. Anders die Frage nach dem, was als wahr zu gelten hat. Ist beispielsweise ein Gemälde als bloßes sichtbares, tastbares Ding wahr? Ein Bild gilt dann als wahr, wenn es etwas darstellt, das mit dem übereinstimmt, was es beabsichtigt darzustellen. Wahrheit liegt hier, wie zu vermuten ist, in der Übereinstimmung von Bild und Abgebildetem.

Eine Übereinstimmung ist eine Beziehung, was mit der Gebrauchsweise des Wortes ›wahr‹ nicht im Einklang steht, denn dieses ist kein Beziehungswort. Den Wahrheitsgehalt eines Bildes kann ich nur überprüfen, wenn ich die Darstellung mit dem Dargestellten vergleichen kann. Außerdem ist eine Übereinstimmung nur dann gegeben, wenn die übereinstimmenden Dinge zusammenfallen, also gar nicht verschieden sind. Wollen wir überprüfen, ob eine Vorstellung wahr ist, so kann man die Wahrheit der Vorstellung nicht mit Hilfe des betreffenden Dinges oder eines Vergleichs mit dem Ding erlangen. Vielmehr kann eine Vorstellung nur mit einem Ding verglichen werden, das selbst eine Vorstellung ist. Wenn dann die erstere mit der zweiten vollkommen übereinstimmt, so fallen sie zusammen. Und genau › ...das will man nicht, wenn man die Wahrheit als Übereinstimmung einer Vorstellung mit etwas Wirklichem bestimmt. Dabei ist es gerade wesentlich, daß das Wirkliche von der Vorstellung verschieden sei‹.[2]

Damit scheitert der Versuch, die Wahrheit als Übereinstimmung zu erklären, denn wenn ich sage: Meine Vorstellung stimmt mit diesem Objekt überein, dann handelt es sich nicht um die Wahrheit bezüglich des Objektes, sondern um die Wahrheit des Satzes. Deshalb werden Wahrheitszuschreibungen von Bildern und Vorstellungen mißbräuchlich auf die Wahrheit von Sätzen zurückgeführt, und wenn wir einen Satz als wahr bezeichnen, meinen wir eigentlich seinen Sinn. Aber wir müssen uns fragen, ob denn der Sinn eines Satzes eine Vorstellung ist?

Eines in diesem Zusammenhang ist sicher, das Wahr-sein ist nicht die Übereinstimmung dieses Satzsinnes mit etwas anderem, weil wir sonst ad infinitum der Frage nach dem Wahr-Sein ausgeliefert sind, denn es gibt keinen letzten Satz, der alle Wahrheitsfragen abschließt. Das Einzige, worauf sich die Frage nach wahr oder falsch beziehen kann, sind Gedanken oder Urteile, denn ›der Gedanke ist der Sinn eines Satzes‹.[3] Damit ein Gedanke als sinnliche Erfahrung für uns erscheint, wird er mit dem sinnlichen Gewand des Satzes bekleidet, denn der Gedanke ist grundsätzlich etwas Unsinnliches.

Nun ist aber die Frage nach der Wahrheit gegenüber sinnlich erfaßbaren Dingen nicht anwendbar, denn die Sinne liefern nur subjektive Eindrücke. Wahrheit ist keine Eigenschaft, die Sinneseindrücken entspricht, denn die Eigenschaft – beispielsweise rot, bitter, duftend – ist niemals an sich wahr, sondern subjektiv wahrgenommen. Dennoch, jede Eigenschaft eines Dinges ist mit einer Eigenschaft eines Gedankens verbunden und zwar der der Wahrheit. Am Anfang steht das Denken. Wir fassen einen Gedanken. Anschließend wird mittels eines Urteils über wahr oder falsch entschieden. Darauf folgt die Mitteilung des Urteils, in Form der sich ergebenden Behauptung. Gedanken sind, wie bereits gesagt, unsinnlich, aber wir kleiden sie in eine sinnliche sprachliche Form. Das bereitet uns wegen der Bildhaftigkeit der Sprache einige Probleme, denn das Sinnliche drängt sich dem Menschen immer wieder auf, macht den Ausdruck bildlich und damit uneigentlich.

Zunächst kennen wir Dinge, die wir tasten, sehen oder anderweitig mit unseren Sinnen wahrnehmen können, seien es nun Bäume oder Häuser etc., und wir sind zugleich davon überzeugt, daß der Nachbar genau das Gleiche sehen und tasten kann wie wir selbst. Zu diesen Dingen gehört der Gedanke nicht. Wenn er nun nicht in Dinge um uns verortet ist, so muß es eine Innenwelt geben, die von der Welt außen von uns verschieden ist. In dieser Innenwelt begegnen uns Empfindungen, eine Fülle von Sinneseindrücken, die als Schöpfung der Einbildungskraft entstehen, Wünsche und Neigungen, kurzum eben das, was wir Vorstellungen nennen. Aber gehören die Gedanken der skizzierten Innenwelt an? Sind sie Vorstellungen, die sich unzweifelhaft von den Dingen der Außenwelt unterscheiden? Wenn ja, dann aber wie?

›Vorstellungen können nicht gesehen oder getastet, weder gerochen, noch geschmeckt, noch gehört werden‹ … ›Vorstellungen werden gehabt. Man hat Empfindungen, Gefühle, Stimmungen, Neigungen, Wünsche. Eine Vorstellung, die jemand hat, gehört zu den Inhalten seines Bewußtseins‹ … ›Vorstellungen bedürfen eines Trägers. Die Dinge der Außenwelt sind im Vergleiche damit selbständig‹ … ›Jede Vorstellung hat nur einen Träger; nicht zwei Menschen haben dieselbe Vorstellung‹.[4]

Welche Schlußfolgerung müssen wir daraus ziehen? Gedanken sind keine Vorstellungen, denn Gedanken sind Denkresultate, die zu Urteilen und Behauptungen führen, die wahr oder falsch sein können. Das bedeutet, Gedanken sind keine Dinge der Außenwelt und auch keine Vorstellungen. Wenn jemand Gedanken für Vorstellungen hält, so ist das, was er als wahr anerkennt, nichts anderes als sein individueller Bewußtseinsinhalt, und das geht im Grunde niemanden etwas an. Es ist ähnlich lächerlich, wie wenn sich zwei Personen darum streiten, ob ein Geldschein echt sei oder nicht, aber jeder meint nur den, den er in seinem eigenen Portemonnaie hat.

Wir müssen also den ersten Teil der eingangs gestellten Frage: ›Objektive Wahrheit …‹ negativ bescheiden. Eine objektive Wahrheit in der Wahrnehmung allgemein und in der Betrachtung von Bildern im Besonderen gibt es nicht. Wenden wir uns der zweiten Fragestellung der Kapitelüberschrift zu, die von der metaphorischen Dienstleistung spricht.

Den Begriff der Metapher und das, was wir darunter verstehen können, finden wir bereits in den antiken Schriften der Hellenen, weshalb eine Definition des Begriffs den Anschein erweckt, als ob wir Eulen nach Athen tragen wollen. Außerdem ist die Metapher überhaupt die faszinierendste Eigenschaft der Sprache im alltäglichen Gebrauch und, wie könnte es anders sein, selbstverständlich in der Literatur. Dennoch, sie ist nichts Alltägliches. Sie ist auch kein rhetorischer Trick unter all den anderen Sprachfiguren, sondern sie als eigentlichen Wesensgrund der Sprache anzusehen, ist absolut angemessen.

Ganz allgemein gilt die Metapher als ein Ausdruck für eine Sache, mit dem eine andere Sache bezeichnet wird. Dabei spielt eine gewisse Ähnlichkeit zwischen den Sachen oder zwischen ihren jeweiligen Relationen eine entscheidende Rolle. Wenngleich diese Kennzeichnung generell zutrifft, so machten wir es uns aber zu leicht, wenn wir uns damit zufrieden geben, denn wir haben nicht annähernd all ihre Verwendungsvarianten ausgeleuchtet. Außerdem bliebe ihre

Anwendung und methodische Reichweite ganz generell, aber auch speziell im Kunstgeschehen im Dunkel. Es ist schon aus diesem Grund unverzichtbar, sowohl die Topologie als auch die Typologie der Metapher näher in Augenschein zu nehmen.

›Von der Metapher zu sprechen, bedeutet … von rhetorischen Aktivitäten in all ihrer Komplexität zu sprechen‹[5]. Werfen wir in diesem Zusammenhang einen Blick in die Geschichte der Rhetorik, so stellen wir fest, daß die Metapher durchweg als eine Art fröhliche Wortspielerei behandelt wird. Sie erscheint als eine willkommende Gelegenheit, jene sich ergebenden sprachlichen Zufälle innerhalb und zwischen den Wörter auszunutzen, um wohlgefällige Sprachspiele zu generieren. Allerdings ist das kein leichtes Verfahren, auch wenn das in manchen Fällen angebracht und passend erscheint, denn diese Angelegenheit erfordert ungewöhnlich viel Geschick und Vorsicht.[6] Mit anderen Worten: Die Metapher galt als Verschönerung oder Ornament im Machtgefüge der Sprache, sie wurde aber nicht als ihr konstitutives Formelement angesehen.

Grundsätzlich gilt jedoch, daß wir es bei der Metapher mit einer Sprachgattung zu tun haben, in der alle anderen Tropen, d.h. sprachliche Tauschobjekte, wie beispielsweise Synekdoche, Metonymie, Oxymoron und Paraphrase, auch das Pars pro toto etc., enthalten sind.

Wenngleich kein Geringerer als Aristoteles bereits vor etwa 2500 Jahren in seiner ›Poetik‹ gesagt hat: ›Es ist aber bei weitem das Wichigste, daß man Metaphern zu finden weiß … gute Metaphern zu bilden bedeutet, daß man Ähnlichkeiten zu erkennen vermag‹[7], und wenn man darüber hinaus berücksichtigt, daß die Fachliteratur über diesen Tropus selbst für Fachleute kaum noch überschaubar ist, so verwundert es um so mehr, daß bis heute keine einheitliche Metaphernforschung existiert. Stattdessen firmiert die Theorie der Metapher lediglich als Sammelname konkurrierender Theoreme, die in den Paradigmenfiguren von Sprachanalyse, Strukturalismus und Hermeneutik zu finden sind.

Eine übergreifende Theorie fehlt nach wie vor. Die theoretischen Ansätze bleiben alternativ und verlangen vom Benutzer des Metaphernbegriffs eine Entscheidung hinsichtlich des philosophischen Rahmens, in dem er zu arbeiten gedenkt.

Dieses Dilemma verdanken wir einerseits dem Untergang der traditionellen Rhetorik, an deren Stelle die Literaturwissenschaft getreten ist, und andererseits dem sogenannten Paradigmenwechsel, der an die Stelle des bislang einheitlichen Zugriffs zu sprachwissenschaftlichen Fragestellungen, die drei dargestellten inkommensurablen Paradigmen der Sprachanalyse, des Strukturalismus und der Hermeneutik gesetzt hat.

Wenn hier nun die Rede von einer metaphorischen Dienstleistung für die Deutung und Interpretation von kunsthistorischen Werken ist, so müssen wir in dieses konkurrierende Theoriegebäude eintreten, um am Ende sagen zu können, von welcher Position aus wir ein Deutungs- und Interpretationsvorhaben angehen wollen.

Die in der Paradigmenkonkurrenz beobachtbare Unvergleichbarkeit und Unvereinbarkeit der Theorieansätze ist die Folge des bereits angesprochenen Paradigmenwechsels von der Rhetorik auf die Differenzen der heutigen Paradigmen. Dabei ist zu bedenken, daß jeder Paradigmenwechsel, unabhängig wo und wie er entsteht, stets ein Kampf der miteinander ringenden Paradigmen ist, aus dem immer nur einer als Sieger hervorgehen kann.[8]

Als poetischer Begriff hat die Metapher alle Nivellierungstendenzen der Figurenlehre überlebt, wenngleich ihre theoretische Reichweite und ästhetische Relevanz durch die Konkurrenz des ›Symbols‹ beschnitten wird. Linguistik ohne Rhetorik beschränkt die Metapher auf ein lexikalisches Phänomen, das diachron[9] als ›Bedeutungswandel‹ und synchron[10] als ›Polysemie‹ definiert wird.[11]

In der Rhetorik stand der Begiff der Metapher im Zentrum der Theorie, in der Linguistik ist er an den Rand gerückt, mit der Folge, daß er nur noch eine eher marginale Position einnimmt.

Die neue poetische Funktion der Metapher besteht darin, daß man sie zur Bildung neuer Bedeutungen mittels alter Worte einsetzt, womit sie zum Paradigma für die semantische Kapazität der Sprache mutiert. Es handelt sich somit um eine Selbstthematisierung, in der die Rhetorik ein neues Potential erringt, das dem vergangenen kaum nachsteht. Vaihinger spricht in diesem Zusammenhang von der ›heuristischen Fiktion‹,[12] d.h. die Metapher verschafft der Rhetorik eine neue heuristische Aktualität.

Am deutlichsten werden die Folgen des Bruchs der Linguistik mit der grammatisch-rhetorischen Tradition im linguistischen Strukturalismus und auch im Bruch der Ästhetik mit der rhetorisch-poetischen Tradition in der philosophischen Hermeneutik, denn erstere hat die Rhetorik in die Semiotik überführt, während bei letzterer die Rhetorik durch die Hermeneutik ersetzt wurde. Nur in der Sprachanalyse gelten relativ ungebrochen rhetorische Standards, wenngleich ein derartiger Standort heute als überholt und überwunden gilt.

Obwohl Hermeneutik und Strukturalismus konkurrierende Paradigmen sind, haben beide ein gemeinsames phänomenologisches Fundament, das sie durchaus kommensurabel macht.[13] Desweiteren können die Versöhnungsanstrengungen des Neostrukturalismus zwischen den Paradigmen als durchaus erfolgreich gewertet werden.[14] In diesem Zusammenhang erscheint zunächst die Nachbarschaft von sprachanalytischer Philosophie und Neostrukturalismus fragwürdig, denn erstere hat sich schwerpunktmäßig den Fragen und der Dimension des ›Sinns‹ und der ›Bedeutung‹ von sprachlichen Ausdrücken verschrieben, während letzterer den Sinn hinterfragt, um auf ein selbst nicht Sinnhaftes zu stoßen.[15]

Die wesentlichen Gemeinsamkeiten der Paradigmen der sprachanalytischen Philosophie, Hermeneutik und des Strukturalismus liegen im universellen Sinnlosigkeitsverdacht, der bei allen zu einer radikalen Abkehr von der Metaphysik geführt hat. Der Weg zu diesem gemeinsamen Ziel war nicht der gleiche, denn die Sprachanalyse konnte sich erst nach zähem Ringen von ihrem tradierten konservativen Denken, mit dem sie die fragwürdigen Regeln des Denkens retten wollte, lösen. Dieser Umweg blieb der strukturalistischen Metaphysik-Kritik erspart, denn das Derridasche Verfahren der ›deconstruction‹, das sich an Heideggers ›Destruktion der Geschichte der Ontologie‹[16] orientiert, führte zum Abbruch des abendländischen Gebäudes der Metaphysik, um es sofort neu und nun anders wieder aufzubauen (re-construire). Wir haben es hier mit dem Heideggerschen ›Sein‹ und dem Lacanschen ›das Andere (l'Autre)‹ zu tun. Die Ähnlichkeit zur Psychoanalyse ist dabei unübersehbar, denn es geht sowohl den Paradigmen der Metapher als auch der Psychoanalyse darum, hinter die manifesten Inhalte des Sprechens zu blicken. Daß dieser Denkansatz auch für die kunstgeschichtliche Bildinterpretation, aber auch für das Schaffen der bildenden Künstler zutreffen könnte, macht der radikale Wandel in der Historienmalerei um die Mitte des 19. Jahrhunderts deutlich. Mehr noch, man kann schon von einem Untergang dieser metaphysischen Bildgattung sprechen.[17]

Was ist aber an die Stelle der Metaphysik getreten? In allen Disziplinen und Denkrichtungen steht heute an ihrer Stelle der sogenannte ›*linguistic turn*‹. Dieser Begriff kennzeichnet die Überführung des philosophischen Paradigmas des Bewußtseins in das des Zeichens.[18] Vergeblich suchen wir nun im Bewußtsein die Bedingungen der Möglichkeit von Sinn, Bedeutung und Referenz, wir finden sie stattdessen allein mit Hilfe von Zeichen. An die Stelle der Transzendentalphilosophie ist nunmehr die Semiologie getreten. Diese Neuorientierung hat sowohl in der Sprachphilosophie als auch in der Hermeneutik der jüngeren Frankfurter Schule um Jürgen Habermas und Alfred Lorenzer u.a. stattgefunden. Allen voran aber ist dieser Wandel im Strukturalismus zu beobachten, der mit dem Begriff des ›défilé du signifiant‹ deutlich macht, daß jeder Gedanke, will er sich gegen andere Gedanken profilieren, artikuliert sein muß.

Das gilt selbstverständlich auch für kunstgeschichtliche Interpretation, die einen Bildinhalt, dessen Sinn und die darin ausdeutbare Bedeutung ausschließlich in sprachlicher Rede in den kunsthistorischen Diskurs einführen kann. Da die Bildinhalte niemals Realität sind, außer man betrachtet das Bild selbst als Objekt, ohne sich auf das zu beziehen, was darauf abgebildet ist, sondern der wiedergegebenen Wirklichkeit nur ähnlich sind, befinden wir uns unversehens im Paradigma der Metapher. Jetzt müssen wir der Frage nachgehen, ob die metaphorische Aussage eines Bildes tatsächlich sowohl Sinn als auch Bedeutung transportieren kann oder ob die Aussage auch auf dieser Ebene stumm bleibt.

In seinem Werk ›La métaphore vive‹ verschafft Paul Ricoeur[19] den konkurrierenden Metapherparadigmen eine vermittelnde Perspektive, indem er die hermeneutische Sichtweise der Metapher aus der Rivalität zwischen den sprachanalytischen und strukturalistischen Ansätzen von Semantik und Semiotik der Metapher gewinnt.[20] ›Die sprachanalytische und die strukturalistische Metapherntheorien werden in hermeneutischer Perspektive reformulierbar, sofern diese den rhetorischen Horizont des Themas Metapher voraussetzen‹.[21] Insofern hat das hermeneutische Problem der Metapher, wie es die Rhetorik dem neuen Paradigma hinterlassen hat, nicht nur in der Hermeneutik, sondern ebenso in der Sprachanalyse und im Strukturalismus überlebt.

In der Literaturwissenschaft waltet vorherrschend die Konkurrenz von Semiotik und Hermeneutik, wie das in der angelsächsischen und romanischen Literaturtheorie ablesbar ist. Die Frage nach der Wahrheit der Kunst und damit nach ihrem Aussagewert dominiert in der deutschen Ästhetik und Geschichtsphilosophie. ›In der neueren Metapherdiskussion entspricht dem die Alternative einer semiologischen Verallgemeinerung der rhetorischen Figurenlehre und einer sprachanalytischen Differenzierung hermeneutischer Hypothesen‹.[22] Darin spiegelt sich die heuristische Funktion der Rhetorik › ...sprachanalytisch für eine pragmatische

Semantik, strukturalistisch für eine semiologische Taxonomie, hermeneutisch für eine historische Paradigmatik«.[23] Es geht demnach um eine Wollensentscheidung der wissenschaftstheoretischen Auffassungen über semantische Regeln, bzw. semiotische Strukturen, respektive historische Typen, die in der jeweiligen Theorie der Metapher prozeßhaft definiert sind.[24]

In diesem Zusammenhang sind die kommunikativen Möglichkeiten der Metapher zu untersuchen, und zwar in der Weise, inwieweit bildnerische Kunstwerke mit Hilfe von metaphorischen Darstellungen in kommunikationstheoretische Aussagen transformiert werden können, statt sich überholter persuasiv-rhetorischer Tricks zu bedienen. Es geht also auch um die Frage, ob und inwieweit bildnerische Metaphern sich einer emotiven Bedeutung bedienen, mit deren Hilfe die üblichen semantischen Konnotationen der Bilder in eine dynamische Relation von Unbestimmtheit und Wirkung aufgelöst werden können.

Haben wir es hier mit jener Möglichkeit zu tun, mit der auch abstrakte, kubistische und surreale etc. Bildkompositionen einer wissenschaftlich-ästhetischen Deutung und Interpretation zugänglich werden? Kann hier die Metapher das sprachliche Prinzip liefern, mit dem die Wirkung eines Kunstwerkes als eine diskursfähige Aussage erscheint? Ist die provozierte metaphorisch-semantische Struktur der Metapher die Basis für eine interaktive Auseinandersetzung von Für und Wider des Kunstwerkes? Haben wir es mit den beiden Prinzipien der Assoziation – Ähnlichkeit und Kontiguität[25] zu tun, die in der höheren Einheit der Berührung aufgehen?

Stellen wir fest: Kontiguität ist Berührung in der direkten Gleichzeitigkeit oder Gleichräumigkeit, Ähnlichkeit ist die metaphorische Berührung im übertragenen Sinne.[26] Die Ähnlichkeit mutiert zur Metapher eben jener Berührung, für die die Kontiguität der eigentliche Fall ist,[27] wie das das linguistische Beispiel der Signifikantenkette deutlich macht. Jedes Paradigma oder jede Theorie der Metapher ist demnach syntagmatisch[28] begründbar, wobei die Elemente des Paradigmas (die Syntagmen), den gleichen Platz in der Metapher einnehmen können. Sie sind genauso austauschbar wie beispielsweise dorische Säulen gegen korinthische oder ionische im vertikalen Aufbau eines Gebäudes, denn jede kann die gleiche tragende Funktion übernehmen.[29]

Die Frage ist nun, kann die Theorie der Metapher in der Kunstgeschichte tatsächlich für die Ähnlichkeiten zwischen der Realität und den sie abbildenden Bildelementen stehen? Denn das ist hier das Problem. Sofern die Metapher syntagmatisch begründet ist, kann sie keinen verkürzten Vergleich zulassen, der auf außersprachlicher Ähnlichkeit beruht, denn nicht die Metapher entspringt dem Paradigma, sondern das Paradigma beruht auf der Metapher. Dieser Frage gehen wir im Anschluß nach.

Die sprachliche Ähnlichkeit aktualisiert sich in der parole, also dem Sprechakt, und in ihren Redekontexten, wobei die Metapher, nach strukturalistischer Konzeption, aus den aufeinander geschichteten Kontexten ihre Bedeutung und Wirkung schöpft. Diesen Akt finden wir in der hermeneutischen Rekonstruktion metaphorologischer Paradigmen. Gleichzeitig findet ein rezeptionshistorischer Brückenschlag statt, gemeinsam mit dem Paradigmenwechsel, der in einem hermeneutischen Horizont verschmilzt. Derrida spricht hier von einer ›Spur‹, die in der Metapher gegenläufig zum Prozeß der andauernden Verschmelzung das Verfahren einer ständigen ›Dissemination‹[30] perpetuiert.[31]

Hier wird deutlich, daß der Strukturalismus bzw. der Neostrukturalismus stets eine generative Perspektive besitzt, die Hermeneutik dagegen ihre Aussage aus einer historischen Rückwärtsgerichtetheit bezieht, wenngleich letztere immer dann, wenn sie von der authentischen Potenz der Metapher spricht, Übergänge zur generativen Perspektive zu erkennen gibt, die allerdings durch die historische Horizontverschmelzung, in der die Vielfalt des Neuen faßbar werden soll, wieder durch die Dissemination im Alten aufgeht.[32]

7.2 Die tote Metapher – Entstehung und Funktion

Zu den einfachsten und geläufigsten Metaphern gehören beispielsweise ›Tischbein‹ oder ›Motorhaube‹ u.v.a. Zunächst mag man nicht sofort erkennen, daß es sich tatsächlich um eine Metapher handelt, denn das Alltagswort ›Tischbein‹ läßt sich in dinglicher Existenz jederzeit vorzeigen. Dennoch handelt es sich um eine sogenannte ›tote Metapher‹, die sich allerdings analytisch wieder zum Leben erwecken läßt.

Zunächst haben wir es mit zwei Wörtern zu tun, die zusammengefügt aus zwei verschiedenen Figuren eine neue Gestalt entstehen lassen. Es handelt sich in gewisser Weise um einen Trick, mit dem die Überwindung einer unübersehbaren sprachlichen Armut möglich wird. Für das Standelement des Tisches hatte man, nachdem der Tisch erfunden worden war, keinen für sich stehenden Ausdruck parat und offensichtlich auch keinen neuen entwickelt, weshalb man auf eine metaphorisch-deskriptive Definition verfiel, indem man das Standelement eines Menschen und das des Tisches in Beziehung setzte. Allerdings weist das Tischbein im Vergleich zum menschlichen Bein nur wenige gemeinsame charakteristische Merkmale auf. Das Bein eines Tisches kann lediglich den Stand eines Tisches garantieren, was es mit dem Bein des Menschen gemeinsam hat, aber laufen kann der Tisch damit genausowenig, wie Fußball spielen. Irgendwann, nach einer langen Zeit des metaphorischen Gebrauchs dieser Relation, hat sich eine Verdinglichung eingeschlichen, nicht zuletzt aus Bequemlichkeit und um die Sprache und ihre Begriffe einfacher handhaben zu können.

In diesem Zusammenhang gilt grundsätzlich, daß wir nicht nur sprachlich denken, sondern darüber hinaus metaphorisch und mittels Zeichen vergleichend. Das bewirkt, daß Metaphern › ...in allererster Linie Austausch und Verkehr von Gedanken bewirken, (und damit) eine Transaktion zwischen Kontexten‹ sind.[1] Diese

Transaktionen beinhalten zwei didaktisch voneinander trennbare Elemente. Es handelt sich einerseits um die semantische Struktur der Metapher und andererseits um jene psychologischen Elemente, die dazu führen, daß wir ein Verständnis dieses Vorganges erhalten. Wir haben es also mit dem Bewußtsein eines semantischen Widerspruchs zwischen den wörtlichen Bedeutungen der verwendeten Begriffe oder Worte in einer Metapher und den tradierten Konventionen zu tun, die diese Behauptungen erst verstehbar machen.

Jede Metapher besteht demnach aus zwei Bedeutungselementen, die sie nicht nur charakterisieren, sondern zugleich lebendig, überraschend und spracherweiternd machen. Richards führt unter diesem Gesichtspunkt die beiden Termini ›Vehikel‹ und ›Tenor‹[2] ein, um die beiden Hälften der Metapher zu benennen. Seine Absicht besteht darin, das Phänomen der verschiedenartigen Relationen vergleichen zu können, in die die beiden Glieder einer Metapher in jeweils verschiedenen Einzelfällen treten können.

Nicht selten wird und wurde die ungeschickte und geradezu irreführende deskriptive Terminologie von der einer Metapher zugrunde liegenden Vorstellung und dem darin Vorgestellten, oder noch zweifelhafter von der Vorstellung und ihrem Bild benutzt. Falsch daran ist, daß die Vorstellung als Gedanke und das, was er abbildet, niemals das Abbild einer Sache sein kann. Dazu hat ihn allein die materialistische Mythologie Epikurischen Stils gemacht, die behauptete, die Materie sende Bildchen aus. ›Der Gedanke geht aber stattdessen auf die Sache selbst. Die aufklärende Intention des Gedankens, (die) Entmythologisierung, tilgt den Bildcharakter des Bewußtseins. Was ans Bild sich klammert, bleibt mythisch befangen, Götzendienst. Der Inbegriff der Bilder fügt sich zum Wall vor der Realität‹.[3]

Jede Metapher, mit Ausnahme der ›toten Metapher‹, besitzt zwei Glieder. Einerseits die Sache, die sie bezeichnen soll und andererseits die Sache oder Relation, die als Bezeichnung dient. Julien Jaynes nennt das erste Element ›Metaphorand‹ und das letzte ›Metaphorator‹.[4] Diese Bezeichnungen decken sich nicht vollständig mit denjenigen von I. A. Richards ›Tenor‹ und ›Vehikel‹, auch nicht mit dem Begriffspaar ›eigentlich‹/›übertragener‹ Ausdruck von Christine Brooke-Rose.[5]

Auch das Begriffspaar von Paul Henle, der von ›wörtlicher‹ und ›übertragener Bedeutung‹[6] spricht ist dem von Jaynes nicht deckungsgleich, denn beide Bedeutungen beziehen sich auf die von Begriffen. Ihre Beziehung besteht darin, › ... daß ein Wort ein *unmittelbares Zeichen* seiner wörtlichen Bedeutung und ein *mittelbares Zeichen* seiner übertragenen Bedeutung ist‹[7] Auf diesen Gedanken gehe ich später genauer ein.

Die Funktion der Metapher besteht darin, Objekte und Relationen, also Metaphoranden, die entweder noch unbekannt oder ungeläufig sind, mittels bekannter Metaphoratoren bewußtseinsmäßig erfassen zu können. Werden derartige Metaphoratoren zum Gemeingut in einem Sprachsystem, so verdinglichen und verdichten sie sich zu Namen. Dadurch erweitert sich der Wortschatz einer Sprache, wie das die phantasievollen Namen aus der Tier- und Pflanzenwelt, beispielsweise ›Hirschkäfer‹, ›Butterblume‹, ›Frauenschuh‹ etc. belegen. Auch in der Technik haben sich lebendige Metaphern durch massenhaften Gebrauch in tote Metaphern und schließlich in Namen verwandelt, z.B. Motorhaube, Zahnrad, Keilriemen etc. Es gibt unzählige Beispiele aus allen Lebensbereichen, die immer wieder darauf verweisen, daß die Sprache bei ihrer Entstehung äußerst dürftig mit Namen und Begriffen ausgestattet war.

In diesem Zusammenhang existiert ein besonders eindrucksvolles Beispiel, wie eine Metapher zu einer lebensrettenden Hilfsgröße im Sprachgebrauch und im weiteren Verlauf in dessen Gegenteil verkehrt wurde. Die Rede ist hier von der heute vollkommen toten Metapher ›Geisteskrankheit‹. Sie hatte in der Renaissance tatsächlich Leben retten können und wird dagegen heutzutage in den ideologisch verzerrten Gebrauch des Krankheitsbegriffs zur Ausgrenzung, Stigmatisierung und Internierung von als krank gekennzeichneten Menschen mit psychischen Störungen und fremdartigem, weil nicht normkonformem Verhalten, benutzt. Schauen wir uns den Schicksalsweg dieser Metapher genauer an.

Der Sinn dieses Exkurses, der zugegebenermaßen völlig von jeder kunsthistorischen Relevanz entfernt zu sein scheint, liegt darin, zu zeigen, wie eine Metapher zu einem Mythos gerinnt. Gewisse Verwandtschaftsbeziehungen zwischen dem folgenden Beispiel aus dem Krankheits- und Verhaltensbereich und der Kunstgeschichte können sich dennoch entzaubern. Allein, wenn wir bedenken, wie in den bildnerischen Kunstwerken mit mythologischem Inhalt immer wieder bestimmte Attribute von dargestellten Personen dazu benutzt werden, daß der Betrachter sich nach dem Muster einer metaphorischen Gedankenkette einer religionsideologischen Sichtweise befleißigt. Der Weg, den wir jetzt beschreiten wollen, führt uns um mehr als 500 Jahre in die Religions- und Gesellschaftsgeschichte unseres Kulturraumes zurück.

Im Jahre 1487 haben die beiden Dominikanermönche Heinrich Institoris (›Krämer‹) und Jacob Sprenger in Straßburg den sogenannten ›Malleus malificarum‹, zu deutsch ›Hexenhammer‹, der Inquisition der römisch-katholischen Kirche als Instrument der Sanktion von abweichendem und unerklärlichem Verhalten, stets Ketzertum oder Hexerei genannt, in die Hand gegeben.

Alle wegen Hexerei oder Ketzerei angeklagten Opfer vor dem Inquisitionsgericht hatten stets eines gemeinsam: Man warf ihnen Verhaltensweisen oder Einstellungen vor, die sich den geltenden Normen nicht zurechnen ließen, sondern von ihnen abwichen, weshalb das unerklärliche abweichende Verhalten gemäß der Lehre als vom Teufel besssenes Hexenwerk bewertet wurde. Dergleichen Verhaltensweisen als Wahnsinn oder Geisteskrankheit zu klassifizieren, wie das heute geschieht, war im ausgehenden Mittelalter und in der beginnenden Neuzeit noch völlig unüblich, ja im wesentlichen unbekannt. Noch stand dieser Zuschreibung das Problem im Wege, wie das beobachtbare oder zugeschriebene Fehlverhalten an sinnvollen Maßstäben zu messen oder einem sinnstiftenden Denksystem zuzuordnen sei.[8]

Die antiken Gesellschaften benutzten dazu ihre Götterwelt, die monotheistischen Gesellschaften ihre jeweiligen Religionen, was in der muslimischen Welt teilweise noch heute geschieht. Die moderne Welt heutigen Zuschnitts verwendet dagegen Normen mit bestimmten Modellen regelgeleiteten Verhaltens, in denen davon ausgegangen wird, daß das menschliche Verhalten rational, zielgerichtet, einsichtig und motivgesteuert reguliert ist. Sobald jedoch das fragliche Verhalten eine Abweichung von der Regel darstellt, gleichwohl nicht folgenlos ist, erfordert das eine in der heimischen Kultur verwurzelte kausale Erklärung. Es entsteht die Frage nach dem Warum und Wozu.

Solange die Personengruppe oder der Berufsstand der Kleriker die kausale Zuschreibung vornahm, urteilten sie zwangsläufig stets gemäß ihrer beruflichen Ausbildung. Das gleiche trifft zu, wenn wir den Nachfolger des Geistlichen im Geschäft der Beurteilung des regelhaften oder nonkonformen Verhaltens der Menschen ins Auge fassen. Auch heute wird naturgemäß die berufliche Qualifikation beispielsweise des Psychiaters und sein einschlägiger theoretischer Fundus bei der Bewertung von abweichendem Verhalten die Feder führen, beispielsweise als Gutachter in einem Strafgerichtsprozeß. Das scheint normal, aber irgendwie ist es das nicht, denn in gewisser Weise haftet dieser Diagnosetätigkeit der Geruch von Unvernunft an, weil nicht beweisbare Paradigmen die Basis der Bewertung und Begutachtung sind. Heute wie in der Zeit der Inquisition sind die Betroffenen den Expertenurteilen hilflos ausgeliefert. Gegenüber früher hat sich lediglich die Farbe der Berufbekleidung von roter Soutane zu weißem Kittel gewandelt. Was hat es nun mit dem Begriff ›Geisteskrankheit‹ für eine Bewandtnis? Wo und wann tritt er uns erstmalig entgegen?

Der Begriff ›Geisteskrankheit‹, das springt uns förmlich entgegen, beinhaltet zwei voneinander völlig verschiedene und nicht in einem Verwandtschaftsverhältnis stehende Worte – Geist und Krankheit. Nicht nur im Mittelalter verstand man unter Krankheit einen Zustand, mit dem Beschwerden welcher Art auch immer verbunden waren. Das hat sich bis heute nicht verändert. Gemeint sind damit körperliche Beschwerden, an denen der leidende Mensch zu tragen hat und die es ihm unmöglich machen, den Rollenerwartungen seiner Umwelt nachzukommen. Die medizinische Analyse, was als krank zu gelten hat, bedient sich einer Begriffsstruktur und einer taxonomischen Methodik, in der die Symptome für eine Zuordnung zu pathologischen Gruppen verwendet werden, um schließlich die großen Krankheitsentitäten zu definieren. Diese Auffassung von Krankheit als unabhängige Wirklichkeit mit ihrer Dysfunktionalität des Körpers stammt nicht ursprünglich aus dem Mittelalter, sondern sie ist uralt und schon sehr lange verbreitet. Daß zudem in dem hier zur Betrachtung anstehenden Jahrhundert bei der Definition von Krankheit stets das Modell der organischen Pathologie zugrunde gelegt wurde, darf nicht verwundern, denn das, was wir heute Psychopathologie nennen, existierte noch nicht. Noch waltete eine Einheitspathologie von organischen und psychischen Krankheitsphänomenen, die in dem begrifflichen Zusammenhang von psychologischen und physiologischen Sachverhalten nachweisbar ist.

Nachdem das zwischenzeitlich prominente Descartessche Trennungspostulat von Seele und dem unverständlichen äußeren Schicksal des Menschen überwunden war, gehen wir heute wieder von der untrennbaren Einheit von Körper und Seele aus. Descartes dagegen hatte den Gedanken einer speziellen Freiheit des Subjekts entworfen. Cogito ergo sum, ich bin, sofern ich denke, lautete sein Credo. Gemeint war hier das Recht und die Freiheit, alles zu Wissende bezweifeln zu können, und das unabhängig von allen Objekten der Welt, sofern das Subjekt sich nicht überhaupt eines Urteils enthielt.[9] Allerdings ist die Einheit von Körper und Geist, wie wir sie heute sehen, keine Identität beider Elemente, denn beide Glieder besitzen eine unterschiedliche Kohärenz des psychologischen Lebens im Verhältnis zu dem des Organismus.

Damals war der psychologische Inhalt des Begriffs der Persönlichkeit, der die Unmöglichkeit erzeugt, eine Unterscheidung und Taxonimierung zwischen dem was prinzipiell und für alle Zeiten gültig als normal und was als pathologisch zu gelten hat, noch ungedacht. Die Menschen der beginnenden Neuzeit wurden nicht in ihrer Individualität unterschieden, sondern ihr Stand, ihre Herkunft und ihr Name im fest gefügten und hoch sanktionierten sozialen Umfeld war entscheidend. Eine Analyse der krankhaften Individualität im Zusammenwirken mit dem praktischen Wirken in der gesellschaftlichen Umwelt, wie das heute unumgänglich ist, befand sich seinerzeit außerhalb jeglicher Denkmuster. Wir dürfen also nicht vergessen, daß unter völlig anderen Definitionsbedingungen in jener Zeit das Fehlverhalten der Menschen den Stempel von Kranksein erhielt.

Jetzt wollen wir untersuchen, wie es geschehen konnte, daß zur Essenz einer Krankheit nicht nur die körperlichen Symptome, sondern plötzlich auch solche des tatsächlichen oder vermeintlichen Fehlverhaltens hinzugerechnet wurden. Was hat einzelne Menschen als Protagonisten in der Zeitenwende zur Neuzeit veranlaßt, sich dem definitorischen Diktat des Klerus, wie das Verhalten der Menschen zu beurteilen sei, zu widersetzen?

Hatte man im ausgehenden 15. Jahrhundert mit dem dämonischen Hexenhammer noch jedes Fehlverhalten als Besessensein vom Teufel diagnostiziert, so bezeugen Schriften aus dem nächsten Jahrhundert, daß im Rahmen der Renaissance dynamische Kräfte in der Wissenschaft der Inquisition entgegenzuwirken begannen. Eine in diesem Zusammenhang zu nennende Person ist die Ordensschwester Teresa von Avila. Sie hat sich in der Reform des Karmeliterordens um die Mitte des 16. Jahrhunderts große Verdienste erworben. Desweiteren gilt sie insgesamt als die größte christliche Mystikerin und darüber hinaus als bedeutende katholische Reformerin.

Sie stand eines Tages vor dem Problem, eine Gruppe von Nonnen vor der Inquisition zu retten. Die Ordensfrauen waren verhaltensauffällig geworden, denn sie zeigten eine aus dem Klosterleben resultierende Störung, die man zu einem späteren Zeitpunkt als Massenhysterie diagnostiziert hätte. Der Inquisitor wollte mit ihnen kurzen Prozeß machen und sie samt und sonders auf den Scheiterhaufen schicken. Aber er hatte die Rechnung ohne ›Teresa de Jesus‹ gemacht, wie die Mystikerin auch genannt wurde. Sie widersprach mutig der Meinung des Großinquisitors, der behauptete, daß sich Dämonen der Schwestern bemächtigt hätten. Teresa von Aviles konnte sich stattdessen mit dem Gedanken, daß die Frauen nur im Geiste krank seien, durchsetzen. Damit rettete sie zwar ihre Schwestern in Christi, setzte aber unwissentlich einen Prozeß in Gang, der einerseits die Begriffe Geist und Krankheit miteinander in Verbindung brachte und andererseits den allmählichen, allerdings noch lange währenden Übergang der als Metapher gedachten Zuschreibung, ›im Geiste krank‹, zur ›Geisteskrankheit‹ beinhaltete.

Die Kennzeichnung eines Fehlverhaltens, unverständlicher Praktiken und Einstellungen als Krankheit sollte nach der Auffassung von Teresa nur nach dem Prinzip der Ähnlichkeit mit einer Dysfunktionalität, anläßlich einer tatsächlichen Krankheit, im Sinne von ›als ob krank‹ verstanden werden. Sie benutzte aber die Krankheitsmetapher nicht als raffinierten Trick, um die Inquisitoren auf einen anderen Gedankenpfad zu bringen, sondern sie diagnostizierte entsprechend der Galenschen Humoralpathologie, derzufolge die bei den Schwestern aufgetretenen Symptome entweder als Melancholie, als schwache Vorstellungsgabe oder als Schläfrigkeit gedeutet werden konnten. Sobald man dieser Deutungsmöglichkeit folgte, verloren die solchermaßen diagnostizierten Menschen das Stigma ›böse‹ und galten stattdessen als *comas enfermas* -- ›als ob krank‹. Teresas Diagnose entzog somit die Ordensschwestern dem Griff des Inquisitors und übergab sie der nunmehr zuständigen sozialen Instanz des Arztes.

Nun neigen die Menschen immer wieder dazu, die als Metapher gedachten qualitativen bildlichen Ausdrücke allmählich durch den Wegfall des ›als ob‹ in den Status einer Sache zu überführen. Ist das geschehen, wird die Metapher ohne das bildliche Etikett benutzt, was für die Benutzer den Bequemlichkeitsvorteil beinhaltet, nicht mehr zwischen einer ›echten‹ und einer ›Quasi-Krankheit‹ unterscheiden zu müssen. Da die Bequemlichkeit genauso wie die Dummheit zu den am gerechtesten verteilten Sachen der Welt gehört, geschah die Verdinglichung nicht nur damals, sondern sie geschieht auch heute jederzeit.

Im Zusammenhang mit der Entstehung der toten Metapher ›Geisteskrankheit‹ wurde der Ort, an dem sich die nichtsomatische Krankheit manifestiert, schließlich im Geist entdeckt. Nunmehr konnte jedes abweichende Verhalten einer ihr zugrundeliegenden inneren Pathologie zugewiesen werden. Damit war das Fundament zur Umformung der Metapher der ›als-ob-Krankheit‹ in den Mythos der ›Geisteskrankheit‹ gelegt. Die zuerst lebendige Metapher hatte sich aber bereits im 16. Jahrhundert in eine tote Metapher gewandelt,[10] und sie kommt noch heute in der Psychiatrie ohne Skrupel als ausgrenzendes Stigma zur Anwendung, obwohl die kritische Literatur zu diesem Thema unübersehbar ist.[11]

Die Geistesforscher seit der Renaissance, allen voran der Philosoph René Descartes im 17. Jahrhundert, schufen eine Sprache zur Bezeichnung von geistigen Zuständen – ihrem Forschungsgegenstand. In einem wahren *tour de force* entwickelten sie das Konzept von Geisteszuständen, deren Beziehung zu empirischen Vorgängen bislang entweder unbekannt war oder für unbedeutend gehalten wurde. Dieses psychische Phänomen der vormals unbekannten aber nun entdeckten inneren Zustände sollten schließlich als Begriff im Bewußtsein verdichtet werden.

Mit diesem und anderen neuen Begriffen betraten die Menschen erstmalig die säkulare Welt der Abstraktionen, die sich nicht mehr auf konkrete, sondern abgeleitete oder besser metaphorische Objekte bezogen. Durch abstraktes Denken war es fortan möglich, neue Gedankenexperimente durchzuführen und zu verstehen. Hilfsmittel dafür waren und sind Metaphern, die es uns gestatten, einen abstrakten Sachverhalt zu verstehen, womit ein Gefühl von Vertrautheit entsteht, aus dem die emotionale Sicherheit erwächst, etwas verstanden zu haben und damit ein Bewußtsein davon zu besitzen.[12]

Ein Bewußtsein zu haben bedeutet aber keineswegs ein Wissen davon zu besitzen, wie es in uns entsteht und wie sich der Prozeß der Bewußtwerdung vollzieht, denn die Herstellung des Bewußtseins kann sich nicht durch sich selbst bewußt machen. Um dennoch etwas über das Bewußtsein aussagen zu können, gehen wir den Weg, der von dem Tatsachenzusammenhang des vollzogenen Bewußtseinszustands zu einem Modell dieses Phänomens führt, indem wir das Bewußtsein als eine metaphorische Aufzeichnung des Erlebens beschreiben, geradeso, als beschrieben wir eine Wachstafel mit Erlebnissen der Gegenwart und Vergangenheit. Dabei dürfen wir aber nicht aus den Augen verlieren, daß diese metaphorische Aufzeichnung nur einen Zustand des ›als ob‹ beschreibt.

Wenn wir also davon ausgehen, daß das Bewußtsein handelt, indem es aufzeichnet, so bedienen wir uns auch hier einer metaphorischen Sprachwendung, denn das Bewußtsein kann nicht selbst handeln, wie das beispielsweise eine Person in einem physikalischen Raum vermag. Das Bewußtsein besitzt keinen Raum, in dem es arbeitet. Es besitzt nur eine virtuelle Existenz, die stets dann aktualisiert wird, wenn wir es als Seinsform des Wissens der Dinge und Relationen um uns herum und um das Wissen von uns selbst (Selbstbewußtsein) erleben, in Gedanken kleiden und sprachlich artikulieren. Tritt das Bewußtsein in Aktion, ist sein Zustandekommen genauso wenig erkennbar wie der Prozeß der sogenannten freien Willensbildung, von dem wir so gerne behaupten, er wäre ein von uns selbst aktiv und bewußt gewollter Vorgang. Bewußtsein und freier Wille teilen das gemeinsame Schicksal des sich Verborgenhaltens, weil diese und ähnliche geistige Vorgänge nicht in eine Ähnlichkeitsbeziehung zu klar beschreibbaren und beweisbaren psychophysikalischen Abläufen eintreten. Niemand und nichts legt konkret oder metaphorisch Zeugnis davon ab, was im Bewußtseins- und Willenprozeß geschieht. Was wir erleben, sind nur die daraus erwachsenden Resultate, alles andere bleibt uns verborgen. [13]

7.3 Die Bedeutungsdualität und die semantische Charakterisierung der Metapher

›Die Dualität der Bedeutung ist für die Metapher charakteristisch‹.[1] Die Rede ist von der ›wörtlichen‹ und der ›übertragenen‹ Bedeutung. Die wörtliche Bedeutung des in einer Metapher verwendeten Wortes ist diejenige, die ihm im nichtmetaphorischen Gebrauch zukommt und wie sie für einen Begriff aus jedem Wörterbuch zu entnehmen ist. Die zweite Bedeutung, also die übertragene, ist die, an der der metaphorische Charakter hängt. Es ist auch möglich, daß die übertragene Bedeutung eines Begriffs in einer Metapher mit der wörtlichen Bedeutung eines anderen Begriffs übereinstimmt. Sollte das nicht der Fall sein, so wird es dennoch eine wörtliche Bedeutung geben, die der übertragenen sehr nahe kommt. Diese quasi wörtliche Bedeutung bezeichnet Henle als ›Paraphrase‹ der Metapher.[2]

Gemeint ist die Analogie zwischen der wörtlichen und übertragenen Bedeutung und ihrer Verschiebung von der ersteren zur letzteren als wörtliche Paraphrase, was ein Charakteristikum der Metapher darstellt. Das bedeutet jedoch nicht, daß eine spezifische Art von Analogie oder Parallele für Metaphern in ihrer Verschiebung kennzeichnend ist. Vielmehr müssen wir zwischen der Verknüpfung von verschiedenen Sachverhalten, die wechselseitig ihr jeweiliges Verständnis bedingen und einer bloß qualitativen Ähnlichkeit zweier Merkmale desselben Gegenstandes unterscheiden. Zwischen diesen beiden Endpunkten des metaphorischen Verständniskontinuums der Parallelität liegen Zwischenformen. Wie hoch der Grad der Parallelität in einer Metapher auch immer sein mag, sie stellt in jedem Fall den Typus des Symbols oder der Symbolik dar. Damit ist, nach Saussure, die Parallelität nicht mehr ganz arbiträr oder beliebig, was grundsätzlich für alle Elemente dieses Zeichens gilt. Sie ist auch nicht inhaltslos, › … sondern (es) besteht bis zu einem gewissen Grade eine natürliche Beziehung zwischen Bezeichnung und Bezeichnetem. Das Symbol der Gerechtigkeit, die Waage, könnte nicht etwa durch irgend etwas anderes, z.B. einen Wagen, ersetzt werden‹.[3]

Bei Charles Sanders Peirce wird dagegen zwischen symbolischem Modus und seiner ikonischen Variante der Signifikation unterschieden. Das Zeichen wird immer dann zum Symbol, wenn es ein Objekt willkürlich repräsentiert und den Mangel an Abbildung oder Anzeige durch die Zuhilfenahme von Konventionen ausgleicht. Er sagt: › Ein genuines Zeichen ist ein transuasionales Zeichen oder Symbol, nämlich ein solches Zeichen, das seine signifikante Eigenschaft einem Merkmal verdankt, das nur mit Hilfe seiner Interpretanten verwirklicht werden kann‹.[4]

Sofern wir es nicht mit einer Parallelität, sondern mit einer Ähnlichkeit zu tun haben, wird das Zeichen als Ikon bezeichnet. Gewöhnliche Wörter sind Symbole, onomatopoetische Wörter dagegen, also laut- und schallnachahmende, wie z.B. surren, klirren, etc., enthalten zusätzlich ein ikonisches Element. Im Gegensatz dazu enthalten Landkarten vorwiegend oder so gut wie ausschließlich ikonische Zeichen, wenngleich auch aufgrund besonderer Bezeichnungen in der Karte, wie beispielsweise die Kennzeichnung einer Region als ein namentlich benanntes Herzogtum, auch konventionelle, also symbolische Elemente enthalten sein können.

Der ikonische Modus der Signifikation liegt also in der Ähnlichkeit oder Analogie zwischen der wörtlichen und der übertragenen Bedeutung der Objekte oder Relationen. Dieses ikonische Element ist aber nicht als Objekt gegeben, sondern als Beschreibung. Wäre es stattdessen real vorhanden, so bedürfte es keiner Beschreibung, es wäre vorzeigbar, womit es den Status des Index-Zeichens erhielte, denn schon ein kleiner Fingerzeig würde jede Frage durch die reale, kausale oder direkte Beziehung zwischen Zeichen und Objekt beantworten.[5] Beim Ikon ist dergleichen nicht gegeben, sondern wir erhalten nur die Beschreibung, was uns als Ikon entgegentritt. Mit anderen Worten: ›Das was gegeben wird, (ist) eine Formel für die Konstruktion von Ikons‹.[6]

Die unübersehbare doppelte semantische Beziehung einer Metapher gliedert sich erstens in den Gebrauch von Symbolen, die als Anweisung zu verstehen sind, einen Gegenstand oder Sachverhalt zu finden, was einem ganz gewöhnlichen Sprachgebrauch entspricht, zweitens ist darin der zweckdienliche Zusammenhang enthalten, daß jeder Gegenstand oder Sachverhalt, der dieser Aufforderung entspricht, als Ikon dafür dienen kann, all das zu beschreiben, worum es in der Anweisung des Symbols geht.

Halten wir fest: Das Ikon existiert niemals wirklich, sondern es wird lediglich durch die Anwendung einer Regel, die es identifiziert, verstanden und damit bezeichnet.

Wie steht es nun mit der Ähnlichkeit zwischen einer auf einem Porträt abgebildeten und der realen Person oder zwischen einer Landschaft und der wahren Umgebung? Bei einem Porträt haben wir es scheinbar mit einem originären Zeichen oder Ikon zu tun und zwar deshalb, weil dessen signifikante Eigenschaft auf seiner Qualität zu beruhen scheint. Beispielsweise können wir über das Porträt einer Person, die wir nicht kennen, wie das bei allen nicht mehr lebenden, aber überlieferten historischen oder unbekannten Personen der Fall ist, sagen, es sei lebendig und überzeugend. Das tun wir deshalb, weil das, was wir sehen, uns dazu veranlaßt, uns eine Vorstellung von der dargestellten Person zu bilden.

Damit scheint das Bild ein Ikon zu sein. Das ist jedoch ein Trugschluß, denn es kann kein reines Ikon sein, weil ich weiß oder wissen könnte, daß ich › ...stark von der Wirkung beeindruckt bin, die – vermittelt über den Künstler – durch das Aussehen des

Originals verursacht wurde und also in einer genuin obsistenten Relation zum Original steht. Nebenbei bemerkt, ich weiß, daß Porträts nicht die leiseste Ähnlichkeit mit ihrem Original haben, außer in bestimmten konventionellen Hinsichten und nach einer konventionellen Werteskala und so weiter.‹[7] Wir sehen, die Ähnlichkeit des Zeichens (Porträt) und der Person kann hoch oder marginal sein. Aber selbst bei nur annähernder Ähnlichkeit müssen zumindest die abgebildeten Strukturen, beispielsweise gewisse Gesichts- und Körpermerkmale oder Attribute der Person, mit den tatsächlichen oder konventionellen ähnlich sein. Das gilt auch für bildliche Darstellungen anderer Genres, wie beispielsweise der Landschaftsmalerei oder Stilleben.

Betrachten wir beispielsweise das Dalische Bild: ›Die Beständigkeit der Erinnerung‹,[8] so erkennen wir die darauf abgebildeten zerfließenden Uhren als Zeichen der verrinnenden Zeit. Die hier dargestellten zerlaufenden Zeitmesser können ihre reale Funktion nicht mehr erfüllen, die Ähnlichkeit mit der Chronometerrealität besteht nur noch durch die verzerrten, zerfließenden Zifferblätter mit verformten Uhrzeigern. Die Uhren haben damit zwar noch einen ikonischen Modus, aber zugleich gelten sie als Symbol der verrinnenden Zeit und als Markenzeichen des Surrealismus.

Wer sich mit diesem Genre und dem Oevre Dalis beschäftigt hat, weiß, daß es sich hier um jene Methode des Künstlers handelt, die dieser ›activité paranoiaque-critique‹ nannte.[9] Mit ihr wollte er, technisch illusionistisch perfekt, das Unwirkliche darstellen. Seine Methode zielte somit auf die Empfänglichkeit und Steigerung der geistigen Kräfte und auch auf jene pathologischen Zustände, die als psychiatrische Einschließungsgründe in Anstalten gelten. Es handelt sich beispielsweise um Wahnvorstellungen, Rauschzustände, Fieberträume etc. Diese benutzte Dali als Gegenstand seiner Malerei und hielt mit ihr die Mißbildungen und Entartungen im Bild fest, nicht zuletzt, weil er profunde Kenntnisse psychischer und pathologischer Störungen und Verirrungen besaß, die er sich unter anderem aus der Freudschen

Lektüre angeeignet hatte. Seine Bilder zeigen die Aufweichung und Auflösung der Realität, bis er sich in seiner Malerei zu einem späteren Zeitpunkt der italienischen Renaissance und dem Klassizismus öffnete.

Wenn als Mindestanforderung der Ähnlichkeit der metaphorischen Elemente eine strukturelle Verwandtschaft erkennbar sein muß, dann bedeutet das, daß die im Zeichenzusammenhang repräsentierte komplexe Struktur aus verschiedenen Elementen, die analoge Merkmale aufweisen, ablesbar sein muß. Neben den strukturellen Ähnlichkeiten treten an anderen Stellen qualitative Ähnlichkeiten zwischen einem Zeichen und dem bezeichneten Gegenstand hinzu. Allerdings prädestinieren tatsächliche Ähnlichkeiten zwischen zwei beliebigen Gegenständen noch keine Anwendung des einen als Ikon des anderen. Hinzu muß dann der Hinweis kommen, daß und wie die übertragene Bedeutung gelesen werden soll, um sie als Mittel der Bezeichnung einsetzen zu können. Hier ist die Sprache unverzichtbar, da, wie bereits weiter oben deutlich ausgeführt, Bilder stumm sind und eine Metapher eher durch die Beschreibung des Ikons als durch seine Darstellung die Aufmerksamkeit auf Ähnlichkeiten lenken kann. Ist das geschehen, können die erkannten Ähnlichkeiten phantasievoll erweitert werden, womit ihr paralleler Umfang zunimmt.

Eine Metapher in der Bildbetrachtung entsteht also beispielsweise durch das Hervortreten von Vorstellungen oder Erlebnissen, die bei der Betrachtung des Kunstwerks durch das Erkennen paralleler Sachverhalte auftreten. Hier beziehen sich entweder einige durch Interpretation oder Deutung erkannte und benannte Begriffe auf den direkten Sachverhalt und zugleich auf einen anderen im übertragenen Sinne oder andererseits auf Begriffe mit nur zwei isolierten Sachverhalten mit wörtlicher Bedeutung. ›Diese Mischung von wörtlichen Beziehungen auf verschiedene Sachverhalte unterscheidet die Metapher von der Allegorie und verleiht ihr die Wirkung, die ihr psychologisches Unterscheidungsmerkmal ist.‹[10] Die Begriffe einer Allegorie bezeichnen durchweg mittelbar, weshalb man eine Allegorie ausschließlich auf ihrer wörtlichen Ebene betrachten kann. Wenngleich die Allegorie einen vollständigen Zusammenhang herstellt, so besitzt sie dennoch eine tiefere Bedeutung, die nicht unmittelbar gegeben ist, sondern erst mittels eines Parallelschlusses erkannt und der oberflächlichen Bedeutung hinzugefügt werden muß .

Sowohl in sprachlich ausgedrückten Metaphern als auch in solchen, die in Bildwerken zur Anwendung gelangen, finden wir Ähnlichkeitsmerkmale, die auf bestimmten Gefühlswerten basieren. Das bedeutet, daß in einer Metapher die emotionalen Besetzungen eines Sachverhaltes oder einer bildlichen Darstellung, die vermittels eines anderen Sachverhaltes oder Bildes symbolisiert werden, von dem einen auf den anderen projiziert werden. Mit anderen Worten: Der symbolisierte Sachverhalt oder Gegenstand wird mit dem Gefühlswert des symbolisierenden Sachverhaltes oder Gegenstandes durchdrungen. Beispielsweise sagt Aristoteles in der Poetik, daß das Alter sich zum Leben wie der Abend zum Tag verhält.[11] Die Möglichkeit, den ikonischen Charakter der Metapher mit übertragenem Gefühlswert noch stärker auszuschöpfen, gelingt, wenn man beispielsweise in poetischer Wendung das Alter als ›Sonnenuntergang des Lebens‹ beschreibt. Dadurch wird der Gefühlswert der abendlichen Ruhe mit einem stimmungsvollen farbenprächtigen Sonnenuntergang auf das späte Lebensalter übertragen. Spräche man stattdessen von einem Greisenalter, so fände zwar auch eine Gefühlswertübertragung statt, aber diese trüge den Charakter der Eiseskälte und Einsamkeit.

Derartige Gefühlswertübertragungen lassen sich hervorragend in Bildwerken einsetzen. Nehmen wir das obige Beispiel, in dem das späte Lebensalter mittels einer visuellen Metapher einen übertragenen Gefühlswert bekommen soll, dann eignet sich in gleicher Weise wie in der poetischen Fassung der Sonnenuntergang in einer prächtigen Landschaft bestens als einfühlsame Gefühlswertübertragung. Die positive Emotionalität, die durch einen stimmungsvollen Sonnenuntergang ausgelöst wird, überträgt sich unmittelbar auf die dargestellte Figur des alten Menschen. Es kommt zur Vermischung von Gefühlswerten, wobei stets der intensiver dargestellte Sachverhalt dominiert.

Wir können insgesamt davon ausgehen, daß dieser Übertragungsaspekt der Gefühlswerte zusätzlich zu den Bedeutungsübertragungen mal mehr, mal weniger, aber grundsätzlich in allen Metaphern zum Tragen kommt. Henle spricht in diesem Zusammenhang von dem ›sekundären Gehalt (induced content) der Metapher‹.[12] Dieser ›sekundäre Gehalt‹ verbindet sich mit einer anfänglichen Ähnlichkeit, die entweder auf Parallelität, Analogie oder Strukturmerkmalen beruht.

Eine ähnliche Auffassung finden wir bei Kenneth Burke, wenn er sagt: ›Die Metapher ist ein Kunstgriff, um etwas vermittels eines anderen anzusehen ... Eine Metapher läßt uns etwas über ein Merkmal von einem anderen Merkmal her erkennen. Und A von B her zu betrachten, heißt natürlich, B als Perspektive auf A zu benutzen‹.[13] Dieser Sachverhalt führt geradewegs zum ästhetischen Wahrnehmungsphänomen, das Virgil C. Aldrich die ›visuelle Metapher‹ nennt. Er versteht darunter ein Wahrnehmungsresultat, › ... daß meist ... in der allgemeinen Form vorkommt, irgend etwas (M) als irgend etwas anderes (A) zu sehen. In allen solchen Fällen kommt ein Gehalt (B) zur Erfassung hinzu, ein Faktor, der eine ›Fusion‹ (und Funktion) von A und M ist‹.[14] Aldrich geht davon aus, daß bei der Betrachtung eines Gemäldes der Stoff (M) desselben, beispielsweise ein Porträt, um des Gehalts (B) willen bearbeitet wird und sobald er zur Schau gestellt wird, dient er als der Ausdruck der Eigenart des Stoffes und dessen, als was er anzusehen ist – als Gegenstand des Bildes. Auf diesen Sachverhalt gehe ich im Kapitel 8.4 dezidiert ein.

Damit befinden wir uns im Themenbereich der Wahrnehmungspsychologie, die sich u.a. mit den optischen oder visuellen Wahrnehmungsprozessen befaßt.

8.1 Die optische Wahrnehmung als Zugriffsmethode zur Erfassung bildlicher Reizkonfigurationen

Der Begriff Wahrnehmung bezieht sich sowohl auf den Prozeß des Wahrnehmens als auch auf das Resultat des Vorganges – das Wahrnehmungsphänomen als Sinneserlebnis. Diesem Sachverhalt sehr nahestehend sind die Vorstellungen und Nachbilder, die beide mit der Wahrnehmung den gleichen Phänomencharakter aufweisen. Die Vorstellungen sind allerdings weniger deutlich und weniger stabil als die Wahrnehmungen, weil sie nicht durch Reizungen von Sinnesrezeptoren hervorgerufen werden. Allerdings können sie willentlich hervorgerufen und unterbrochen werden. Nachbilder sind Wahrnehmungsphänomene, die nach dem Abwenden eines Blicks von der Reizvorlage noch eine Zeitlang eine in der Intensität beständig abnehmende Vorstellung vom Wahrgenommenen auslösen. Damit stehen die Nachbilder als Grenzphänomene zwischen Vorstellung und Wahrnehmung.

Die Grundbedingung für eine Wahrnehmung ist das Vorhandensein dreier Elemente. Erstens muß ein wahrzunehmendes Objekt existieren und zweitens ein mit Sinnesorganen ausgestattetes wahrnehmendes Subjekt. Außerdem muß es drittens zwischen Objekt und Subjekt eine Beziehung geben, die zu einer Sinnesreizung beim Subjekt führt. Außerdem muß zwischen außerorganischer und innerorganismischer sowie zwischen phänomenaler und nichtphänomenaler Instanz der Wahrnehmung unterschieden werden.

Grundsätzlich gilt, Wahrnehmungsgegebenheiten sind nicht einfach ›Abbilder‹ der Reiz- oder Reizvorlagegegebenheiten, sondern in ihnen wirken eine Reihe von Gliederungsgesetzmäßigkeiten in Form von Zusammenhangs- und Abgrenzungsregeln.[1] Es handelt sich insbesondere um die sogenannten Gestalt- bzw. Gliederungsgesetze, die zusammen respektive gegeneinander wirkend das Wahrnehmungsfeld organisieren. Die Gestaltpsychologie spricht hier von den Gesetzen der Gleichheit bzw. Ähnlichkeit, der Nähe, des gemeinsamen Schicksals, der Geschlossenheit, der Umschlossenheit, des Aufgehens ohne Rest, der durchgehenden Kurve, um die wichtigsten innerhalb des gesamten Gesetzesfundus zu nennen. Als übergeordnete Gesetzmäßigkeit fungiert die sogenannte Prägnanztendenz oder das Gesetz der guten Gestalt, in der solche Einheiten wirken, die sich durch Einfachheit, Regelmäßigkeit, Symmetrie und Geschlossenheit auszeichnen.[2] Zugleich spielen gewisse Täuschungen in der visuellen Wahrnehmung eine nicht geringe Rolle. Sie setzen im Gegensatz zur allgemeinen Wahrnehmung prinzipiell die Existenz einer Norm voraus, die es gestattet, ein Urteil über die Richtigkeit oder Täuschung eines Wahrnehmungsresultats zu bilden.[3] Diese wahrnehmungspsychologischen Sachverhalte sollen nun im kunstgeschichtlichen Bereich der Bilderwelten fruchtbar gemacht werden.

Die Kunst der Malerei hatte ihren ersten neuzeitlichen Höhepunkt in der Zeit der Renaissance. Sie benutzte seit der Entdeckung der zeichnerischen Perspektive das gemalte Bild nicht nur zur Wiedergabe eines Sachverhaltes oder Gegenstandes, sondern in ihrer Vervollkommnung bot sie dem Betrachterauge geometrische Räume und Lichträume in immer vollkommenerer Darstellung, so daß unter bestimmten Bedingungen das Bild so täuschend echt aussehen konnte, daß der Betrachter es für die Realität hielt. Die aufkommende Theorie der Lichtstrahlen löste das Bild aus dem bislang geltenden Darstellungszusammenhang, in dem das Bildobjekt, beispielsweise ein Mammut an der Höhlenwand, ein König auf seinem Thron, ein Krieger mit seinem Schlachtenwagen oder eine Heilige vor einem gotischen Kathedralenturm abbildet war.

Für die Maler der beginnenden Neuzeit wurde das Bild zu einem Fenster und zwar in der Hinsicht, daß ›das Bild … ein Ausschnitt aus der gesamten Lichtsituation (war), die eine Person umgibt. Diese Auffassung des Bildes benötigte einen Rahmen.‹[3a] Die Bilder bekamen allmählich einen äußersten Grad an Perfektion, der dadurch erreicht wurde, daß das Licht auf dieselbe Weise vom Bild zum Auge des Betrachters gelangte, wie es der Fall wäre, käme es von den Gegenständen selbst.

Die hier versuchte Illusion oder Täuschung mochte oder mag auch heute für einen kurzen Augenblick gelingen, und zwar dann, wenn der Rahmen durch ein Täuschungsmanöver als Fenster erscheint, durch das das Bild nur einem Auge, postiert an dem Blickpunkt des Künstlers, als Realität dargeboten wird. Sobald allerdings der kleinste Wahrnehmungsbetrag durch Transformation mittels des Sehens beider Augen hinzutritt, tritt die wirkliche Zweidimensionalität zutage. Allerdings bleibt die Illusion von Realität erhalten, sofern man seine Zweifel unterdrückt.

Wahrnehmungspsychologisch läßt sich die Situation wie folgt beschreiben: Gleicht die ruhende Struktur der optischen Situation eines Bildes einem Fenster, welches sich einer gemalten hypothetischen Umgebung öffnet, so wird der Betrachter in der Regel das Bild für eine Umgebungwahrnehmung halten. Die optische Situation beinhaltet alle Informationen für diese Wahrnehmung. Die Intensität der Darstellung ist dabei von untergeordneter Rolle. Es ist also gleichgültig, ob das Bild stark oder schwach durchleuchtet ist, stets ist die Wahrnehmung gleichwertig. In der optischen Struktur sind nicht nur alle Tiefenkriterien enthalten, sondern auch die Oberflächen mit ihren Farben, Texturen, Neigungen, Kanten, Ecken, Rundungen und Schatten.

Stoßen zwei Oberflächen in einem Bild zusammen, so wird das in der linearen Perspektive durch eine Linie dargestellt, womit die Darstellung von architektonischen Räumen und Gebäuden hervorragend gelingt. Das haben sich nicht nur die Maler, sondern auch die Architekten zunutze gemacht. Geht der Maler einen

Schritt weiter in Richtung der Darstellung von Rundungen und Fleischtönungen, so muß die Perspektive der Reflexion und der Beleuchtung hinzukommen. Im 19. Jahrhundert begannen die Maler das Licht zu malen und errangen insbesondere mit impressionistischen Bildern höchste Vollkommenheit. Erst die Photographie und die bewegten Bilder drängten die gegenständlichen Bilder der realen Umweltdarstellung in die zweite Reihe. Es begann die Zeit, in der das Unbewußte aus dem Dunkel der Geschichte und der Forschung heraustrat und zum Gegenstand der Wissenschaft avancierte.

Über die allgemeine Wahrnehmungspsychologie hinausgehend, finden wir eine strukturale visuelle Wahrnehmungtheorie in der Psychoanalyse von Jacques Lacan, wenn er ›Vom Blick als Objekt Klein a‹ spricht.[4] Damit kennzeichnet und beschreibt er den Blick als jenen Teil des Wahrnehmungsprozesses, der als Rest übrig bleibt, wenn alle Eitelkeiten und kulturellen Verzerrungen des Sehens beiseite geräumt worden sind, und der Mensch in seiner nackten Gestalt das ist, was er in Kulturgemeinschaften nicht sein darf. Damit befinden wir uns in dem Raum und in jener philosophischen Tradition, in der das ›Sichtbare und Unsichtbare‹[5], mit dem Aufstieg der Idee bei Platon seinen Anfang nahm, und eintrat in eine ästhetische Welt, die sich als ein Dasein von höchster Vollkommenheit aus einem vorgesetzten Zweck bestimmte und dadurch eine Schönheit erreichte, die zugleich ihre Grenze darstellt. ›Nicht umsonst erkennt Maurice Merleau-Ponty, daß die Idee von der Vorstellung des Auges geleitet ist‹,[6] mit der sich die Phänomenologie der Wahrnehmung eröffnet und zugleich ihre Grenzen überschritten werden. Vor dem Auge des Sehenden, verstanden als Metapher für etwas, was Lacan ›*das Sprießen* des Sehenden/ *la pousse* du voyant‹ nennt,[7] steht die Präexistenz des Blicks. Dieser erscheint uns oder besser überrascht uns in seiner befremdlichen Zufälligkeit, sozusagen als Symbol dessen, was wir in unserer Lebensumwelt der Erfahrung vorfinden, die durch den Freudschen Kastrationskomplex[8] geprägt ist. ›Auge und Blick, dies ist für uns die Spaltung, in der sich der Trieb auf der Ebene des Sehfeldes manifestiert‹.[9]

Es geht hier aber nicht allein und auch nicht im wesentlichen darum, die psychoanalytische Interpretation der optischen Wahrnehmung durch das Auge und den Blick herauszuarbeiten, sondern zugleich soll mit Hilfe des Metapherparadigmas die kunstverständige und -geschichtliche Interpretation und Deutung bildnerischer Kunstwerke dargestellt werden.

Virgil C. Aldrich hat in diesem Zusammenhang den Versuch unternommen, eine Erweiterung des Wahrnehmungsresultats vorzunehmen, › ... das ‚meist ... in der allgemeinen Form vorkommt, irgend etwas (M) als irgend etwas anderes (A) zu sehen‹.[10] Die Erweiterung besteht darin, wie weiter oben bereits gesagt, daß zu den gesehenen und vertauschten Objekten (M) und (A) ein Gehalt (B) zur Erfassung der ›Fusion‹ (und Funktion) von A und M hinzukommt.

Bevor wir uns dieser Auslegung zuwenden, müssen wir die psychologische oder besser psychoanalytische Tiefe dieses Wahrnehmungssachverhaltes ausloten. Mit anderen Worten: Es geht um jenen in der Wahrnehmung stattfindenden Prozeß mit seinen sich ergebenden Effekten in ästhetischer Hinsicht, mit dem wir letztendlich das Ziel anstreben, die Ergebnisse jener Befindlichkeit zu erarbeiten, die sich bei der Betrachtung von Kunstwerken einstellen und die bei der Interpretation und Deutung derselben von entscheidender Bedeutung sind. In diesem Zusammenhang fahre ich fort, die Lacansche Unterteilung der optischen Wahrnehmung in Auge und Blick ins Visier zu nehmen, in der die Aufspaltung in Sehen und Blicken die Möglichkeit ergibt, der Reihe von Trieben den Schautrieb hinzuzufügen.

Unser Verhältnis zu den Dingen, die uns umgeben, wird bestimmt durch das Sehen, welches seinerseits nach den Figuren der Vorstellung geordnet ist. Dieses Sehen wird begleitet von einer befremdlichen Kontingenz im Sinne der Zufälligkeit, die sich dem Bewußtsein nicht öffnet und deshalb im hohen Grad umgangen wird, wenngleich sie als Phänomen in gelegentlichen Episoden erkennbar und bewußt wird. Die Rede ist vom Blick.

Lacan erklärt die Funktion und Existenz des Blicks mit dem Phänomen, das bei Ozellen zu beobachten ist. Es handelt sich bei Ozellen bekanntlich um Punktaugen oder Augenflecke, die bei Insekten als Scheinaugen auf der Stirn zwischen den Facettenaugen sitzen. Trotz ihrer hohen Ähnlichkeit mit Augen können sie die Funktion des Sehens nicht übernehmen, dennoch wirken sie bei anderen Tieren wie Augen. Entweder veranlassen sie potentielle Opfer dazu, auf das beutesuchende Tier mit seinen Ozellen zu blicken und sich damit zu verraten, oder das Insekt sendet mit den Augenflecken einen scheinbaren Blick aus, der das Opfer fasziniert und zur Beute werden läßt. Mit diesem Beispiel wird deutlich, daß die Funktion des Auges nicht die des Blicks ist.[11]

Das Auge breitet mit dem Vorgang des Sehens die Welt im Sehfeld aus, aber dieser Prozeß wird vorbereitet und begleitet durch die Funktion, die der Blick ausübt. Der Blick übt seine Tätigkeit im Feld des Unbewußten aus, wobei diese Funktion nicht allein die des wahren (unbewußten) Subjekts im Individuum ist, sondern zugleich gehört die Funktion des Blicks zu jenem Schauspiel, das uns zu einem in dieser Welt angeschauten Wesen macht. Der Blick konstituiert jeden Einzelnen als Fleck im Sehfeld des anderen und provoziert dessen Blick, ähnlich wie das bei den Augenflecken der Ozellen der Fall ist. Mit dem Blickbegriff wird der Prozeß des Angeblickt-Seins und des Erblickens in die Gesamtheit des menschlichen Triebfundus eingereiht, und er wird zugleich durch peinliche Fehlleistungen nachweisbar. Aber der Blick als Schautrieb ist den anderen Trieben nicht homolog, denn er ist derjenige, › … der am vollständigsten den Begriff der Kastration umgeht‹.[12]

Wir dürfen in diesem Zusammenhang nicht die Schwierigkeiten ignorieren, auf die Freud hinweist, wenn er sagt, daß ›das Studium des Trieblebens vom Bewußtsein her kaum übersteigbare Schwierigkeiten bietet …‹.[13] Lediglich bei der Erforschung der Seelenstörungen bekommen wir einen brauchbaren Zugang zum Unbewußten, wenn beispielsweise ein Trieb in sein Gegenteil verkehrt wird. Die Verkehrung hebt den Trieb nicht auf, sondern tauscht die Triebziele aus. Aus dem aktiven Ziel – schauen – wird das passive – beschaut werden -, obwohl im Schautrieb eine inhaltliche Verkehrung, also die Liebe zu einem Objekt, nur ganz selten vorkommt. Im Feld der Kunst und der Kunstgegenstände wäre ein solcher Fall im Ikonoklasmus zu finden.

Der Wechsel des Objektes beim Schautrieb, d.h. der Wechsel vom Blick zum Status des Angeblickt-Seins, ist zwar erwünscht, aber nicht in Form des bewußt Beobachtetwerdens, sondern in der Gewißheit des eigenen Wertes als anschauungswürdiges Objekt, das so betrachtet werden soll, daß der Betrachtete diesen Vorgang selbst kaum wahrnimmt oder lediglich mit einem Seitenblick feststellt, daß der eintreffende Blick zurückhaltend und möglichst bewundernd, ja begehrend ist. Wird man taxiert und schamlos beobachtet, so findet die bereits genannte Umgehung der Kastration statt, wie das beispielsweise bei dem unerlaubten Blick durchs Schlüsselloch der Fall ist. Dieser unerlaubte und schamlose Blick durch das Schlüsselloch instrumentalisiert das Loch im Interesse des Sexualtriebs.

So besteht der Schautrieb aus seiner ursprünglichen Form, der Urform, und darüber hinaus aus dem ambivalenten Gegensatz des sich Anschauenlassens, dem Wunsch, ein angeschautes Wesen zu sein. Die Maler dokumentieren die Doppelfunktion in den Porträts fremder Personen und denen, die sie von sich selbst malen. Sie sind in der Lage, ganz nach Belieben zwischen dem narzißtischen Schautrieb der frühen Entwicklungsphase, in der das Kind sich selbst betrachtet, und dem aktiven Schautrieb, also dem der Beobachtung anderer Personen oder Objekte, hin und her zu pendeln, womit sie in der ›Schaukel des Begehrens‹[14] Platz genommen haben. Das narzißtische Element bleibt übrigens auch bei der Perversion des Exibitionismus als Zeigelust erhalten.

›Das Objekt des Schautriebs, obwohl ... zuerst ein Teil des

eigenen Körpers, ist doch nicht das Auge selbst ...‹,[15] sondern der Fleck, der den Blick provoziert. Hier wirkt der Gegensatz von lieben und geliebt werden. [16]

8.2 Die Verortung des Blicks im Sehfeld

Sofern der Blick topologisch auf der Kehrseite des Bewußtseins liegt, stellt sich die Frage, wie können wir uns den Blick bildlich denken? Zunächst, auch wenn der Blick im Feld des Unbewußten seine Wirkung entfaltet, können wir feststellen, daß er durchaus sichtbar sein kann. Lacan weist für diese Auffassung Francisco José de Goya y Lucientes als Gewährsmann vor, indem er im Werk des Künstlers den Blick als Maske erfaßt und dargestellt sieht.[1] Mit dieser Auffassung bezieht Lacan explizit eine Gegenposition zu Jean-Paul Sartre, der den Blick immer dann als verschwunden bezeichnet, wenn das angeblickte Subjekt in das Auge des anderen sieht.[2]

Der Blick ist immer dann sichtbar, wenn wir bei einer verbotenen Beobachtung – dem Blick durchs Schlüsselloch – überrascht und auf das Gefühl der Scham reduziert werden. ›Der Blick, um den es hier geht, ist also in der Tat Gegenwart des anderen als solchen.‹[3] Er erscheint als das sich in seinem Begehren behauptende Subjekt, unabhängig von aller Peinlichkeit.

In einer historischen Rückschau zeigt Lacan auf, daß in der kulturellen und gesellschaftlichen Entwicklung des Abendlandes die visuelle Wahrnehmung innerhalb der Wahrnehmungssinne in der Zeit, ›in der die cartesianische Meditation die Funktion des Subjekts in seiner Reinheit inaugurierte‹[4] ihren bis heute dominanten Platz fand. Die Rede ist nicht nur von der Herrenposition der optischen Wahrnehmung im Kanon der Sinne, sondern auch von der geometralen Dimension des Optischen, deren Funktion in den verzerrten Bildern, den sogenannten Anamorphosen,[5] deutlich wird.

Eine Anamorphose entsteht immer dann, wenn man ein Bild von einem flachen Bildträger auf einen anderen überträgt, dabei das Blatt auf dem das kopierte Bild erscheinen soll, im Verhältnis zum Vorlagebild nicht parallel anordnet, sondern neigt. Es entsteht eine um so verzerrtere Kopie – Anamorphose -, je größer der Neigungswinkel ist. Jeder ursprünglich runde Körper erscheint nun als längliches Gebilde, dessen ursprüngliche Form und Bildinhalt so verzerrt sein kann, daß eine sofortige Identifikation ausgeschlossen ist.

Dieser phänomenale Sachverhalt findet sich in dem weiter oben bereits angesprochenen Gemälde von Hans Holbein d.J., betitelt ›Die Gesandten‹, das 1533 entstanden ist. Dazu später noch einige Anmerkungen.

Das Wiedererkennen eines dargestellten Objektes oder Sachverhaltes auf einem Bild folgt dem optischen Modus, daß ein Punkt im Realen einem entsprechenden auf dem Bild entspricht. Es handelt sich dabei um die sogenannte Bildfunktion, und zwar insofern, als die jeweiligen Bildpunkte mit der Realität von einem Geometralpunkt aus gesehen, stets mit einer geraden Linie wie mit einer Schnur verbunden sind. Das gilt für die wirklichkeitsgetreue Abbildung in gleichem Maße wie für die Anamorphose. Stets sind die Linien Bahnen des Lichts. Lacan nennt sie ›Bild/images‹.

Sowohl in der Kunst als auch in der Wissenschaft findet dieses optische Prinzip seine Anwendung, sei es in der Architektur oder in den dioptrischen Konstruktionen, wie wir sie beispielsweise bei Leonardo finden.[6] Hier verbinden sich sehr frühe und mittelalterliche Vorstellungen mit modernen Bewegungsgesetzen zu bildkünstlerischen Visionen kosmischer Katastrophen. Hinzu kommt das altrömische Architekturwerk des Vitruvius, an dem sich die Maler und Architekten in der Renaissance orientierten.[7] In dieser Zeit lebten die frühen geometralen Gesetze der Perspektive nicht nur in architektonischen Darstellungen, sondern auch in der Malerei wieder auf, womit sich auch das besondere Interesse am Bereich des Sehens herausbildete.

Der Geometralpunkt der Perspektive hat eine unübersehbare Verwandtschaft mit dem cartesianischen Subjekt, das in dem Prinzip des cogito den Fluchtpunkt für sein Bewußtsein findet. Diese geometrale Perspektive ist auch die Geburtsstunde des Lacanschen Tafelbild/tableau.[8] Die geometrale Perspektive hat allein die Funktion, einen Raum abzutasten, aber nicht ihn zu sehen. Das ist auch der Grund dafür, weshalb selbst Blinde diese Leistung erbringen können und zwar hinsichtlich der Imagos im virtuellen Raum des Spiegels, welches auswählend die Art und Weise bestimmt, wie das Subjekt den anderen oder einen Raum erfaßt. Das Imago läßt sich demnach genausogut durch Gefühle und Verhalten ›objektivieren‹ wie durch Bilder. Allerdings ist das Imago keine Widerspiegelung des Realen, da es dem Gesetz des Imaginären, mithin der Täuschung, unterliegt. Für den Blinden wird der Raum in seiner zeitlichen Funktion – der Augenblicklichkeit – ausgelotet. Das leistet die geometrale Dimension der Perspektive weder für den Sehenden noch für den Blinden. Sie erfaßt nicht all das, was das Sehfeld in seinen subjektivierenden Relationen bereit hält. Dieser Sachverhalt erhält seine besondere Relevanz, wenn wir die verzerrten Bilder der Anamorphose in ihrer Entstehung und in ihrer perspektivischen Umkehrung betrachten. In diesem Zusammenhang kehren wir zum Holbeinschen Gemälde ›Die Gesandten‹ zurück.

Dieses eindrucksvolle Bild mit versteckten Vanitasobjekten, fasziniert und irritiert zugleich, denn, wenn alle Personen, Gegenstände und Arrangemants entschlüsselt sind, dann will sich das fischartige, eben über dem Boden schwebende Gebilde zwischen dem links stehenden Jean de Dinteville, Seigneur de Polisy und dem rechts dargestellten Georges de Selve, Bischof von Lavaux, immer noch nicht zu erkennen geben. Doch plötzlich, dieses Phänomen habe ich weiter oben bereits beschrieben, stockt dem sich nach links abwendenden Betrachter der Schritt. Ihn hat der Blick des anamorphotischen Bildes getroffen. Er ist von dem durch die Kastration Verbotenen überrascht und erschüttert worden, denn das irritierende und unerkennbare Gebilde hat sich als das vergängliche Reale entzaubert. Das Reale denunziert sich als das symbolisierte Ende jedes Begehrens – der Tod in Gestalt des Totenschädels. Der unbewußte Blick, der zunächst unerkannt verwirrt hat, ist als Blickfalle im Holbeinschen Bild enthalten.

Das Zerrbild oder der Zerrspiegel des Totenkopfes zeigt, daß es der Malerei seit der Renaissance bis über das 17. Jahrhundert hinweg nicht darum ging, die Dinge im Raum realistisch wiederzugeben, auch wenn viele Bilder vermeintlich die Wirklichkeit abbilden. Es ging den Künstlern stattdessen immer wieder darum, uns den Spiegel der Täuschungen hinzuhalten und uns auf den Augen-Blick des Begehrens zu verweisen. Es ist aber kein einseitiges Begehren, denn dieses gilt schließlich auch für den Künstler selbst, denn sein Begehren hat ihn zur Erschaffung des Kunstwerkes veranlaßt.

Die Malerei dient dem Künstler dazu, Subjekt zu sein, weshalb er in dem Mittelpunkt des Bildes den Blick inauguriert. Es ist jener Blick als der der Künstler als Subjekt erscheint, und es ist zugleich das Kunstobjekt, das sich dem Auge des Betrachters anbietet. Auf der Ebene des Blicks handelt es sich nicht nur um einen provozierten Blick, mit dem sich der Künstler sozusagen exhibitionistisch präsentiert, sondern es ist auch der Blick des Künstlers selbst, der in seinen Werken immer wieder ähnlich oder gleich in Erscheinung tritt. Das gilt selbstverständlich für alle Bildgattungen, also auch für die, in denen kein Augenpaar den Betrachter ansieht. Der Maler bringt sich immer ganz spezifisch so ins Blickfeld, daß man das Gefühl nicht los wird, daß sein Blick oder überhaupt ein Blick ganz gegenwärtig ist.

Es handelt sich in aller Konsequenz um die Funktion des Bildes. Nicht etwa in der Weise wie ein Schauspieler fragt: Hast-du-mich-gesehen,-wie-war-ich, sondern der Maler ruft dem Bildbetrachter zu: ›Du willst also sehen. Nun gut, dann sieh das‹.[9] Diese exhibitionistische Formel erweitert sich zusätzlich um das Element einer appolinischen Friedensstiftung, die den Betrachter veranlaßt, beim Sehen seinen Blick zu deponieren und sich dem Künstler zu ergeben.

Es stellt sich in diesem Zusammenhang nun die Frage, warum Lacan den Expressionisten und sein Werk aus diesem Funktionszusammenhang herausnimmt? Bekanntlich handelt es sich beim Expressionismus um jene Kunstrichtung, in der mit spezifisch bildnerischen Mitteln eine subjektive Ausdruckssteigerung angestrebt wird. Das Subjektive richtet sich gegen jede Tradition und gegen die bürgerlichen Werte und die sie begleitende Ästhetik. Stattdessen strebt der Expressionist danach, den Menschen aus einer schöpferischen Geistigkeit heraus zu erneuern. Diese Kunstrichtung entstand in einer gesellschaftlichen Krisensituation, in der die Kulturkritik Nietzsches, die Bergsonsche Lebensphilosophie und die Psychoanalyse Freuds in der Bildkunst ihren Niederschlag gefunden haben. Es war und ist die Krise des individuellen Seins, gepaart mit Weltschmerz und einer apokalyptischen Tendenz. Damit gibt sie dem Betrachter etwas, was bei den anderen Kunstrichtungen fehlt – eine gewisse Befriedigung im Sinne der Freudschen Triebbefriedigung. ›- befriedigt wird hier gewissermaßen, was der Blick fordert‹.[10]

Die Funktion des Auges im Sehfeld betrifft nicht allein das, was das Organ und seine allgemeine Tätigkeit vermuten lassen. Das Auge kann mehr als nur sehen, denn genau genommen sehen wir bewußt fast ausschließlich mit der Fovea centralis,[11] denn nur in diesem Bereich werden von den Gegenständen scharf gestochene Bilder gesehen. Mit der verbleibenden weit größeren Netzhautfläche wird zwar ebenfalls gesehen, aber eben anders. Es handelt sich um den Sehbereich, der mit dem Begriff der Gesichtsfeldperipherie bezeichnet wird und in dem die Sehschärfe mit zunehmendem Abstand zur Fovea centralis stark abnimmt. In diesem Bereich findet ein schemenhaftes Sehen statt, das zwar unscharfe aber dennoch bedeutsame Bilder liefert, die immer dann fixiert werden, wenn sie eine gefühlsmäßige Alarmreaktion im Gehirn auslösen. Hier stellt sich die Frage, in welchem Verhältnis stehen wir eigentlich zu unserem Sehorgan, wenn wir bedenken, daß dieses tatsächlich insuffizient arbeitet?

Wir befinden uns in der Gewißheit, daß die Ereignisse, die das Auge und den Blick betreffen, ohne Koinzidenz sind und stattdessen Trug und Täuschung die Hauptrolle spielen. Das unmittelbar Verfehlte, sagt Lacan, besteht darin › ... daß – Du mich nie da erblickst, wo ich Dich sehe. Umgekehrt ist das, was ich erblicke, nie das, was ich sehen will‹.[12] Somit denunziert sich das Verhältnis von Maler und Kunstkonsumenten als ein Spiel oder besser ›Augentäuschungsspiel‹. ›Über das Auge triumphiert der Blick‹.[13]

8.3 Was ist ein Bild? – Welche Funktion nimmt es wahr?

›Das Objekt Klein a im Feld des Sichtbaren ist der Blick‹.[1] Dieses Objekt ist ein wichtiges Element in der triadischen Struktur der Dinge. ›Die Struktur eines Dinges, aber auch eines Subjekts, wird nicht bestimmt durch die Autonomie des Ganzen über die Teile oder durch eine Gestalt, die real und wahrnehmbar ist, sondern sie zeigt sich durch die Natur atomischer Elemente, die zugleich die Bildung des Ganzen ausmachen, aber auch von den Abwandlungen ihrer Teile Zeugnis ablegen. Die Struktur hat auch nichts zu tun mit den Figuren der Imagination, auch wenn immer wieder von Metaphern und Metonymie die Rede ist, denn diese Figuren sind ihrerseits Ausdruck strukturaler Verschiebungen, die zugleich Bericht erstatten vom Eigentlichen und vom Transformierten. Die Struktur ist auch nicht ein irgendwie geartetes Wesen, denn sie bezieht sich auf die Kombinatorik ihrer Elemente, deren Stellung jeweils zufällig ist.‹[2] Die Struktur differenziert sich in Zeit und Raum. Dabei produziert sie ihre Spielarten und Teile selbst, nicht die Akteure, die nur Platzhalter auf den Feldern des Spiels sind. ›Es ist wie mit den Stilen der Epochen, die nicht von den Künstlern erzeugt werden, sondern von der Kombinatorik der Stilelemente, die ihrerseits verändernd wirken, wobei aber die Differenzierung und Aktualisierung auf den Künstler angewiesen ist. Der verändernde Künstler als Signifikant des Stils wird selbst zum Signifikat, zur Symbolfigur einer neuen Epoche, wobei er als Syndekdoche benutzt werden kann, er situiert die neue symbolische Struktur.‹[3]

Eine Struktur und ihre Bestimmung bedürfen stets der Konstituierung von zwei Serien, die komplexe Beziehungen miteinander unterhalten, und es bedarf einer wirklichen Inszenierung, d.h. es muß ein Prozeß ablaufen. Die dabei zu entdeckenden Verschiebungen entsprechen der Gesetzmäßigkeit von Metapher und Metonymie, die ihrerseits keineswegs Figuren der Imagination sind, sondern strukturale Faktoren, die als Freiheitsgrade der Verschiebung von einer Serie zur anderen und innerhalb der Serien dienen. Das Element der Verschiebungen ist das, was bei Lacan Objekt (Klein) a genannt wird, durch das sich eine Struktur definiert und das unaufhörlich nach der Gesetzmäßigkeit von Metapher und Metonymie in der Struktur zirkuliert. Es ist das symbolische Glied, das durch alle in Beziehung stehenden Serien läuft. Das Objekt (Klein) a, auch rätselhaftes Objekt a genannt, muß real vorkommen, es muß aber stets im Verhältnis zu sich selbst verschoben sein und damit nichts Reales darstellen. Es ist stets da, wo es nicht gesucht wird, und wo man es nach Kriterien der identifizierenden Imagination vermutet, ist es nicht. Nur deshalb, weil das rätselhafte Objekt sich seiner eigenen Identität entzieht, also symbolisch ist, kann es den Ort wechseln. Es verteilt die Differenzen in der ganzen Struktur und läßt die differentiellen Verhältnisse mit ihren Verschiebungen wechseln. Das Symbol gestattet eine paradoxe Kennzeichnung. Es ermöglicht einerseits Identifikationen, und andererseits schafft es Differenzen. Es konstituiert die Verwandtschaftsbeziehungen der Serien des Psychischen und des Sozialen.

Diesen Sachverhalt betrachten wir etwas später genauer, wenn mittels der Analyse der visuellen Metapher und den darin verschobenen Identifikationsfiguren der Versuch unternommen wird, den Blick als rätselhaftes Objekt, das zwischen dem Dargestellten, dem Gesehenen und dem Gefühlten zirkuliert, nachzuweisen. Gehen wir zurück zu der Frage: Was ist ein Bild, und welche Funktion nimmt es wahr?

Im Feld des Sehens wird das Bild durch zwei funktionelle Institutionen konstituiert. Es handelt sich einerseits um den Blick, der sich aus dem Unbewußten entäußert und andererseits um das geometrale Subjekt, das ein solches der Vorstellung ist. Der Blick ist, wie bei den Ozellen zu beobachten ist, etwas Äußerliches. Er bestimmt das Subjekt als etwas Sichtbares, das im Feld des Lichtes eintritt. › …der Blick stellt das Instrument dar, mit dessen Hilfe sich das Licht verkörpert.‹[4]

Diese Doppelung des Seins ist nicht nur beim Menschen, sondern auch an vielen mimetischen[5] Erscheinungen in der Natur beobachtbar, wenn wir zum einen den Prozeß der Kopulation zwischen den Geschlechtern und zum anderen den Kampf auf Leben und Tod ins Auge fassen. In diesen zum Teil dramatischen Schauspielen können wir die imaginäre Doppelung der Phänomene in Wesen und Schein erkennen.

Betrachten wir das Liebeswerben in der Tierwelt, so entdecken wir, wie mit Hilfe von Masken oder aufgeplustertem Schauspiel ein täuschendes Doppel entsteht, das das Sein erzeugt und die wichtige oder entscheidende Funktion im Spiel um Leben und Tod, auch bei der Schaffung neuer Wesen, einnimmt. Das Gesetz gilt nicht nur in der Tierwelt, sondern wir finden es gleichermaßen beim Menschen wieder. Das bedeutet, ohne Täuschung keine Arterhaltung, oder anders ausgedrückt: Das unsterbliche Genkonstrukt jeder Art kann sich gegen das auf sich selbst zentrierte Subjekt nur damit durchsetzen, daß es dem Ich die Kleiderkammer der Masken öffnet, mit denen die Individuen sich als das darstellen können, das sie entweder glauben zu sein oder als was sie erscheinen wollen. Die Entzauberung des Spiels findet immer dann statt, wenn die Akteure erkennen, daß sie nackt sind, wie das im Märchen von den neuen Kleidern des Königs geschieht.

Weil das nicht sogleich und auch nicht mit traumatisierendem Resultat geschieht, ist zwischen der Maskerade des imaginären Seins und der entkleideten Realität die Gefühlswelt der Leidenschaft und des Rauschs als Trost und Freude geschaltet.

Wir stellen fest, unübersehbar führt die Täuschung nicht nur Regie in den Beziehungen der Geschlechter, sondern zugleich im gesellschaftlichen Beziehungsgefüge, denn auch im letzteren Feld sind die Türen der Kleiderkammer weit geöffnet und laden jeden ein, sich die Maske zu holen, die ihm, wie er glaubt, am besten steht. Unmittelbar sichtbar wird das, wenn wir die Träger von Talaren, Roben, weißen oder grauen Kitteln, Uniformen etc. ins Visier nehmen. Zu vielen Verkleidungen gehört auch ein bestimmter Verhaltenskodex und eine spezifische Körpersprache, die sich wie ein täuschender Schleier um das Subjekt legen, um die wirkliche und eigentliche Bedeutungslosigkeit zu verschleiern.

Auch wenn sich hier viele Parallelen zwischen der Tierwelt und dem Menschen erkennen lassen, eine gewisse Ausnahme oder Andersartigkeit ist dem Menschenwesen durchaus zuzugestehen. Es handelt sich um die Begehrensstruktur des Subjekts – dem Wesen des Menschen. Der Mensch ist in der Lage, mit den Täuschungen und den Masken, die ein bestimmtes Bild erzeugen sollen, zu spielen, indem er nicht nur die Täuschung benutzt, sondern sie durch die Lüge überhöht.

Diese Fähigkeit wird erkennbar, wenn wir das Modell des rätselhaften Objekts (Klein) a zu Hilfe nehmen und erkennen, wie dieses Objekt innerhalb und zwischen den in Beziehung stehenden Serien des Inneren und Äußeren, des Eigenen und des Anderen wandert und zirkuliert und dabei die starren Positionen der Strukturelemente auflöst, indem sie in die Dynamik der Zirkulation eingeführt werden. Damit erscheint das Begehren beim Menschen als das Begehren des Anderen.[6]

Auf der Wahrnehmungsebene geht es demnach um das Phänomen einer Beziehung, deren essentielle Funktion nicht übersehen werden darf. ›Das heißt: In ihrem Verhältnis zum Begehren erscheint die Realität nur als marginal‹.[7] Lacan sagt fortfahrend: ›Dies ist eines der Charakteristika bei der Erschaffung von Bildern‹.[8] Er kennzeichnet das Wiederauffinden der Bildkomposition, d.h. die vom Maler angelegten Linien, die die Oberfläche des Bildes aufteilen, die Fluchtlinien, Kraftlinien und den Rahmen, der das Bild zum Bild macht, als fesselndes Spiel, das etwas stets Abwesendes in einem Bild umkreist. Es ist ›das zentrale Feld, auf dem das trennende Vermögen des Auges im Sehen maximal zur Entfaltung kommt.‹ Es handelt sich um ›einen Pupillenreflex, hinter dem der Blick ist, und sofern das Bild in ein Verhältnis zum Begehren tritt, wird das Subjekt aus der geometralen Ebene herausgelöst‹.[9]

Auf dem Feld des Sehens gliedert sich alles zwischen antinomischen Polen. Einerseits haben wir die Dinge, die uns anblicken oder angehen, und andererseits geht es darum, daß wir sehen, daß wir erkennen, daß uns die Dinge herausfordern und zugleich zähmen, sofern wir dem Anspruch des Bildes gerecht werden. Das bedeutet, daß wir in der Malerei einer unendlichen Reihe von Absichten, Tricks, Listen der Maler ausgeliefert sind, mit denen sie den Blick der Betrachter ihrer Bilder zähmen und sie veranlassen, dem Bild das hinzuzufügen, was darin das Abwesende ist. In diesem Zusammenhang verweist Lacan auf Edvard Munch,[10] James Ensor[11] und Alfred Kubin,[12] aber auch auf seinen Zeitgenossen André Masson, den französischen Surrealisten, den er persönlich kannte. Zwar nimmt Lacan ausdrücklich die Malerei und die Bilder dieser Künstler als Beispiel dafür, was er als Bild bezeichnet, wie es zustandekommt und welche Wechselbeziehung zwischen Künstler und Kunstkonsumenten aktualisiert werden, aber er will › … nicht in das unstete historische Spiel der Kritik eintreten, das bestimmen möchte, was die Funktion der Malerei ist in einem gegebenen Momente, bei einem bestimmten Autor oder in einer bestimmten Zeit‹.[13] Stattdessen geht es ihm um das radikale Prinzip der Funktion dieser schönen Kunst.

Merleau-Ponty sagt in diesem Zusammenhang: › … die Kritik des visuellen Bildes ist nicht nur Kritik am Realismus oder am

Idealismus (synopsis) – Sie ist wesentlich Kritik am jeweiligen Seinssinn, der hier wie dort dem *Ding* und der *Welt* verliehen wird … sie verallgemeinert sich zu einer Kritik an der Vorstellung‹.[14] Durch die Vorstellung von der Welt durch das Subjekt entsteht ein inneres Objekt für ihn, das in Wahrheit nirgendwo ist. Es ist blanke Idealität, neben der noch die Welt selbst existiert. Die Funktion des Malers besteht für Merleau-Ponty demnach nicht in der Organisation des Vorstellungsfeldes, denn was der Maler schafft, ist von sehr anderer Struktur. Was dem Pinsel des Malers entrinnt, ist in der wirklichen Bedeutung der künstlerischen Schöpfung nur schwer oder überhaupt nicht zu erfassen, geschweige denn zu beschreiben. Stets stoßen wir an eine Grenze, die von keinem Werturteil überschritten werden kann und darf, denn niemand vermag zu sagen, welcher allgemein gültige Wert aus den Kunstschöpfungen zu entnehmen wäre. Dennoch muß die Frage erlaubt sein, was bei der Kunstschöpfung als Sublimation im Freudschen Sinne im Spiel ist. Welchen Wert nehmen die Schöpfungen der Kunst im sozialen Umfeld ein?

Ein Kunstwerk bekommt immer dann einen Wert, wenn es erfolgreich in den gesellschaftlich-ökonomischen Tauschverkehr eintritt. Dieser Sachverhalt kann überhaupt als die einfachste Definition für das, was als Kunst zu gelten hat, verstanden werden. Das macht beispielsweise auch jener von den Nationalsozialisten des Dritten Reiches erfundene Begriff der ›Entarteten Kunst‹ deutlich. Immer dann, wenn ein Kunstwerk nicht ihrer deutsch- und germanentümelnden Vorstellung genügte, wurde es als entartet stigmatisiert, vom Tauschhandel ausgeschlossen und die Künstler, die nicht ihren tumbigen Wertvorstellungen entsprachen, bekamen Malverbot oder mußten fluchtartig das Land verlassen. Das hinderte die braune Führungselite aber nicht daran, die verteufelten Bilder in ihre Privatgemächer zu hängen. Das bedeutet, daß diese entarteten Bilder durchaus erfolgreich waren, ihr gesellschaftlicher Nutzen aber nur versteckt wenigen zufiel. Entscheidend für das Verbot der ›entarteten‹ Bilder war, daß sich aus ihnen kritische Aspekte hinsichtlich der deutschnationalen und nationalsozialistischen Gesellschaftsformierung herauslesen ließen, die für die Verbreitung und Immunisierung der nazi-faschistischen Ideologie kontraproduktiv waren.

Ob die Anzahl der Betrachter eines Bildes nur gering ist oder viele das Werk ansehen, ist unerheblich, denn sobald bei einem Betrachter eine gewisse Befriedigung des Begehrens oder Bereicherung durch die Ausbeutung des Begehrens seitens des Künstlers stattfindet, hat das Kunstobjekt die Funktion der Blickzähmung, gelegentlich auch der Augentäuschung, erfüllt. Diese Augentäuschung hat bereits Plinius der Ältere im Jahre 77. v. Chr. in seiner ›Naturalis historia‹ beschrieben. Der Maler Zeuxis hatte Weinreben so täuschend echt gemalt, daß Sperlinge sich auf die Bildfrüchte stürzten. Auch wenn Zeuxis mit dieser illusionären Täuschung viel Bewunderung erhielt, seinen Meister fand er in seinem Kollegen Parrhasios. Letzterer bat Zeuxis, nachdem er dessen Weinreben gebührend gewürdigt hatte, zu sich in sein Atelier. Dort wies er auf ein Bild, das sich hinter einem durchsichtigen Vorhang zu befinden schien. Er bat Zeuxis, den Vorhang beiseite zu schieben. Als dieser der Bitte nachzukommen trachtete, mußte er feststellen, daß der Vorgang gemalt war, was ihm absolut entgangen war. Das veranlaßte Zeuxis, Parrhasios als den wahren Meister anzuerkennen.

Wir wissen, daß derartige illusionistische Darstellungen, insbesondere in der Renaissance, in den Epochen des Barocks und des Rokoko von großer Bedeutung waren. Mit Hilfe der Perspektive, Farbgebung, Licht- und Schattenverteilung schufen die Künstler eine Raumwirkung und Plastizität der Gegenstände und Körper, die die Illusion der Dreidimensionalität erzeugte. Verstärkt wurde dieser Effekt durch die Darstellung von Spiegeln, architektonischen Elementen, durch verborgene Lichtquellen und/oder aus dem Bild herausblickende Figuren.[15]

Das Beispiel von Plinius d. Ä. zeigt, daß diese illusionistische Darstellung eine Ambiguität[16] besitzt, die als Eigenschaft jeder auf sich selbst bezogenen ästhetischen Botschaft folgt, dabei aber die Bezugnahme auf den relevanten Sachgegenstand nicht auslöscht. Bei Zeuxis ist einerseits eine natürliche Täuschung der Vögel wirksam und andererseits bei Parrhasios eine Augentäuschung des Bildbetrachters, der nicht erkennt, daß der Vorhang auch nur gemalt ist. Diese Augentäuschung der Malerei gibt sich demnach für etwas anderes aus, als sie in Wahrheit ist. Fragen wir, was verführt uns, was befriedigt uns an der Augentäuschung? Wann fesselt sie, wann entzückt sie uns?

Das geschieht in dem Moment, in dem wir uns durch eine einfache Verschiebung unseres Blicks bewußt werden, daß die Darstellung sich nicht mit dem Blick verschiebt und uns bewußt wird, daß wir es nur mit einer Augentäuschung zu tun haben. Das Bild entzaubert sich als etwas anderes als es anfangs erschien. Es ist nun das andere, indem es mit der Idee rivalisiert, die wir uns von dem Bild gemacht haben. Hier gibt sich das rätselhafte Objekt (Klein) a zu erkennen, das zwischen und innerhalb der Serien zirkuliert und immer wieder an dem Ort erscheint, wo es nicht vermutet oder erwartet wird. Der Kampf zwischen dem Schein, als der sich das Bild ausgibt, und der Idee im Sinne Platons, ist die Seele der Augentäuschung. ›Der Maler als Schöpfer dialogisiert‹.[17] André Malraux charakterisierte dieses Phänomen, als er den Blick des Malers als Ungetüm ohnegleichen bezeichnete, wobei sich sein Blick gegen jede Konkurrenz durchsetzt.[18]

Die beschriebene Täuschung – Augentäuschung – bezog sich bisher auf das vorgelegte Resultat der kunstschöpferischen Tätigkeit des Malers. Was hat es aber mit dem Schaffensprozeß für eine Bewandtnis?

Lacan berichtet in diesem Zusammenhang von der eigenartigen Wirkung eines Films in Zeitlupe, der Matisse, von diesem unbemerkt, beim Malen zeigt. Dem Filmbetrachter wird kein flüchtiger rascher Augenschein vorgesetzt, sondern ein bewegtes Bild mit zeitlicher Dehnung. Was sieht der Betrachter? Er gewinnt den Eindruck, daß jeder Pinselstrich gewollt und vollkommen überlegt ist.

Das ist aber ebenfalls eine Täuschung, denn bei der Ausführung des Pinselstrichs findet keine Wahl statt, sondern etwas anderes. Sofern der Blick als Objekt (Klein) a das Begehren des Anderen (das Unbewußte) ist, handelt es sich bei dem Schöpfungsprozeß mit der beobachtbaren Geste des Tuns, um ›eine Art Begehren *nach* dem Anderen/désir à l'Autre …, an dessen Ende das *Zu-sehen-geben/le donner-à-voir* steht‹.[19] Damit wird der Appetit des Auges desjenigen, der schaut, gestillt. ›Dieser Appetit des Auges, den es zu speisen gilt, macht den zauberischen Wert der Malerei aus‹.[20] Die Funktion des Bildes liegt demnach in ihren befriedenden, zivilisierenden und verzaubernden Teilen verborgen.

Wir wollen uns jetzt auf dem Weg zu Bilderwelten den metaphorischen Aussagemöglichkeiten der visuellen Metapher zuwenden.

8.4 Die Funktion der visuellen Metapher beim Zugang zu Bilderwelten

Können in einem Bild metaphorische Prozesse dargestellt werden, wenn wir bedenken, daß die Metapher grundsätzlich eine Sprachfigur ist, die einerseits permanent unseren Sprachalltag formt und andererseits zugleich der Poesie einen Artikulationsraum öffnet, in dem die Wörter neu gesprochen werden können und damit eine Sinnverlagerung stattfinden und zugleich eine veränderte Bedeutung gewonnen werden kann? Die Poesie als ›ständige generalisierte Metapher‹[1] bedient sich jener Sprachfiguren, die den Wandel der Bedeutung (Signifikat) durch neue Worte herbeiführen, indem sie die Beziehungen der Analogie, auf die Inklusion (Synekdoche) oder auf die Kontiguität übertragen.

Ist dieses sprachlich-metaphorische Prinzip auf visuelle Prozesse übertragbar, und wenn ja, warum greift beispielsweise der

Maler zu dieser Ersatzfigur? Warum geht er diesen Umweg, anstatt die Dinge beim Namen zu nennen? Kann die im Bild dargestellte tatsächliche und zugleich metaphorische Figur mehr leisten als die unmittelbare sprachliche Benennung oder eine deskriptive Bilddarstellung?[2] Sollte das zutreffen, was macht diesen Mehrwert des Bildes aus? Vielleicht ist die visuelle Metapher aber bloß eine Übersetzung einer sprachlichen Metapher ins Bild, mit der ein neuer bildlicher Sinn entstehen soll? Aber vielleicht ist beispielsweise die Vedute[3] oder das Porträt die Übersetzung eines realen Bildsinns einer Wahrnehmung in einen zweiten bildlichen Sinn? Mag der kunsthistorische Stilforscher[4] nach der Funktion oder Wirksamkeit der Figuren suchen oder mag er sich mit der Bedeutungswandlung beschäftigen, wir wollen und müssen zusätzlich auch nach der allgemeinen Bedeutung der jeweiligen Figur und nach der metaphorischen Tragweite der Abweichung durch die substituierende Figur fragen.

Immer wenn wir es mit einer Metapher zu tun haben, machen wir als erstes eine verblüffende Entdeckung durch die Wahrnehmung einer Abweichung, die den Wahrnehmenden sofort aufruft, sie wieder zu einer sinnstiftenden Einheit rückzuübersetzen. Nun kann es aber bei einer visuellen Metapher nicht allein und vor allen Dingen nicht vornehmlich um eine Hin- und Her-Übersetzung gehen, denn unter solchen Bedingungen bekommt ein Gemälde die Eigenschaft und den Wert eines Piktogramms, womit es sich in die Reihe der Bildsymbole für Toilettentüren und Giftwarnungen eingliedert.

Der Maler will den Betrachter seines Bildes nicht zu einfachen Übersetzungen veranlassen, sondern er will, neben jeder Bildästhetik, noch den Prozeß der Anschauung und Interpretation anstoßen. Damit wird sowohl der Künstler als auch der Betrachter des Kunstwerks in die triadische Struktur des Werkes eingebunden. Diese Dreiheit besteht aus dem Künstler, dem Betrachter und dem Werk, oder anders ausgedrückt: aus dem Sinn (Signifikant), der Bedeutung (Signifikat) und dem Interpretant.[5]

Letzterer situiert das Operationsfeld der Erklärung eines Zeichens durch andere Zeichen. Mit diesem Prozeß stellt der Interpretant zu allererst die Bedeutung her, womit er als die absolut notwendige Bedingung zur Erzeugung des Zeichens anzusehen ist. Immer dann, wenn das Zeichen von einem Interpretanten richtig, im Sinne der darin enthaltenen Konventionen, verstanden wird,[6] steht derselbe vor einer virtuellen Abstraktion, die nach drei verschiedenen Modi in einen flüchtigen Seinszustand übergehen kann: erstens hypothetisch, zweitens kategorisch und drittens relativ. Sofern die Zeichen erzeugt werden und die verborgenen Einheiten durch einen unmittelbaren Interpretanten hergestellt werden, ist › … das metaphorische Zeichen (eine) Funktion einer synthetischen Perspektive‹.[7] Die Metapher ausschließlich als eine Sprachfigur zu sehen, heißt somit nichts anderes, als sie zu kastrieren. Metaphern sind auch phantasievolle ästhetische Identifikations- und Schmuckfiguren der bildenden Kunst, der Malerei und überhaupt jeder Wahrnehmung, also auch der optischen mit ihrem gesamten Erfahrungsschatz.

Die ästhetische Erfahrung wird dabei niemals durch die metaphorische Verdrehung, aus der heraus die Bedeutungswandlung entsteht, subjektiviert. Mit anderen Worten: Der unmittelbare Interpretant wird zu keinem Zeitpunkt die ästhetischen Urteile, die aus den Konventionen bei einer Bewertung des jeweiligen Stils[8] resultieren, durch seine Subjektivität verfälschen können, denn jeder Interpretationsvorgang resultiert aus der ›konventionellen Objektivität‹. Die Interpretation bedient sich sozusagen des Individuums als Interpretationsmaschine. Die Metapher steht in der Mitte eines Kontinuums, dessen Endpunkte einerseits vom Gleichnis und andererseits vom Symbol besetzt sind. Betrachten wir dieses Kontinuum und beginnen wir mit dem Gleichnis (simile).

Das Gleichnis wird dadurch charakterisiert, daß A wie B ist. Damit soll erreicht werden, daß eine Vorstellung durch den Vergleich mit einer zweiten aus einem zumeist sinnlich-gegenständlichen Bereich anschaulicher oder eindringlicher wird. Dabei müssen aber beide Vorstellungen in einem wesentlichen Moment, dem ›tertium comparationis‹, zusammenfallen.[9] Hier wird kein Bild an die Stelle der Sache gesetzt, beispielsweise ›Herbst des Lebens‹, für das Alter, das bleibt der Metapher vorbehalten. Zu trennen ist das Gleichnis auch von der Parabel, denn bei dieser muß der in ihr gemeinte geistige oder sittliche Grundsatz erst durch die Analogie erschlossen werden. Beim Gleichnis fallen Bedeutung und Sinnbild auseinander, was es mit der Allegorie gemein hat, wenngleich bei letzterer Bedeutung und Sinnbild einen parallelen Analogiezusammenhang bilden.

Die Ähnlichkeit ist auch für die Metapher kennzeichnend und konstituierend, wenn sie verschleiert und umgeformt in gewisser Art und Weise als Identität in Erscheinung tritt, d.h. A in B.

Das Symbol oder der symbolische Ausdruck ist von dem Vergleich am weitesten entfernt. Bei ihm gilt einfach B, das die Bedeutung von A hat. Allerdings ist die Bedeutung von A so vollständig in B aufgelöst worden, daß sie in B kaum noch erkennbar ist, obwohl A prinzipiell dennoch schwach zu erkennen und deshalb begrifflich von B zu unterscheiden ist.[10]

Das Prinzip des Vergleichs ist bei den drei metaphorischen Ausdrucksvarianten am deutlichsten beim Gleichnis und wenigstens beim Symbol erkennbar, wenn wir unseren Blick vom Gleichnis ausgehend zum Symbol richten. Kehren wir jedoch die Blickrichtung um, so stellen wir fest, daß sich etwas verändert hat, was man durch die einfache Umkehr der Blickrichtung so nicht erwartet hätte. Urplötzlich stehen wir vor einem völlig anderen Maßstab, denn nun spielt der Vergleich keine Rolle mehr, an seine Stelle ist die Wechselwirkung von Sagen und Meinen getreten. Diese Wandlung versetzt uns in die glückliche Lage, den Begriff ›sichtbare Metapher‹ untersuchen und deutlich machen zu können, da ein figuraler Ausdruck und eine figürliche Wahrnehmung miteinander verbunden sind … und deshalb jeder Versuch, diesen figürlichen Ausdruck wörtlich zu übersetzen und so auf eine letzten Endes nicht figürliche Erfahrung der wissenschaftlichen

Beobachtung zurückzuführen, den »»Sinn«« (sense) des Originals verfehlen muß, obgleich solche Reaktion anderen Zwecken dienen oder sogar dazu beitragen kann, daß man schließlich den figürlichen Sinn ohne eine äquivalente, wörtliche Umformulierung versteht‹.[11]

Wie mag nun eine kunsthistorisch richtige Analyse des metaphorischen Sehens aussehen? Diese Frage wurde im 20. Jahrhundert immer drängender, wenn wir an die zunächst unverständlichen Bilder und Skulpturen des synthetischen Kubismus und des Surrealismus, beispielsweise von Pablo Picasso, denken. Picasso bezeichnete seine Skulpturen als ›plastische Metaphern. Es ist dasselbe Prinzip wie in der Malerei‹.[12] Damit erklärte er seiner Lebensgefährtin, weshalb er statt Gips zu verwenden, seine Skulpturen aus zumeist ausrangierten Gebrauchsgegenständen und Trödel, z.B. alte Weidenkörbe, Pfeifen, Gasbrenner, Vasen, Teile von Fahrrädern etc. anfertigte. Dahinter steckte die Vorstellung, daß die ästhetische Wahrnehmung besser und wirkungsvoller mit diesen Mitteln zur Geltung gebracht werden könne, da die Skulpturen aus Gegenständen mit eigenständiger und realer Identität und eigenem Namen nicht so sehr dem ähnlich sehen, was aus Gips geformt ist. Er verlangte vom Betrachter einen aktiven Transformationsprozeß, der mit der Doppelung der Metapher spielte, wenn er beispielsweise in einer bestimmten Skulptur den Brustkorb einer Ziege mittels eines Weidenkorbes modellierte. In diesem Kunstwerk blieb der Korb einerseits das, was er immer war und andererseits konnte man ihn als Brustkorb sehen, womit ›eine zusammengesetzte Metapher mit doppelter Blickrichtung‹[13] entstand. ›Ich gehe‹, sagt Picasso, ›den Weg zurück vom Korb zum Brustkorb: von der Metapher zur Realität. Ich mache die Realität sichtbar, weil ich die Metapher gebrauche‹.[14]

Hier wird des Betrachters Aufmerksamkeit auf das metaphorische Element so gerichtet, daß er einmal das eine, dann das andere sehen kann, ähnlich wie bei dem berühmten ›H.-E.-Kopf‹,[15] den man mal als Hasenkopf, mal als Entenkopf sehen kann. Das gleiche Phänomen finden wir bei der ›Figur-Grund-Verschiebung‹ durch Änderung der Gliederung und Raumverteilung in dem Bild, das entweder als extravagante junge Dame oder als eingesunkenes Greisinnengesicht gesehen werden kann.[16]

Diese Beispiele machen die zwei Verwendungen des Wortes ›sehen‹ bei Wittgenstein deutlich. ›Aber wir können auch die Illustration (von einem Glaswürfel) einmal als das eine, einmal als das andere Ding sehen – Wir denken sie also, und *sehen* sie, wie wir sie *deuten*.‹[17] Das müssen wir näher betrachten, um entscheiden zu können, was an einer derartigen visuellen Wahrnehmung metaphorisch ist.

Es ist manchmal nicht eindeutig, ob ein Sachverhalt im Sinne eines Gleichnisses zu sehen ist, also A ist wie B oder ob es sich eher um eine metaphorische Darstellung handelt, die aussagt A ist als B zu betrachten. Aldrich macht diesen Umstand mit folgendem Beispiel deutlich:

›Wir sehen Maria (M) und Agathe (A) zusammen auf einer Party und finden, daß M A gleicht. In einer solchen Situation, wo man beide vor sich sieht, ist es praktisch unmöglich, die eine als die andere zu sehen, wenn man auch nicht umhin kann, zu sehen, daß die eine wie die andere aussieht.‹[18] Das gilt auch für den Fall, daß ich zu einem x-beliebigen Zeitpunkt Maria für Agathe halte, weil mich die Ähnlichkeit zwischen den beiden und eine gewisse Bewußtseinstrübung dazu verführt. Der Grund für diese Fehlinterpretation liegt in der im Wahrnehmungsprozeß stattfindenden Gedankenlosigkeit, die nichts anderes ist als eine unbewußte Verführung mittels eines Tagtraumes, der mich M sehen läßt, aber daraus A macht, weil ich A lieber mag. Das wird nicht zuletzt durch die Ähnlichkeit zwischen beiden Frauen provoziert und möglich. Dabei ist wichtig festzuhalten, daß ich nicht denke, Maria sei Agathe, was eine echte Täuschung wäre. Es findet stattdessen eine Gedankenwanderung statt, die plötzlich aus der gesehenen Maria, von der ich weiß, daß sie nicht Agathe ist, dennoch Agathe sehend macht.

Hier ist der wichtige, ja gravierende Unterschied zwischen zwei Wahrnehmungsprozessen angesprochen, auf den Aldrich noch einmal explizit hinweist, wenn er sagt: ›Ob ich fälschlich M für A halte – oder auch nur die Ähnlichkeit bemerke – oder ob ich M als A sehe, ist von entscheidender Bedeutung, weil er (der Unterschied R.M.) die charakteristische Struktur aller Fälle von »seeing as«[19] erkennen läßt und das Wesentliche des ästhetischen Falles berührt‹.[20] Hier ist prinzipiell die Grenze zwischen Gleichnis, gedankenverlorener Fehlinterpretation und dem metaphorischen Bild, etwas als etwas anderes zu sehen, gezogen und markiert.

Solange man sich auf der Gleichnisebene befindet, oder wegen der Gleichheit das eine fälschlicherweise für das andere hält, hat man es mit einer Doppelung zu tun, die aus der Ähnlichkeit resultiert. Anders ist es, wenn das eine als das andere gesehen wird, denn das kann nur innerhalb einer triadischen Beziehungsstruktur geschehen. In dem Beispiel von Maria und Agathe haben wir es erstens mit dem gesehenen Ding M zu tun, zweitens mit dem Gegenstand A, der in die Stellvertreterfunktion zu M eintritt, d.h. Maria wird als Agathe gesehen. Drittens kommt ein entscheidendes weiteres Element für die Wahrnehmung hinzu, Maria wird als Agathe gesehen. Dieses Element hat keinen festen Platz, denn es ist sowohl in der Serie M als auch in der zweiten Serie A zu finden. Dort nimmt es eine bestimmte Funktion wahr. Das soll nun genauer analysiert werden.

Stellen wir fest: Zunächst ist das dritte Element weder Maria noch Agathe, dennoch sind die beiden Elemente M und A in einem dritten, nennen wir dieses dritte Element ›rätselhaftes Objekt (Klein) a, transfiguriert oder ›expressiv dargestellt‹.[21] Allerdings in anderer Weise als Maria und Agathe in der direkten Wahrnehmung zu sehen sind. Oder anders ausgedrückt: Der transfigurierten veränderten Darstellung ist ein anderer Sinn untergelegt. Aldrich nennt ihn den ›Faktor B‹. ›Er (B) ist eine Art Vorstellungsbild (image) von A (als welches M gesehen wird), ein Vorstellungsbild, das durch M »verkörpert« wird oder Gestalt gewinnt‹.[22]

Was sich geändert hat ist die Einstellung des Betrachters zu dem, was er sieht. Die neue Einstellung zu Maria, die er sieht, entspricht der Einstellung zu einem Vorstellungsbild, das er sich gegeben hat. Das bedeutet, daß der Betrachter, der Maria als Agathe sieht, die Wandlungslogik des ›seeing as‹ auch für die Herstellung des Vorstellungsbildes anwendet, und das Resultat der Wahrnehmungstransformation einem Zuhörer mitteilt. Dieser Zuhörer nimmt häufig die Schilderung des Berichterstatters, der von Agathe spricht, obwohl er Maria sieht, für wahr, wenngleich er weiß oder wissen könnte, daß der Berichterstatter etwas übersieht oder nicht richtig hinschaut.

Das Vorstellungsbild B, das den Gegenstand A abbildet, ist das, als das Maria gesehen wird. Damit haben wir den Faktor B als das rätselhafte Objekt, das die symbolische Ordnung der Wahrnehmungsstruktur bildet, sozusagen entlarvt. ›Diese Struktur ist unbewußt, weil sie an sich nicht gegenwärtig und gegenständlich ist, sondern immer nur das aufscheint, worin sich die Struktur geradezu wörtlich verkörpert, wobei verkörpern wörtlich zu nehmen ist, oder indem das erkennbar wird, was sie konstituiert ... Die Struktur ist also real, ohne aktuell zu sein, sie ist ideal, ohne abstrakt zu sein‹.[23] Sie ist virtuell, also der Kraft oder dem Vermögen nach vorhanden – sie ist latent.

Diese symbolische Ordnung vermag keine bewußte und willentliche Reflexion zu konstituieren. Damit erweist sich das Symbolische als die Homologie zweier Serien, d.h. es bestehen Verwandtschaftsbeziehungen zwischen den beiden homologen Serien Maria und Agathe, wobei diese nur in ihren symbolischen Dimensionen miteinander korrespondieren.

In der Psychoanalyse entspricht diesem Zusammenhang das, was das Unbewußte genannt wird, das weder individuell noch kollektiv, sondern intersubjektiv existiert. Das Unbewußte schlägt also eine Brücke zwischen beiden Serien Individuum und Kollektiv oder schafft jenen Raum, in dem das gemeinsame Vorstellungsbild und sein Gehalt zu finden sind. Das rätselhafte Objekt

(Klein) a oder in der Begrifflichkeit der visuellen Metapher, der Gehalt B, ist ein paradoxes Objekt, das durch beide Serien zirkuliert, das zwischen den beiden Serien vermittelt, diese kommunizieren läßt und zugleich verhindert, daß die eine Serie mit der anderen identifiziert wird.

Wenn es heißt, daß das Vorstellungsbild B real vorkommen muß, es aber im Verhältnis zu sich selbst verschoben ist und damit nichts tatsächlich Reales darstellt, dann trifft das exakt beim Vorstellungsbild B zu. Es entzieht sich seiner eigenen Identität dadurch, daß es eine symbolische Existenz annimmt, womit es den Ort des Seins wechseln kann. Nun kann der Gehalt oder das Vorstellungsbild B sowohl in M als auch in A erscheinen. ›Der Gehalt B ist der Stoff M, der als Gegenstand A gesehen wird … oder dieser Gehalt B ist der Gegenstand A, der durch den Stoff M verkörpert wird‹.[24] Hier findet eine gegenseitige Beseelung von M und A statt, die sich durch die Seele (anima) des Gehaltes B ausweist und damit die Transfiguration zum visuellen Erfassen anbietet.

Dieser Prozeß läßt den Gegenstand A und den Stoff M aus dem Bewußtsein verschwinden. An deren Stelle tritt die verkörperte Vorstellung des Gehaltes B. Das bedeutet im Falle der beiden Frauen Maria und Agathe: ›Maria ist der Stoff M der Erfahrung, sie als Agathe zu sehen, welche der Gegenstand A ist‹.[25] Sie wird also nicht als Gehalt B gesehen, sondern als die verkörperte Vorstellung von Agathe. Allerdings, auch wenn es sich tatsächlich um eine Vorstellung handelt, sie bleibt als solche unbewußt, denn Maria verwandelt sich durch das Objekt (Klein) a in Agathe. Oder anders ausgedrückt: Maria wird durch das Vorstellungsbild B von Agathe beseelt. Damit verschwinden sowohl M als auch A aus dem Bewußtsein zugunsten der verkörperten Darstellung – Gehalt B -, wenngleich A weiter dominiert, da sie als fiktive Gestalt in der Vorstellung aktiviert wird.

Agathe ist unzweifelhaft das Signifikat des Vorstellungsbildes oder die Bedeutung des Signifikanten B. Diese semiotische Funktion läßt die Bedeutung A soweit in den Vordergrund treten, daß der Gehalt B ihr unterworfen erscheint. Gleichzeitig ist B auch dem Stoff M unterworfen, durch den er (der Gehalt) arbiträr verkörpert wird. Damit nun wegen der doppelten Unterwerfung von B unter A und M eben diese nicht so total wird, daß B auf Nimmerwiedersehen verschwindet und die triadische Struktur in eine dyadische umschlägt, muß das Signifikat (die Bedeutung von B) dem Gehalt selbst untergeordnet werden. Das kann am besten dadurch geschehen, daß Agathe nicht eine lebendige Frau, sondern eine bildliche Figur ist, womit der Gehalt sowohl von M als auch von A besser kontrolliert werden kann, da man an der Ähnlichkeit zwischen beiden konkreten Frauen Zweifel anzumelden, in der Lage ist. Damit eignet man sich das für die Kunstphilosophie beste Kontrollinstrument an, denn wie ästhetisch gesehene Ähnlichkeit überhaupt funktioniert, ist das nach wie vor schwierigste Problem dieser wissenschaftlichen Disziplin.

Das heißt, die beiden Serien Maria und Agathe werden so gestaltet, daß die zweite Serie, also Agathe, aus dem konkreten Verwandtschaftsverhältnis der beiden Frauen herausgelöst wird und sie stattdessen den Status einer typischen Frau bekommt, weil ihr eine grundlegende Ähnlichkeit mit dem Typus Frau durch Konvention zugeschrieben wird. In diesem Fall gleicht das Vorstellungsbild nur noch den spezifischen Merkmalen, die eine strukturale Ähnlichkeit begründen, womit eine angemessene Distanz zu der verführerischen Serie Agathe gegeben ist. Die spezifischen Besonderheiten, die die Ähnlichkeit zwischen A und M begründen, verschwinden zugunsten der Verstärkung des Gehaltes B, der beide Serien oder beide Frauen im Vorstellungsbild transfiguriert.

Dieser Sachverhalt kann am besten mit der Beobachtung des Prozesses der ästhetischen Schöpfung eines Kunstwerkes erschlossen werden, und wir haben die einmalige Möglichkeit, einen wahrlich bedeutenden Gewährsmann für diesen Vorgang heranziehen zu können.

Picasso berichtet darüber, wie er Matisse bei der schöpferischen

Arbeit beobachtet hat. Er sagt: Wenn ›Matisse eine Linie auf ein Stück weißes Papier zeichnet, dann bleibt das nicht einfach eine Linie; sie wird zu etwas mehr‹.[26] Interpretieren wir das nach dem Aldrich-Modell: Werden beispielsweise die Umrißlinien einer Matisse-Zeichnung M als ein Frauenkopf A gesehen, so wird der Stoff M auf scharfsinnig feine Art bereits im Prozeß der beginnenden Arbeit unter die Kontrolle des Gehaltes B gebracht, obwohl dieser sich noch nicht klar zu erkennen gegeben hat. Die Kontrolle liegt hier allerdings allein beim Künstler, denn nur er weiß, was als Gehalt entstehen wird. Mit anderen Worten: Der Gehalt B dominiert und kontrolliert vom ersten Moment sowohl den Stoff oder das Vehikel M und den Gegenstand A, der mittels des Stoffes zur Ansicht gebracht werden soll. Hier führen die Idee und das ästhetische Potential des Künstlers die Hand, ähnlich wie das bei den Poeten, Komponisten, Bildhauern etc. der Fall ist. Das Vorstellungsbild und die Erfahrung des Künstlers, die dieser mit dem Stoff und dem Gegenstand besitzt, stehen im schöpferischen Prozeß nicht nur Pate, sondern sie verschmelzen zum dominierenden Gehalt B. › ... in der Tat ist A in B aufgelöst, ohne jedoch seinen Status als Bedeutung von B zu verlieren, es bleibt daher im Prinzip von B unterscheidbar‹.[27] Damit wird B zum Symbol, ohne daß dabei die visuelle Metapher und ihr Sehen außer Kraft gesetzt werden.

Dennoch hat sich etwas verändert. In dem symbolischen Transfigurationsprozeß ist die Bedeutung des Signifikats A oder der Gegenstand A so umfassend vom Gehalt B aufgesogen worden, daß er wegen des resultierenden opaken Schleiers kaum noch sichtbar ist. Als aufmerksamer und engagierter Bildbetrachter muß man kritisch prüfen, ob der Gegenstand oder der Stoff den Ansprüchen einer beabsichtigten expressiven Darstellung genügt. Das kann selbstverständlich nur dann gelingen, wenn vor der Kritik der Gehalt B erfaßt wurde. Zumindest muß eine Ahnung oder Mutmaßung entstanden sein. Haben wir im ersteren Fall, d.h. im Beispiel von Maria und Agathe, noch den Gegenstand oder die Bedeutung als die Seele des Gehaltes identifiziert, so kehrt sich unter ästhetischem Gesichtspunkt das Verhältnis um. Nun ist ›der Gehalt die Seele des Gegenstandes, und dieser wird durch Assimilation an den Gehalt »seelenvoll« (bedeutungsvoll). Das Kunstwerk stellt die Seele zur Schau‹.[28]

Dabei ist allerdings zu bedenken, daß man die Seele nicht so sieht, wie man den Stoff M oder einen Gegenstand A für sich sehen kann, auch nicht Maria als Agathe, wenngleich das der Sache sehr nahe kommt. Obwohl B der Gehalt der Wahrnehmung ist, so ist er, schaut man genau hin, bereits an einem anderen Ort. Das ist das Schicksal oder die zauberhafte Funktion des rätselhaften Objektes (Klein) a, das sich einer klaren identifizierbaren Definition oder Wahrnehmung entzieht. Geschähe das nicht, d.h. wir würden den Gehalt B substantiell oder phänomenologisch definierbar sehen, so würde die triadische Struktur arretiert, sie spränge in eine dyadische um.

Was mit dem Gehalt B zur Kenntnis kommt, ist die Qualität der rätselhaften Funktion von B, die sich der visuellen Wahrnehmung, oder besser ausgedrückt, der visuellen Anmutung anbietet. Letzteres ist der finale Effekt der Bildbetrachtung, denn man hat offensichtlich begriffen, worum es dem Künstler ging oder worum es mir als Betrachter geht. Das muß nicht deckungsgleich sein, aber der Wert des einen Resultats dürfte dem des anderen adäquat sein, auch wenn gelegentlich zwischen der Entstehungszeit und dem Moment der Betrachtung eines Bildes Jahrhunderte liegen.

›Man »sieht« M-als-A, indem man B »erfaßt«‹[29], sagt Virgil Aldrich, aber dieses Sehen ist nicht identisch mit dem Sehprozeß, wie er ständig im Alltag abläuft, beispielsweise wenn wir sehen wie der Straßenverkehr abläuft. Das Sehen in der visuellen Metapher ist dem Sehen des magischen Würfels oder des Hasen, der zur Ente wird, gleich. Eben sehen wir noch den Würfel stehen, und plötzlich sehen wir ihn hängen, gerade haben wir den Hasen erkannt, nun sehen wir eine Ente. Dabei ist niemals das Sehresultat entscheidend, sondern das Sehen des Wandlungsprozesses, das aber nicht wirklich gesehen wird. Wir sehen nicht wie der Würfel umspringt, aber wir wissen davon.

Auch hier regiert das rätselhafte Objekt (Klein) a, das mit uns spielt, wobei wir uns diesem Spiel häufig und gerne ausliefern. Das ist auch die Ursache dafür, weshalb uns die ästhetisch-expressiven Figuren der Bildwerke immer wieder faszinieren. Was spielt sich aber ab, wenn wir ein Porträt einer historischen Person betrachten, die vor langer Zeit verstorben ist? In diesem Fall können wir nicht wie bei den lebenden und uns bekannten Frauen Maria und Agathe die Porträtierte als die wahre Person sehen.

Es sind Legionen von Louvrebesuchern, die von Leonardos Mona Lisa fasziniert wurden, ohne daß die meisten wußten, daß es sich um ein Porträt der Gattin des florentinischen Edelmannes Francesco del Gioconda, genannt La Gioconda, handelt. Es existiert nur das Porträt der Frau, die Leonardo gemalt hat, sonst gibt es keine weiteren Überlieferungen, weder aus legendären noch aus weiteren bildlichen oder mythischen Quellen.

In diesem Fall wird der Gegenstand des Bildes A, der unnachahmliche und zugleich rätselhafte Blick der Mona Lisa im Bild. ›Das …, als was man das Gemälde (M) sieht (M als A): als eine »realisation« oder Veranschaulichung (illustration) eines Begriffs‹.[30] Diese Einschätzung ist aber problematisch, denn wir sehen nicht wirklich einen Begriff. Dennoch ist diese Beurteilung unter bestimmter Sichtweise zutreffend. Mit anderen Worten: Dem Gemälde Mona Lisa kann man sich mit zwei unterschiedlichen Blickwinkeln nähern. Dabei kommt man zu verschiedenen metaphorischen Ergebnissen.

Wenn wir im Gemälde M eine selbstzufriedene, nachdenkliche Frau sehen, so machen wir einen entscheidenden Fehler, denn man sieht niemals Menschen als solche, die sich in einem bestimmten Gemütszustand befinden, sondern man sieht eine Abbildung eines nachdenklichen, traurigen oder selbstzufriedenen Menschen. Man sieht also das Gemälde einer Frau A, und diese ist eine selbstzufriedene, welterfahrene Frau. Anders ausgedrückt: Man sieht nicht zuerst eine x-beliebige und anschließend eine selbstzufriedene Frau, sondern man sieht von Anfang an letztere.

›… es ist ein Fehler, zu glauben, daß die ästhetische oder »kritische Analyse« eines Kunstwerks sich auf das »Gefühl« (»feeling«) richte, die ein Bestandteil seines *Gegenstandes* ist – oder dessen, als was es gesehen werden soll.‹[31]

Es ist für das Erfassen eines Gemäldes wichtig, sich auf den Gehalt des Bildes zu konzentrieren und dann zu sagen: Die gemalte Frau ist traurig oder der in Stein gehauene Laokoon schreit vor Schmerz auf. Darauf zielt primär keine ästhetische Analyse des Gehaltes eines Kunstwerkes.

Wie soll man aber den Gehalt B vom Gegenstand A bei der Mona Lisa unterscheiden, da der Betrachter des Gemäldes die lebende, Leonardo Modell stehende, nicht kennt, sondern nur eine Frau mit einem nachdenklichen Blick sieht, die wiederum abgeleitet ist von der konkreten Beschreibung: ›Die Frau, die man auf dem Bild sieht, …‹, was dann als veranschaulichter Begriff des Gegenstandes A erscheint, den man, wie bereits gesagt, nicht sehen kann.

Der Gehalt B kann im Mona Lisa-Gemälde dadurch von A unterschieden werden, daß man ihn mit der Frau, die man auf dem Gemälde erfaßt, identifiziert. ›Dadurch wird A, die schematisierte Vorstellung einer »Frau mit …« von B abgelöst und isoliert, der Betrachter aber angeregt, *wenn er* das Gemälde primär *unter den* lebensweltlichen Erwartungen des Wiedererkennens, Erinnerns und der Vorwegnahme betrachtet. Wenn man B so ansieht, dann neigt der Gegenstand A dazu, sich von B als seine »Bedeutung« abzuheben und der Gehalt B ist bei dieser Erfahrung kein »Symbol«, weil er A weder »enthält« noch assimiliert oder transfiguriert.‹[32] Das Gemälde M erscheint dann als ›eine Frau mit …‹, womit letztere mittels der Metapher ›M ist A‹ wiedergegeben wird, was jedoch nichts anderes heißt, als daß B in dieser nicht-ästhetischen Erfassung A unterworfen ist.

Wenn man allerdings das Gemälde nicht zuerst danach befragt: Wie können wir den Gehalt mittels eines Begriffs entdecken?, dann kann B frei und selbständig als Faktor in Erscheinung treten. Die Frage nach der Bedeutung von A wird durch die Frage danach, was dieser Faktor ausdrückt oder zeigt, abgelöst. Unter dieser Bedingung wird auch die Beschaffenheit des Materials M, das sich in B widerspiegelt, relevant. Hinzu kommt die Frage nach der Beschaffenheit des Gegenstandes A. Jetzt erkennen wir, daß sowohl B als auch A durch die kunstvolle Bearbeitung von M zur Schau gestellt werden. ›Danach wird die gegenseitige Beseelung (interanimation) der Beschaffenheit von M und A erreicht und in B dargestellt.‹[33]

Hier haben wir es mit einer ästhetischen Analyse zu tun, in der ästhetische Kriterien zur Bildbewertung Anwendung finden, mit denen die Bedeutung oder der Wert des Gemäldes erschlossen werden kann. Die Farb- und Formeigenschaften verschmelzen mit den, im Falle der Mona Lisa weiblichen Eigenschaften des Gegenstandes und bilden den Gehalt des Bildes. Bei dieser Betrachtungsweise erscheint der Gehalt als Symbol. Die Bedeutung A ist in B eingebunden enthalten und damit einer ästhetischen Kritik, die Bewertung und Interpretation enthält, zugänglich. B übernimmt die Funktion eines visuellen Symbols mit expressiver Darstellung, mit der die gegenseitige Beseelung von M und A gelingt, wenngleich das Material M des Gemäldes so weit in den Hintergrund gedrängt ist, daß es so gut wie stumm ist.

Das trifft im wesentlichen für die Maler der Renaissance zu. Erst in den folgenden Jahrhunderten sollte sich das ändern, als die Maler ihre Liebe zum Material entdeckten. Der Gehalt B zeigt in einer expressiven Darstellung die umgewandelte Fusion von A und M. Sofern jedoch die Darstellung lediglich deskriptiv ist, wie beispielsweise die biologisch exakte Zeichnung eines Mandrills, kommt kein Gehalt B zum Ausdruck, denn die deskriptive Darstellung ist die Bedeutung von dem, was sie zeigt.

Die visuelle Metapher erscheint ganz allgemein als Aufforderung, M als etwas anderes zu sehen. Stets bildet sich dabei der Gehalt B als Faktor jener Erfassung heraus, die als Fusion und Funktion von A und M erscheint. In den nichtästhetischen visuellen Metaphern ist der Gehalt B schmalbrüstig und unstet, da er der Herrschaft von A und M unterworfen ist.

›Im ästhetischen Fall wird der Stoff M um des Gehaltes B willen bearbeitet und dieser zur Schau gestellt als der Ausdruck der Eigenart – des Stoffes und dessen, als was er anzusehen ist, des Gegenstandes der Komposition. So sind im ästhetischen Fall Gegenstand und Material der Ausdrucksfunktion des Gehaltes unterworfen.‹[34]

Die expressiven Darstellungen der Moderne bedienen sich der kühnsten visuellen Metaphern. Zu erkennen ist beispielsweise das strenge Gesetz, das die Surrealisten ihren jeder Logik entbehrenden Traum- und Trancezuständen mit List entnommen haben. Je weiter Bildspender (Bild) und Bildempfänger (Sache) voneinander entfernt sind, um so kühner ist die Metapher. Und je kühner die Metapher, um so besser der surrealistische Künstler.[35]

Die innere Natur der Metapher produziert eine Verschiebung aller sprachlichen Interpretationen auf semiotische Mechanismen, die nicht nur der gesprochenen Sprache zu eigen ist, sondern auch den visuellen Metaphern, den Traumbildern und dem Witz. Grundsätzlich gilt, ›daß ein Schöpfer von Metaphern buchstäblich lügt.‹[36] Bei den Traumbildern kommt es zur Verschiebung und Verdichtung der unerledigten Lebenserfahrungen und Tagesreste.[37]

Wenn man in den Prozeß unbegrenzter Semiose eingetreten ist, läßt sich relativ schwer entscheiden, wo und wann die metaphorische Interpretation aufhört. Entscheidend ist hier der Kontext oder, bei einem Gemälde, das Hintergrundbild. So kann ein Interpret von einer visuellen Metapher zu einer Allegorie oder zu einer symbolischen Deutung geleitet werden. Hier sind die Grenzen zwischen Metapher, Allegorie und Symbol unscharf.

Hilfreich ist in diesem Fall, sich der von Weinrich vorgeschlagenen Gliederung der Metapher in Mikro-Metapher, Kontext-Metapher und Text- bzw. Bildaussage-Metapher, bei der Interpretation zu bedienen.[38] Beginnend mit der Mikro-Metapher werden gemeinsame und unterschiedliche Bildelemente und deren Eigenschaften untersucht. Die folgende Analyse der Kontext-Metapher zeigt, wie sich die verschiedenen Bildfelder miteinander kombinieren. Dadurch kann sich allmählich eine allegorische Figur entzaubern, bis im letzten Stadium die Bildaussage-Metapher den Schlüssel zum Verständnis des Bildes bereithält. Dieser Schlüssel macht gewisse Bildaussagen als geschlossene visuelle Metapher erkennbar und interpretierbar, nicht zuletzt deshalb, weil der intertextuelle Rahmen von sprachlich und theoretisch geleiteter Wahrnehmung die Aufmerksamkeit des Interpreten auf die metaphorische Aussage lenkt.

Als Schlußfolgerung können wir festhalten, daß es keinen Algorithmus für die Interpretation einer visuellen Metapher und ihrer verwandten Mechanismen der Kommunikation (Gleichnis, Symbol) gibt. Es ist auch ausgeschlossen, sie mit einem Computer herstellen oder sie durch eine derartige Maschine lesen zu wollen.

›Der Erfolg einer (visuellen) Metapher ist eine Funktion des soziokulturellen Formats der Enzyklopädie des interpretierenden Subjekts‹.[39] Deshalb ist es möglich, eine tote Metapher mittels der Schule des Sehens (école du regard) wieder zum Leben zu erwecken. Die obsessive Beschreibung eines Bildgegenstandes gemeinsam mit der Kraft und Anschaulichkeit einer kritischen Wahrnehmung, kann einen bereits toten metaphorischen Ausdruck neu zu beleben. Durch die Überschreitung der Grenzen semiotischer Systeme lebt plötzlich eine tote Metapher wieder auf.

Man denke nur an Modiglianis Frauenporträts mit den überlängten und stilisierten Körperformen, die zwar die Individualität der dargestellten zumeist jungen Frauen bewahren, aber ihnen einen lyrisch-melancholischen Ausdruck verleihen. Hier ließe sich der Ausdruck Schwanenhals neu erfinden, zumindest aber neu beleben. Auch Bonsiepe[40] hat mit seinen Untersuchungen der visuellen Metapher gezeigt, wie der abgenutzte Ausdruck ›flexibel‹ eine gewisse Frische wieder erlangen kann, wenn er mittels eines flexiblen Objekts visuell übersetzt wird.

Sofern ein Kontext mit ästhetischer Funktion vorliegt, stellen wir fest, daß er seine eigenen Tropen immer als erstes setzt, indem er den Betrachter dazu verpflichtet, diese auf neue Weise zu sehen.

Zugleich veranlaßt er die Herstellung neuer Korrelationen zwischen den verschiedenen Bildebenen, womit immer wieder neue und gelegentlich überraschende Interpretationen der spezifischen Bildaussagen provoziert werden. Dabei entsteht eine extrem offene metaphorische Funktion. Sie macht deutlich, daß Relationen der Ähnlichkeit und Identität formuliert werden können, ohne daß ihre Möglichkeiten, Informationen zu übertragen, an Deutlichkeit zunehmen oder abnehmen. In diesem Zusammenhang spricht man dann meist von einem Symbol.

Wichtig ist, daß es sich hier weniger um eine Frage der Semantik handelt, als vielmehr um die Pragmatik der Interpretation. Semiotisch gesprochen ist sowohl die metaphorische Produktion als auch die Interpretation ein langer, nicht leicht zu beschreitender Weg. Es ist nicht selbstverständlich, daß offenkundige physiologische oder psychologische Prozesse ebenso einfache und bekannte Erklärungen haben müssen. Das macht ein von Freud zitierter Aphorismus aus dessen Sammlung klassischer Witze des Georg Christoph Lichtenberg deutlich, in dem es heißt: ›Er wundere sich, daß den Katzen gerade an der Stelle zwei Löcher in den Pelz geschnitten wären, wo sie ihre Augen hätten.‹[41]

Dazu merkt Freud an, daß die Dummheit, die hier unübersehbar zur Schau gestellt wird, zunächst völlig offenkundig ist. Erst der zweite Blick zeigt, daß diese Dummheit als Witz gelesen werden kann, der sich der Dummheit zu irgend einem Zweck bedient.[42] Es darf in diesem Zusammenhang nicht übersehen werden, daß hier das große Problem der Teleologie im tierischen Aufbau erkennbar wird, denn es ist gewiß nicht selbstverständlich, daß die Lidspalte sich dort öffnet, wo die Hornhaut freiliegt.

Mit diesem Aphorismus sollte an dieser Stelle noch einmal deutlich gemacht werden, wie mühsam und langwierig die Deutungen und Interpretationen von visuellen Metaphern und allen mit ihnen in Verbindung stehenden Gemälden und Bildwerken sind.

9.1 Der visuelle Code als semiotisches Identifikations- und Interpretationsmittel von Bildwerken

Wenn wir uns soweit einvernehmlich verständigen können, daß der größte Teil der Realität unbestimmt, ja gleichgültig gegenüber unseren Beschreibungen von ihr ist, und wenn wir darüber hinaus akzeptieren, daß wir in all unseren Bewegungsformen durch die Verwendung von selbsterzeugter Sprache und ihrem Vokabular geschaffen wurden, dann dürfte es nicht mehr strittig sein, daß Wahrheit nicht gefunden, sondern vielmehr durch Denkprozesse erzeugt wird. Es gibt kein natürliches Milieu, wo die Wahrheit Hof hält, auch wenn gewisse Gesetzmäßigkeiten in den Naturwissenschaften dies uns verführerisch glauben machen. Ohne unser Denken mag es Zusammenhänge von relativ zeitlich langandauernder Stabilität geben, aber für die Ewigkeit ist kein einziges Gesetz gemacht. ›Denken ist das Resultat der Versuchung, unter den vielen Sprachen eine auszuzeichnen, in der wir gewohnt sind, die Welt oder uns selbst zu beschreiben‹.[1] Wahrheit wird demnach allein durch Sprachhandlungen auf Grund von Identifikations- und Interpretationsprozessen gemacht, statt gefunden. Wahrheit gefunden zu haben heißt nichts anderes, als aus der Unzahl von möglichen oder unmöglichen Erklärungen, die zu finden, die einen Sachverhalt und/oder Gegenstand so erklären kann, daß diese für den Augenblick und die nächste Zukunft die Überlebenschancen, die Lebensqualität und das Wohlbefinden der Arten im Zusammenwirken mit den natürlichen Prozessen der Umwelt und des Universums erhalten oder steigern. Wahrheit unterliegt somit ebenso den philosophischen und alltagssprachlichen Konventionen, wie das für die Wahrnehmungsprozesse, Identifikationsmuster und Interpretationsresultate gilt. Im übrigen bestimmen Konventionen unsere Lebensaktivitäten und die gesellschaftlichen Regeln weit mehr als jede noch so als gesichert geltende Wahrheit.

Welche Sprache oder Sprachspiele[2] wir auch immer zur Anwendung bringen, stets liegt ihnen ein Code zugrunde.[3] In der Semiotik beschränkt sich der Begriff auf Zeichen, also auf Einheiten von Signifikanten und Signifikaten, die immer als eine Liste von Korrelationen bestimmter Signifikanten mit bestimmten Signifikaten dargestellt wird.

Diese Definition erlaubt es beispielsweise, den Begriff ›code‹ auch in anderen wissenschaftlichen Disziplinen sinnvoll zu gebrauchen, z.B. als genetischen Code. Desweiteren finden wir eine noch weitergehende Definition dieses Terminus, wenn er Systeme von Regeln beschreibt, nach denen Zeichen kombiniert werden. Verschiedene Codes entsprechen hier verschiedenen Regelsorten, z.B. die visuellen Codes mit ihren Zeichen, Zeichenwerten und Botschaften. Diese umfassen die linguistischen Phänomene von langue und parole, beschränken sich aber nicht darauf, denn auch visuelle Kommunikationserscheinungen können mit linguistischen Kategorien erklärt werden.

Legen wir den triadischen Aufbau des Zeichens der Peirceschen Semiotik zugrunde,[4] so stoßen wir sofort auf den Begriff der Trichotomie der Zeichen, worunter Peirce die Unterteilung jedes Korrelats der triadischen Zeichenrelation in drei Glieder versteht.[5] Darüber hinaus kann jede Zeichendefinition einem visuellen Kommunikationsphänomen entsprechen. Aus der taxonomischen Gliederung der trichonomischen Zeichenrelation lassen sich eine Reihe von Kombinationen herauslesen, die für die hier behandelte Thematik relevant sind. In jedem Falle haben wir es mit einem unverrückbaren Prinzip zu tun. Stets wirkt ein System von Konventionen und/oder ein System von erlernten Erfahrungen in der Weise, daß eine konventionelle Beziehung zwischen dem Zeichen und dem Objekt hergestellt wird, um eine angemessene oder überhaupt eine Interpretation, beispielsweise eines Kunstwerks, vornehmen zu können.

Bei ikonischen Zeichen besteht die Beziehung zwischen Zeichen und Gegenstand hauptsächlich durch die Ähnlichkeit oder die gemeinsamen Eigenschaften oder durch beides zwischen dem ikonischen Zeichen und dem Objekt. Was die Ähnlichkeit zwischen einem Porträt und der porträtierten Person anbelangt, ist bereits in der Thematik der Metapher angesprochen worden, aber darüber hinaus ist diese Frage gerade in der Beziehung zwischen Zeichen und Objekt von entscheidender Bedeutung, will der Künstler den Lohn für seine Arbeit erfolgreich geltend machen.

Insbesondere das ikonische Zeichen hat eine gewisse wissenschaftliche Popularität erlangt, nicht zuletzt durch Charles Morris,[6] der für die Verbreitung dieses Sachverhaltes sorgte, weil er nachweisen konnte, daß damit ein gangbarer und zufriedenstellender Weg freigemacht wurde, ein Bild semantisch zu definieren. ›Für Morris ist dasjenige Zeichen ikonisch, das einige Eigenschaften des dargestellten Gegenstandes besitzt, oder besser, das »die Eigenschaften seiner Denotation hat«.[7]

Diese Definition führt uns aber in die Irre, denn ein Porträt wird niemals dieselben Eigenschaften wie die der porträtierten Person haben können. Beispielsweise wird die Form einer auf einem Bild dargestellten Nase, eines Mundes, der Haarfarbe, beispielsweise der Mona Lisa auf dem Porträt, kaum mit der der La Gioconda übereinstimmen. Das gilt auch für den Fall, daß wir das als Zeitgenossen beurteilen könnten, weil wir sie lebend gekannt und gesehen haben. Außerdem dürfen wir bei aller Bewunderung des Werkes Leonardos nicht vergessen, daß die dargestellten Merkmale in der Realität dreidimensional sind, auf dem Bild sind sie jedoch auf eine Fläche projiziert. Darüber hinaus haben Nasen viele Poren, Unebenheiten und sie sind häufig mit körpereigenem Fett benetzt, und diese individuellen Eigenheiten der Objektteile werden auf dem Gemälde niemals wiedergegeben. Außerdem, da wo sich die Nasenlöcher in der dargestellten Nase befinden sollen, hat der Künstler nur zwei schwarze Punkte auf die Leinwand gemalt. Die eigentlich, realistischerweise zu erwartenden Löcher, fehlen. Das bedeutet, daß ein Porträt nur bis zu einem gewissen Grad ikonisch sein kann, weil der Bildträger, die Leinwand, die Holztafel, der Karton oder der feuchte Gipsputz auf der Wand, andere Oberflächenstrukturen besitzen als wir sie auf der Haut haben. Zudem können weder die sprachlichen noch die nonverbalen Fähigkeiten und Eigenschaften der porträtierten Person durch das Bild vermittelt werden, was ein Film schon viel besser vermag, ohne jedoch perfekt sein zu können.

Demnach kann man von einem ikonischen Zeichen nicht verlangen, daß es immer denotiert und das auch noch exakt, denn es ist letztlich selbst ein Denotatum. Wir müssen also generell damit vorlieb nehmen, daß bei dem ikonischen Zeichen nur einige Aspekte von dem, was es denotiert, ähnlich sind, mal in höherem, mal in minderem Grade. Damit mag sich der alltägliche Interpretant zufrieden geben, der Semiotiker jedoch nicht.

Gehen wir die Sache von der zeichentheoretischen Seite an, dann müssen wir uns fragen, was eigentlich geschieht, wenn wir ein Gemälde oder eine Zeichnung betrachten? Zunächst bemerken wir verschiedene visuelle Stimuli, die wir zu einer wahrgenommenen Struktur aufbauen, ganz so, wie das mit den aus der Realität aufgenommenen Sinnes- und Erfahrungsdaten geschieht. Diese Operation bedarf jedoch eines Codes, da die aktivierten Erfahrungen und Techniken von absolvierten Lernprozessen gesteuert werden, und somit einfach nach unterschiedlichen Regeln oder Mechanismen ablaufen können. Das betrifft aber noch nicht das Wesen des ikonischen Zeichens, sondern die Programmabläufe der Wahrnehmung selbst. Die Zeichen aber entstehen nur dann, wenn bestimmte Stimuli auf Grund von Lernprozessen gewisse Bedeutung erlangt haben, die anderen Reizen fehlt.[8]

Die ikonischen Zeichen besitzen demnach keine Eigenschaften des dargestellten Objektes. Vielmehr repräsentieren sie lediglich einige ganz alltägliche Bedingungen der Wahrnehmung mit den entsprechenden Wahrnehmungscodes. Es findet aber in diesem Zusammenhang ein Wahlverfahren hinsichtlich jener relevanter Stimuli statt, die auf Grund der Codes der interiorisierten Erfahrungen diejenigen Bedeutungen aufweisen, die den vom ikonischen Zeichen denotierten tatsächlichen Erfahrungen entsprechen. Unübersehbar handelt es sich hier um eine natürliche Ähnlichkeit zwischen Zeichen und Objekt, was zugleich heißt, daß wir es nicht mit einem willkürlichen, sondern mit einem motivierten Zeichen zu tun haben, das einen Sinn aus der Sache selbst und nicht aus den Darstellungskonventionen bezieht.

Für die Malerei bedeutet das, daß alle Gemälde oder Zeichnungen mit Sujets der Wirklichkeit oder Beispiele natürlicher Expressivität mit der Immanenz des Sinnes in der Sache, Anwesenheit der Wirklichkeit in ihrer spontanen Bedeutsamkeit darstellen. ›Die Wirklichkeit ist nur *Kino in Natur*‹.[9] In diesem Zusammenhang können die materiellen Träger visueller Zeichen, einerseits die der Realität, andererseits jene, die auf einer Leinwand oder anderen Bildträgern dargestellt werden, durchaus voneinander radikal abweichen, denn bei vorhandener Ähnlichkeit ändert sich die Ausdrucksform keineswegs, sondern die Ausdruckssubstanz.

Wenn wir eine Zeichnung aus dem Fundus der Figurenkomposition Matissescher Odalisken mit ihren bis zur ornamentalen Struktur reduzierten Körperlichkeit betrachten, so sind bereits die wahrgenommenen durchgezogenen Umrißlinien als Silhouette einer Frau wahrnehmbar und anzuerkennen. Dabei ist allerdings die einzige Eigenschaft, die diese Frau auf der Zeichnung besitzt, diejenige, die eine wirkliche Frau nicht hat. Die Zeichnung mit ihren wenigen Linien grenzt den Raum innen (die Frau) und den Raum um sie herum (Nicht-Frau) von ihr ab und zeigt damit eine Eigenschaft, die keine Frau dieser Welt aufweist. Das gilt auch für die Wahrnehmung einer Frau, die sich im Dämmerlicht vor einem Hintergrund abzeichnet. In letzteren beiden Fällen beschränkt sich die Wahrnehmung nicht allein auf die dunklen Grenzlinien der sich abzeichnenden Umrißlinien, sondern wir nehmen die Frauen im Kontext einer großen Gesamtmenge von Reizen wahr, von denen nicht ein einziger Stimulus mit der Umrißlinie der Zeichnung oder der Grenzlinie zwischen Objekt und Umwelt im Dämmerlicht vergleichbar oder womöglich identisch ist. Die ikonischen Zeichen spiegeln also einige Wahrnehmungsbedingungen wider. Hinzu kommt, daß der Erkennungscode den wahrgenommenen Gegenstand dadurch identifizierbar macht, daß er ihn gegen andere aussondert und mit graphischen Konventionen versieht.

Die Erkennungscodes arbeiten grundsätzlich nach dem Prinzip der Entschlüsselung charakteristischer Merkmale eines Gegenstandes, verbunden mit den jeweils relevanten Situationsbedingungen. Um nach dem Erkennen auch eine Kommunikation herstellen zu können, muß in der weiteren Folge ein ikonischer Code die Äquivalenz zwischen einem graphischen Zeichen und einem bedeutsamen Zug der Gegenstandsstruktur festlegen. Zu unterscheiden ist zwischen den enthaltenen Eigenschaften des ikonischen Zeichens, die man kennt und denen, die man sieht.

Die Maler der Renaissance malten stets jene Eigenschaften, die sie sahen. Der kubistische Künstler späterer Jahrhunderte malt dagegen die Eigenschaften eines Gegenstandes, die zunächst nur er kennt. Die letzteren Eigenschaften der ikonischen Zeichen sind nicht optisch-sichtbare, sondern ontologisch-angenommene oder konventionalisierte. Zu den mit derartigen ikonischen Zeichen hergestellten konventionalisierten Bildern gehören jene, die von ikonographischen Konventionen abhängen. Beispielsweise wird die Sonne üblicherweise als weißer oder gelber Kreis mit strahlenförmig abgehenden Linien dargestellt. Allerdings besteht hier keine Beziehung zwischen dem ikonischen Bild und dem abstrakten Bild der Sonne, denn diese entzieht sich der genauen Wahrnehmung. Das bedeutet, ›die Konvention regelt alle unsere Abbildoperationen‹.[10]

Dieses Prinzip machen sich nicht nur die Zeichner, sondern alle darstellenden Künstler zu eigen. Der Maler kann sich durchaus zugute halten, daß er sich stärker an die natürlichen Gegebenheiten seiner Motive hält als das bei Zeichnern der Fall ist, die allein mit Umrißlinien arbeiten, wie das beispielweise für eine Reihe von Kunstwerken aus der Feder von Matisse zutrifft. Betrachten wir die Malweise der Impressionisten, so fällt auf, daß sie kaum mit Umrißlinien arbeiten, sondern sie reduzieren stattdessen den Unterschied zwischen Gestalt und Hintergrund auf Farbunterschiede, d.h. auf solche der Lichtintensität. Sie arbeiten mit Farbtonunterschieden und stellen damit Variationen der Lichtintensität dar. Damit verarbeitet der Künstler von allen tatsächlichen Eigenschaften seines Motivs die wohl geringsten festen, denn er greift zur zweideutigen Eigenschaft des Objektes, Licht zu absorbieren und zu reflektieren. Aber die Variationen der Farbtöne seitens des Künstlers sind auch hier von Konventionen abhängig, wie das Ernest Gombrich in seinem Werk *Art and Illusion* deutlich gemacht hat.[11]

Er wies beispielsweise nach, daß die Wiedergabe der Lichtverhältnisse in den minutiös dargestellten Landschaftsbildern von John Constable zu einer neuen Art, unsere Wahrnehmung des Lichts zu codieren und auf die Leinwand zu übertragen, geführt hat. Das war den Zeitgenossen von Constable fremd, weshalb sie wenig Gefallen an seinen Bildern fanden. Sein Bild *Wivenhoe Park,* inspiriert von einer Poetik der wissenschaftlichen Wiedergabe der Realität, erscheint uns wie photographiert. Auch sein Gemälde *Der Heuwagen* repräsentiert in einer fast impressionistischen Farbbehandlung eine neue Art der Naturdarstellung, die weniger auf topographischer Treue als vielmehr auf dem atmosphärischen Spiel von Licht und Schatten beruht.

In der Bearbeitung des Constablischen Bildes *Wivenhoe Park* konzentriert sich Gombrich auf eine bestimmte Ecke des gemalten Parks und weist anhand von zwei Photos nach, wie gering die Gemeinsamkeit zwischen dem Ölgemälde und den auf den Photos abgebildeten tatsächlichen Gegebenheiten dieser Parkecke ist, ohne daß er zugleich die Ikonizität des Gemäldes mit Hilfe der Photos beurteilt. Im übrigen differieren auch die beiden Photos in ihren Darstellungen exakt desselben Parkausschnittes. › … der Künstler kann … nicht das transkribieren, was er sieht: er kann es nur in die Ausdrucksweise übersetzen, die dem Mittel eignet, das ihm zur Verfügung steht‹.[12]

Die Zeichenwelt des Künstlers ist aber nicht immer identisch mit den üblichen technologischen Lösungen für die Darstellung der gemeinsamen Erfahrungen von Künstlern und ihrem Publikum. Wäre das der Fall, so würden die durch einfache und allgemein gebräuchliche technologische Verfahren angefertigten Bilder solche konventionalisierten Zeichen beinhalten, die ein unumstößliches Erwartungssystem ausmachten, womit der Künstler sich mit seiner gesamten Persönlichkeit dem Betrachter seiner Kunst als offenes Buch präsentieren würde. Es gäbe keine Geheimschrift des Künstlers mehr, mit der er einem bildlichen Zeichen eine neue und überraschende Bedeutung beimessen könnte.

Da die Kunst grundsätzlich ein Ausdrucksmittel ist, mit dem die Konventionen, Alltagsüberzeugungen, Meinungen und Sichtweisen gebrochen werden können oder sollen, kann die Kunst nicht oder nicht im wesentlichen durch die Vorurteile des programmierten konventionalisierten Empfängerhorizonts ihre Bewertung erhalten.

Konventionalisierte graphische Zeichen sind ungemein langlebig und überdauern sogar neue, ihnen zuwiderstehende Erkenntnisse. Als Beispiel können wir den großen deutschen Künstler der Renaissance, Albrecht Dürer, vorweisen. Er hatte in Unkenntnis der tatsächlichen Beschaffenheit der Haut des Nashorns dieser ein, wie aus Dachziegeln bestehendes, schuppenartiges Aussehen gegeben. Dieses Bild oder diese Sichtweise hat sich noch weit über zweihundert Jahre am Leben erhalten, obwohl nur wenige Generationen nach Dürer die wirkliche Beschaffenheit der Nashornhaut bekannt war. Was zur Beibehaltung des falschen Bildes geführt hat, ist der Umstand, daß der überlieferte Code der ikonischen Transkription die Wahrnehmung nicht anders beschreiben konnte. Das liegt nicht zuletzt an dem extremen Konservativismus menschlicher

Wahrnehmung hinsichtlich seiner unmittelbaren Umwelt, in der sich die Erfahrungen der Menschen über Tausende von Generationen hinweg mehr oder weniger stabil und konstant aufrecht gehalten haben. Deshalb haben sich die menschlichen expressiven Gesichtsausdrücke, z.B. des Zorns, der Freude, der Trauer, der Gier etc. unverändert von frühester Kindheit an erhalten, obwohl sie in voller Ausprägung erst im Erwachsenenalter wahrgenommen werden können. Auch hier spielen Erfahrungen und erworbene Konventionen die entscheidende Rolle. Das läßt sich sehr gut aus der expressiven Darstellungsweise in der Kunst von Goya, Daumier, Breughel und bei den Karrikaturisten des 19. Jahrhunderts nachweisen, wenngleich die ikonischen Zeichen selten eindeutig codiert werden können. Dem Betrachter eines Bildes muß deshalb mit Wortinschriften auf die Sprünge geholfen werden. Ursache ist die nicht zu umgehende Ambiguität des Bildes, das zumeist das Universelle weniger das Besondere bezeichnet, vielleicht mit geringer Ausnahme des Porträts. Deshalb muß prinzipiell bei referentieller Genauigkeit des Bildes die Aussage mit Hilfe eines verbalen Textes kommunizierbar gemacht werden.[13]

Die ikonischen Zeichen denotieren niemals eine wahre Struktur der Realität, sondern sie gliedern, entsprechend bestimmter Prozeßabläufe, jene Differenz-Relationen, die auch hinsichtlich der Inbeziehungsetzung der bedeutsamen Elemente des Erkenntnisgegenstandes in der Wahrnehmung entstehen. ›Das ikonische Zeichen konstruiert also ein Modell von Beziehungen (unter graphischen Phänomenen), das dem Modell der Wahrnehmungsbeziehungen homolog ist, das wir beim Erkennen und Erinnern des Gegenstandes konstruieren‹.[14]

Entscheidend ist demnach nicht der Gegenstand der Wahrnehmung, sondern das im inneren Abbildsystem gespeicherte Gedächtnisbild desselben, das durch die Wahrnehmung bestimmter Schlüsselreize aktiviert wird. Alle sich anschließenden Handlungen und Operationen werden dann aus dem Gedächtnis geführt, die unmittelbare Umwelt tritt in den Hintergrund.

Sobald ein Gedächtnisbild gezündet wird, denotieren oder konnotieren wir ein ikonisches Zeichen. Das Erkennen eines Pferdes in einer graphischen Darstellung beispielsweise, das allein aus der Umrißlinie des Tieres besteht, denotieren wir an Hand einer generalisierten Konventionalität. Sehen wir dagegen die Silhouette eines uniformierten kleinen Mannes mit einem Dreispitz, die eine Hand auf dem Rücken, die andere auf der Brust in die Weste geschoben, so denotieren wir Napoleon. Diese beiden Denotationen unterscheiden sich dadurch, daß die erste ein ikonisches Zeichen darstellt und die zweite ein ikonisches Symbol. Letzteres zielt auf spezielle historische Wissensbestandteile, die nicht prinzipiell generalisiert sind, weil sie niemals das Resultat von vitalen Lebensumwelterfahrungen sein können. Ikonische Zeichen, die die Qualität von ikonischen Symbolen aufweisen, zwingen den Betrachter zu differenzierter Wahrnehmung der Opposition diskreter Elemente, um auch komplexe Gestalten decodieren zu können.

Allerdings besitzen die Zeichen in den Bildwerken kein Gliederungssystem, wie das bei der Sprache der Fall ist. Dem Bild, als ikonisches Zeichen, fehlt jener Oppositions- und Stellenwert der zwischen Signifikant und Signikat eines Sprachzeichens besteht und der in diesem Zusammenhang eine eindeutige Positionsbestimmung allein schon dadurch zuläßt, daß es erscheint oder nicht. Schon seine Existenz schafft Bedeutung, was bei Bildelementen, wie z.B. einem Punkt oder einer Linie für sich allein gesehen, nicht der Fall ist. Ikonische Zeichen in Bildwerken erhalten ihre Bedeutung allein aus der Kontextualität zu anderen Zeichen, die in ein Konventionalitätsgefüge eingebunden sind. Das macht die ikonischen Codes zu schwachen Codes, was wiederum die conditio sine qua non der unterschiedlichen Interpretationsresultate von Bilddeutungen in der kunsthistorischen Interpretation darstellt.

Wir können schlußfolgernd feststellen, daß die ikonischen Zeichen stets konventionell sind. Sie besitzen keine Eigenschaften der dargestellten Sache, sondern sie umschreiben mittels eines ikonischen Codes einige Erfahrungsbedingungen mit dem Gegenstand.

9.2 Der Aufbau der visuellen Codes

Die visuellen Codes, die kommunikative Akte ermöglichen, sind im Gegensatz zu den Codes der verbalen Sprache nicht doppelt gegliedert. Bei den visuellen Codes ist die zweite Gliederungsebene der verbalen Sprache nicht vorhanden. Sie stellt in den Sprachcodes jene Faktoren bereit, die den Elementen der ersten Ebene, den Monemen,[1] die denotierte Bedeutung vermitteln. Bei den ikonischen Codes stellen die Elemente, die der sprachlichen zweiten Gliederung entsprechen, nur unterscheidende Stellen- und Oppositionswerte dar, die von Luis Prieto[2] ›Figuren‹ genannt werden. Das ist schon deshalb angemessen, weil kein visueller Code Phoneme[3] aufweisen kann. Die Elemente der ersten Gliederung, die Moneme, nennt Prieto ›Zeichen‹. Sie können eine Bedeutung denotieren oder konnotieren. Unter diesen Zeichen befindet sich ein besonderes, ›Sem‹ genannt. Ihm ist eigen, daß sein Signifikat keinem Zeichen, sondern einer Aussage der Sprache entspricht. Beispielsweise kennzeichnet ein bestimmtes Verkehrszeichen die Fahrtrichtung auf einer Straße für nur eine Richtung und verbietet die Fahrt in entgegengesetzter Richtung. Damit finden wir bei diesem visuellen Zeichen zwar eine unzweideutige Bedeutung, diese kann aber nicht mit einem äquivalenten verbalen Zeichen in Beziehung gesetzt werden, sondern allein zu einer äquivalenten Aussage.

Die visuellen Codes gliedern sich also in Figuren, Zeichen und Seme,[4] wobei Seme auch ikonische Aussagen genannt werden. Letztere können gelegentlich zwar in Figuren, aber nicht in Zeichen zerlegt werden, d.h. hier entstehen zwar Elemente mit unterschiedlichem Wert, die aber für sich keine Bedeutung haben.

Beispielsweise kann bei einer Autobuslinie, die mit einer zweistelligen Zahl (Linie 12) gekennzeichnet ist, diese Zahl in zwei Figurenziffern zerlegt werden, also in 1 und 2, aber diese Figuren haben in dem hier angegebenen Zusammenhang keine eigene Bedeutung. Dennoch hat die zweiziffrige Linienbezeichnung die klare Bedeutung, dieser Bus fährt von einem bestimmten A nach einem definierten B.

Es gibt auch Codes, die überhaupt keine Gliederung aufweisen, denn sie besitzen keine weiter zerlegbare ikonische Aussage, wie das beispielsweise für eine Verkehrsampel zutrifft, die zwar mit ihren Farbzeichen Handlungen auslösen kann, die vorhandenen drei Ampelfarben sind aber untereinander auf der Ampel nicht beliebig kombinierbar. Schließlich gibt es ikonische Zeichen, die nur die erste Gliederung aufweisen, wie das bei der üblichen Kennzeichnung von Hotelzimmern der Fall ist. Beispielsweise sagt das Zimmerzeichen 20 unmißverständlich aus, daß das Zimmer im zweiten Stock des Hotels liegt und daß es das erste in der weiteren Zimmerfolge ist. Hier können die visuellen Aussagen in Zeichen nicht in weitere Figuren zerlegt werden.

Für die Identifizierung und Interpretation von Bildwerken der bildenden Kunst sind die ikonischen Aussagen von zentraler Bedeutung. Darauf soll nun der Blick gerichtet werden. Beginnen wir mit einem Beispiel. Wir sehen vor uns ein Bild, das eine halbnackte, hübsche junge Frau zeigt, die in einer Schale einen abgetrennten Männerkopf trägt. Dieses Bild kommuniziert mit dem Betrachter in der Weise, daß ein ikonographischer Code verschiedene Bedingungen der Erkennbarkeit offenbart und konnotiert, mit dem erkennbar wird, daß es sich um Salome, die Tochter der Heriodas und Enkelin der Schwester Herodes I. handelt, die, angestiftet von ihrer Mutter, deren Gatten, Herodes Antipas, um das Haupt von Johannes dem Täufer bat.[5] Hätte es sich um eine andere, ebenfalls junge hübsche Frau mit einem Schwert gehandelt, die einen Sack bei sich trägt, so wäre Judith, die apokryptischen Romanfigur aus dem 2. Jahrhundert v. Chr. konnotierbar gewesen,[6] die sich anläßlich der Belagerung ihrer Heimatstadt Baitylua heimlich des Nachts in das Lager der Belagerer schlich, dort den Feldherrn Holofernes eigenhändig mit einem Schwert enthauptete und seinen Kopf in einen Sack verstaute. Diese Konnotationen entstehen, ohne daß der ikonographische Code die Bedingungen für die Signifikation und die Gliederung der Denotation festlegt. Er kennzeichnet nur die Signifikate ›Frau‹, ›abgeschlagenen Kopf‹, ›Schale‹ oder ›Schwert‹. Die visuellen Syntagma[7] werden mittels eines visuellen Codes codifiziert. ›Für den ikonographischen Code, der sich auf der Grundlage des ikonischen Codes analytisch aufbaut, werden die Signifikate des Basis-Codes zu Signifikanten‹.[8]

Interessanterweise berichtet Erwin Panofsky von einem Bild des venezianischen Malers Francesco Maffei[9] aus dem 17. Jahrhundert, das eine hübsche junge Frau zeigt, die in der rechten Hand eine Schale mit einem abgeschlagenen Kopf und in der Linken ein Schwert hält. Dieses Bild konnotiert im Prinzip weder Salome noch Judith, denn bei ersterer spielt ein Schwert keine Rolle, bei Letzterer fehlt der in einer Schale liegende abgetrennte Kopf. Sofern wir den Künstler nicht der Unkenntnis der wirklichen literarischen und geschichtlichen Zusammenhänge bezichtigen wollen, müssen wir die Typengeschichte befragen, ob es in der Entstehungszeit des Bildes einen Bildtypus Judith mit der Schale oder Salome mit dem Schwert gab. Bei Ersterem werden wir fündig, so daß wir die im Maffeischen Bild dargestellte Frau als Judith identifizieren können. Es wäre anschließend nach dem Grund zu fragen, warum im 17. Jahrhundert der Bildtypus Judith mit der Schale und nicht Salome mit dem Schwert existierte. Diese Frage zielt auf die ikonologische Interpretation des Betrachters, die nicht nur die Fähigkeit eines medizinischen Diagnostikers erfordert, sondern zugleich den Peirceschen Rateinstinkt.

Der Diagnostiker verbindet die verschiedenen Sinneseindrücke auf allen Beobachtungsebenen zu einem konjekturalen Paradigma, ähnlich wie das bei der Morellischen Detektivmethode oder in der psychoanalytischen Kur der Fall ist. Da wie dort werden die kleinsten und unbedeutend erscheinenden Verhaltens- oder Bildmerkmale oder auch die Verwandtschaften zwischen dargestellten und typischen Elementen in Zusammenhang gebracht und damit die tatsächlichen Gegebenheiten oder die richtigen Zuordnungen des Objektes erkannt.

Panofsky bezeichnet das Verfahren, mit dem der Bildtypus erkannt werden kann, der in einer bestimmten Zeit vorherrschend war, als Ikonologie. Er versteht darunter › ... eine ins Interpretatorische gewandte Ikonographie‹.[10] Gemeint ist eine ikonologische Synthese, die gemeinsam mit dem Paradigma der konjekturalen Methode zu Erkenntnissen bei der Bildidentifikation gelangt. Diese gestattet es der Kunstgeschichte, entsprechend den vorherrschenden Zeitströmungen, den aktuellen Denkgewohnheiten, den überlieferten Konventionen, den vorherrschenden Ideologien und den tatsächlich vorhandenen gesellschaftlichen und politischen Machtverhältnissen, ihren Beobachtungsgegenständen zu einem vergänglichen Schein und Sein zu verhelfen.

Die ikonischen Codes bestehen aus ikonischen Zeichen, deren Aussagen komplexe Bedeutungseinheiten beinhalten, die vielfach in gut auseinanderzuhaltende Zeichen, aber weniger gut in Figuren zerlegt werden können. Betrachten wir beispielsweise eine durchgezogene Linie, die als Kontur eines Schiffes erkennbar ist, so sind verschiedene Zeichen unterscheidbar. Wir können den Bug, das Heck, die Aufbauten und die Masten klar erkennen und denotieren, aber die entsprechend einer zweiten Gliederung zu erfragenden Konnotationen sind nicht vorhanden, denn es ließe sich nicht die Grenze bestimmen, an der die Variationen dieser Zeichnung nicht mehr ein Schiff denotierten. Die Komplexität dieser noch einfach erscheinenden Zeichnung ist bereits so hoch, daß der Beantwortung der Frage nach der zweiten Gliederung des ikonischen Codes ein Riegel vorgeschoben ist.

Grundsätzlich gilt, daß die Zeichen eines ikonischen Codes nur dann denotieren, wenn sie im Kontext einer ikonischen Aussage stehen, die die Termini des Systems liefert, in denen die Zeichen des ikonischen Codes eingebettet sind. Fehlt der Kontext, beispielsweise wenn man nur einen Zug oder einen Ausschnitt einer Zeichnung oder eines Ölgemäldes betrachten kann, so sind die vorzufindenden Zeichen vielgestaltig. Sie lassen sich keiner Erfahrung zuordnen, die der Darstellung ähnelt. Damit sind diese ikonischen Zeichen eigenschaftslos. Ein isoliert betrachteter Zug aus einem figurativen Ölgemälde gibt nur Pinselstriche her, die letztlich nur als abstraktes Bild interpretierbar sind, womit sie keinen darstellenden Wert mehr besitzen. Die ikonische Aussage ist demnach stets als Idiolekt[11] zu lesen. Es bildet für sich einen Code oder charakteristischen Malstil heraus, der seinen analytischen Elementen Bedeutung verleiht.

Auf der ikonischen Ebene finden sich weit mehr Konventionen als auf der sprachlichen, weshalb auch auf ersterer die Anzahl der ikonischen Codes größer ist als die der sprachlichen. Die Anzahl der ikonischen Codes wird dadurch begrenzt, daß es maximal nur so viele ikonische Sprachen geben kann, wie es persönliche Stile der Künstler und wie es typische Stile der Schulen und Epochen gibt.

Die nicht-ästhetischen ikonischen Stile unterliegen einem Regelsystem, das diese Stile recht gut vorhersehbar macht, was aber für die ästhetischen ikonischen Stile nicht zutrifft, weil sie sich in enormer Schnelligkeit von Botschaft zu Botschaft verändern können. Das macht es unmöglich, sie zu erkennen und zu beschreiben. Die Untersuchung der ikonischen Aussagen und ihrer relevanten Figuren ist keine semiotische, sondern eine psychologische Aufgabe. Die ikonischen Zeichen dagegen können mit ihren figurativen Bildern auf der Ebene der Kontext-Code-Aussage in Form von Aussageeinheiten katalogisiert werden, womit eine Semiotik der visuellen Kommunikation mit figurativen Bildern in der Malerei möglich ist. Die Wahrnehmungspsychologie hat dann zu klären, ob die Wahrnehmung des realen Objektes reichhaltiger ist als das, was eine ikonische Aussage desselben Gegenstandes zu liefern imstande ist.

Die weiter unten noch zu besprechende Theorie der strukturalen Wahrnehmung von Gegenständen, Situationen, Farben und Formen soll diese Frage beantworten helfen. In diesem Zusammenhang ist zu untersuchen, ob das ikonische Zeichen gewisse grundlegende Bedingungen der Wahrnehmung widerspiegelt. Außerdem steht die Frage im Raum, ob die graphischen Konventionalisierungen unsere Erwartungssysteme so stark beeinflussen oder beherrschen, daß der ikonische Code zum Wahrnehmungscode mutiert. Mit anderen Worten: › … kann man also im Wahrnehmungsfeld nur solche Wahrnehmungsbedingungen feststellen, die den vom ikonischen Code begründeten verwandt sind?‹[12]

Zusammenfassend lassen sich die hier behandelten Codes folgendermaßen charakterisieren: Die ikonischen Codes gliedern sich in Figuren, Zeichen und Aussagen. Die Figuren spiegeln die Wahrnehmungsbedingungen wider, die im Bild vom Künstler entweder als Figur und Hintergrund, als Hell-Dunkel-Kontrast, als geometrische Verhältnisse oder in Kombination des einen und anderen in graphische Zeichen transkribiert wurden. Die Anzahl der darstellbaren Figuren ist unbegrenzt, außerdem sind sie oftmals nicht diskret. Das bedeutet, daß sie sich gelegentlich nicht voneinander abgrenzen, weshalb ihre bedeutungstragende Funktion verschleiert wird. Das ist die Ursache dafür, daß ein Kontinuum an Möglichkeiten für individuelle Botschaften entsteht, die nur unter Zuhilfenahme des Bildkontextes identifiziert werden können. Entscheidend sind hier stets die Beziehungen zwischen den jeweiligen relevanten Figuren, mit denen prinzipiell die Wahrnehmungsbedingungen denotieren. Zu bedenken ist ebenfalls, daß in der abendländischen Kultur eine gewisse Menge an relevanten Zügen entwickelt wurde, die in den Abbildungen zu finden sind. Und zwar entsprechend der überlieferten und nach wie vor wirksamen ästhetischen und wertkonservativen Bindung der Bildkunstwerke an die abendländische Kultur.

Die Zeichen in den Bildern denotieren nach konventionalisierten Erkenntniseinheiten, mit denen in Darstellungen die Zeichen entsprechenden Figuren zugeordnet werden können. Der Künstler malt in figurativen Bildern die Gesichter von Personen so wie wir sie in der Alltagswahrnehmung sehen. Das gilt auch für andere Körpermerkmale und typische Bekleidungen. Wenn der Maler dagegen in der Darstellung zu abstrakten Modellen greift, beispielsweise zum Sonnenmodell, dann sind diese nur im Kontext mit den ikonischen Aussagen erkennbar.

Die ikonischen Aussagen, alltagssprachlich würden wir dazu ikonische Bilder sagen oder sie einfach nur Bilder nennen, sind nicht nur erkennbare typische Umrißkonturen von Gegenständen oder Gestalten, sondern sie charakterisieren zugleich eine Beziehung, beispielsweise Mensch auf einem Pferd = Reiter. Diese Aussagen ergeben den Kontext, mit dem das Bild gelesen werden kann oder mit dem die ikonischen Zeichen zu erschließen sind. In beiden Fällen begegnen wir der Grundbedingung der Kommunikation zwischen Bild und Betrachter, und zugleich wird der Kontext in ein System von signifikanten Oppositionen eingebunden. Verschiedene ikonische Codes werden von den Künstlern häufig so unkonventionell kombiniert, daß sie wie Traumbilder aufgebaut sind. Es entstehen Phantasiegestalten, die wie im Traum aus mehreren bedeutsamen Einzelpersonen zu einer Phantasieperson zusammengesetzt werden. Manchmal werden auch Phantasiegebilde geschaffen, um eine angestrebte ästhetische Botschaft zu verstärken oder um eine bildlich-metaphorische Bedeutung herzustellen, wie das beispielsweise bei den Vanitasobjekten in den Genrebildern der Fall ist. Dieses Verfahren war nicht nur vor Jahrhunderten gebräuchlich, sondern es kommt auch heute noch in der modernen figurativen Malerei zur Anwendung. Damit sollen jene Wahrnehmungsbedingungen für eine bildliche Erzählung hergestellt werden, in denen allein die Erkennungsseme oder ikonischen Aussagen eine Rolle spielen sollen.

Gehen wir von den ikonischen zu den ikonographischen Codes,

so können wir feststellen, daß letztere die Signifikate der ersteren zu Signifikanten in eigener Sache machen, um komplexe und kulturelle Aussagen konnotieren zu können. Erkennen wir beispielsweise einen Mann bekleidet mit weißer Toga auf den Stufen zu einem antiken römischen Tempel, so konnotieren wir einen römischen Patrizier oder Senator einer bestimmten Epoche.

Die gewählten ikonischen Varianten arbeiten häufig mit konventionalisierten Erkennungsmerkmalen, die aus der Merkmalsenzyklopädie Ripas zu entnehmen sind. Hier finden wir äußerst komplexe syntagmatische Konfigurationen, die ebenfalls gewisse Verwandtschaftsbeziehungen zu den Traumbildern nicht leugnen können.

Auch die Geschmacks- und Sensibilisierungscodes entsprechen den jeweiligen Werthaltungen, ästhetischen Vorlieben, den Konventionen, den ideologischen Gesellschaftsentwürfen und den Machtverteilungen in Institutionen des Rechts, der Religion und den informellen Gruppierungen. Zwar sind die hier festgelegten codifizierten Konnotationen gelegentlich äußerst kurzlebig, was aber nicht ihre Wirksamkeit für diese Zeit schmälert. Außerdem stehen sie stets im Kontext zu einem vorhergehenden Code, beispielsweise dem graphisch-architektonischen Code. Denotieren wir in diesem Zusammenhang in einem Bild z.B. einen griechischen Tempel, so werden wir anschließend die Qualität ›harmonische Schönheit‹ oder ›antikes Ideal des Griechentums‹ konnotieren. Mit einem anderen Bild, das eine wehende Fahne zeigt, verbinden wir, wenn der Kontext es zuläßt, den Begriff ›Patriotismus‹ oder ›Staatsmacht‹. Auch Darstellungen mit eindeutig erotischem Inhalt erzeugen typische Reaktionen, die allerdings weniger von einem natürlichen Auslöser gesteuert werden als vielmehr abhängig sind von der individuellen Sensibilität des Betrachters und/oder von der in einer bestimmten Epoche gültigen oder erlaubten Werthaltung gegenüber solchen Darstellungen. Das bedeutet, daß selbst erotische Bilder nicht zeitlos gleiche Wirkungen erzeugen, wie das am Beispiel der Frauen mit Rubensfigur ablesbar ist. Diese entsprechen nicht mehr unangefochten dem heutigen Schönheitsideal; die Konventionen des erotischen Geschmacks haben sich verändert.

Ganz bestimmte stilistische Darstellungsformen der Malerei verweisen nicht nur auf den Geschmack, sondern auch auf die Epoche selbst, indem sie mit rhetorischen Codes der verbalen Sprache korrespondieren. Sie verweisen einerseits in diesem Zusammenhang auf eine eingeführte Stilfigur, die eine typische Realisation von Gefühlen nicht nur bewirken, sondern zugleich für den Betrachter konnotieren. Andererseits kann eine Stilfigur auch zur Darstellung eines ästhetischen Ideals dienen.

Schließlich haben wir es nicht selten mit gewissen ikonischen, ikonographischen oder stilistischen Konfigurationen zu tun, die in psychologischen oder psychoanalytischen Behandlungen zur Wirkung gelangen. Gemeint sind Übertragungs- und Projektionsverfahren, die unbewußte emotionale Reaktionen zum Inhalt haben oder diese auslösen, wie beispielsweise das ›Katathyme Bildererleben‹.[13]

Oftmals haben wir es statt mit ikonischen oder ikonographischen Codes nur mit konnotativen Lexika oder nur mit ikonischen Repertoires zu tun. Das ist immer dann der Fall, wenn die erkennbaren Merkmale eines Bildes nicht zu einem Oppositionssystem gehören, sondern lediglich als ikonische Zeichen in einer Reihe aufgelistet werden können. Dazu gehört auch das weiter oben angesprochene Bild der jungen hübschen Frau, die einen abgeschlagenen Kopf bei sich trägt. Hier sind die Betrachter des Bildes aufgerufen, die Teile des einfachen ikonischen Zeichenrepertoires in ein System von Oppositionen zu überführen, wollen sie zwischen Salome und Judith unterscheiden und zugleich die vom Künstler beabsichtigten Konnotationen entschlüsseln.

Im Anschluß wenden wir uns den verschiedenen Arten informeller oder gegenstandsloser Kunst zu, um zu untersuchen, ob ihren Botschaften ein Code zugrunde liegt.

9.3 Der ikonische Code für anikonische Zeichen

Die ikonischen Codes können, wie bereits dargestellt, verschiedene Gliederungen besitzen. Trifft das auch für die informelle Kunst[1] zu? Kann eine gegenstandslose und strukturlose Malerei überhaupt einen Code besitzen? Kann die informelle Kunst überhaupt Botschaften transportieren? Um das leisten zu können, muß zwingend für die Botschaft ein Code vorhanden sein.

Die informelle Kunst versteht sich als Gegenbewegung zur geometrisch-abstrakten Malerei. Sie lehnt abgegrenzte Formen, feste Kompostionsregeln und eindeutige Proportionsbeziehungen ab. Die in dieser Kunst arbeitenden Künstler hantieren mit frei erfundenen Zeichen oder Rhythmen und Strukturen, in denen Flecken und Linien ineinander greifen, um Geistiges und psychische Befindlichkeiten unmittelbar ausdrücken zu können.

Wie soll nun ein Code diese Arbeitsweise codieren, wo es sich doch in den Bildern um spontane und impulsiv gesetzte, individuelle Gesten der Künstler handelt, die behaupten, mit aktionistischen Malakten abstrakte Psychogramme in offene Formen gießen zu können. Das verweist auf den sogenannten ›Automatismus‹,[2] der 1924 von André Breton theoretisch begründet wurde, als er aufzeigte, daß sich mit dieser Malweise unbewußte psychische Quellen und instinktive Regungen des Künstlers erschließen lassen. Der Automatismus weist eine enge Nähe zum Surrealismus auf, der als Reaktion auf den Zusammenbruch der traditionell-abendländischen Wertvorstellungen nach dem Ersten Weltkrieg zu verstehen ist. Er empfing starke Impulse aus dem Symbolismus und dem Dadaismus, aber auch aus der psychoanalytischen Theorie des Unbewußten mit ihren Traumdeutungen. Ziel war die Herstellung einer harmonischen Synthese in Form einer absoluten Wirklichkeit – der ›surréalité –. Mit Symbolen und deren inhaltlichen Konfigurationen sollte einerseits eine Übersetzung verbaler metaphorischer Erwachsenenredewendungen vorgenommen werden. Andererseits bestand das Ziel dieser Vorgehensweise auch darin, den Sinn kindlicher synchroner Bildgeschichten zu entschlüsseln, indem diese in diachrone Erlebnis- und Erfahrungszusammenhänge der Erwachsenen übersetzt wurden. Das sollte zu einem Verständnis derselben führen. Wir haben es hier mit einem Sachverhalt zu tun, den sich die klinische Psychologie insofern zunutze macht, als sie mit diesem Verfahren psychische Traumatisierungen und/oder Entwicklungsstörungen bei Kindern zu diagnostizieren und zu behandeln versteht.[3] In diesem Zusammenhang ist beispielsweise bekannt, daß Paul Klee und Picasso sich eingehend in die Stilistik und Ikonographie der Kinderzeichnungen vertieft haben.[4] Kinderzeichnungen weisen vielfach eine ähnliche Bildkomposition auf, wie sie bei der informellen Kunst zu finden sind. Deshalb können wir in beiden Fällen die Frage stellen: Kann der erwachsene Betrachter überhaupt die Bilderwelt der Kinder und die der informellen Künstler mit den darin tatsächlich oder vermeintlich transfigurierten Botschaften verstehen? Dabei ist zu bedenken, daß es sowohl in der Kinderbildwelt als auch in der informellen Kunst um Seelenverläufe des Kindes oder des Künstlers geht, die der Betrachter erfassen soll.

Wenn nun bereits sehr subtile Codifizierungsprozesse erforderlich sind, um die ikonischen Zeichen zu codifizieren, wie soll dann an nicht-ikonischen visuellen Konfigurationen eine Codierung möglich sein, entbehren sie doch jeglicher figurativer Darstellung aus der menschlichen Lebenswelt, aus Mythologien oder aus graphisch-geometrischen euklidischen Raumerfahrungen.

Wir haben in den Bildern der Kinder und der informellen Künstler Fremdpsychisches vor uns, deshalb müssen wir uns fragen, können wir dieses Fremdpsychische überhaupt verstehen? Diese Frage führt uns zu Eduard Spranger,[5] der Verstehen als › … geistige Zusammenhänge in der Form objektiv gültiger Erkenntnis als sinnvoll auffassen‹[6] charakterisiert. Dazu gehört nicht nur die Fähigkeit des verstehenden Subjekts, in fremde innere Zusammenhänge einzudringen, sondern darüber hinaus muß das zu verstehende Objekt ein sinnvolles Gebilde darstellen, das im

Nachvollzug seiner geistigen Zusammenhänge einem Verständnis zugänglich wird.

Hier setzt das Problem der Codifizierung von anikonischen visuellen Konfigurationen mit der Frage ein: Präsentieren abstrakte, informelle und materiale Malerei[7] Zeichen oder tun sie das nicht? Diese Frage läßt sich vielleicht am besten damit angehen, daß wir uns anschauen, welche Kunstwerke die informellen Künstler herstellen, um dann zu entscheiden, ob, und wenn ja, was für ein Code die anikonischen Zeichen codifiziert.

Beginnen wir mit einem Werk von Alfred O. W. Schulze, der unter dem Pseudonym Wols arbeitete und als einer der Begründer und Hauptvertreter der informellen Kunst gilt. Wols vermittelt den Eindruck von geträumten Assoziationen, die mit spontan gesetzten, subtilen Farbflecken und Lichtgeflechten erzeugt werden. Die Rede ist hier von dem Bild ›Komposition 46‹, das zu den 40 Gemälden gehört, die René Dronin 1947 mit großem Erfolg in seiner Pariser Galerie ausstellte.

Das Bild zeigt eine von Licht durchflutete Farbigkeit und feinste Linien, die sich zur Mitte des Bildes in einer dunkleren kompakteren Konfiguration verdichten. Es entsteht der Eindruck einer geistig-spontanen Expressivität mit imponierender lyrischer Ausformung. Nicht nur in diesem Bild, sondern in seinem gesamten Oevre lassen sich Traumbilder voller phantasiegetragener Assoziationen erkennen, die Erinnerungsspuren natürlicher Ordnungen, vegetabilen Wachstums oder kristallisierenden Gesteins beinhalten. Er machte es sich ganz offensichtlich nicht zur Aufgabe, ästhetische Strukturen zu erzeugen, sondern ließ sich, ähnlich wie Leonardo in der Renaissance, von den im Material vorfindbaren natürlichen Strukturen dazu anregen, diese für seine Kompositionen fundamental einzusetzen. Wols und viele andere informelle Künstler überließen es aber nicht dem Zufall der Materialstruktur, sondern sie suchten und wählten Materialstrukturen aus, damit ein strukturierender zeitlicher Zufall niemals Regie führen konnte.

Auch der französische Maler und Graphiker Jean Fautrier löste sich um 1928 ganz von der gegenständlichen Malerei und begründete mit Pierre Saulages, Wols und Hans Hartung die informelle Kunst. Seine in fahlen Tönen und reliefartigem Grund gehaltenen Objekte bearbeitete er durch Kratzen, Ritzen, Reiben oder mit lasierendem Farbauftrag. Damit schuf er Oberflächenstrukturen, die als System ausgeprägt sind, ähnlich wie die plastisch hervortretenden Malgründe seines Landsmannes, des Malers und Bildhauers Jean Dubuffet. Letzterer orientierte sich auch an der spontanen, unreflektierten Kunst von Kindern. In seiner Arbeitstechnik benutzte er Strukturen, die aus selbst hergestellten Malgründen bestand, in denen er Sand, Erde, Kalk, Abfälle und Farbe miteinander vermischte. Diese versah er mit seinen Fingern oder anderen Instrumenten mit formlosen, anarchischen, rohen Zeichenkonfigurationen. Aus dem dabei entstehenden Chaos ließen sich Gesichter, Figuren und Landschaften herauslesen, ähnlich wie das bei Bildern von Kindern oder mit einem Rorschachtest möglich ist.

Als letztes Beispiel für die informelle Kunst ziehen wir die Arbeiten des Amerikaners Jackson Pollock heran, in denen die automatischen, aus dem Unbewußten schöpfenden Elemente seiner Werke durch psychoanalytische und indianisch-mythologische Schriften und Überlieferungen angeregt wurden. Es entstanden labyrinthisch verschlungene Farbnetzstrukturen,[8] die mit schwarzer Lackfarbe hergestellt, ein dynamisches Geflecht von einzigartigen Bewegungsspuren erzeugen.

Was haben die Bilder der skizzierten Künstler der informellen Kunst gemeinsam, und welcher ikonische Code oder anikonische Code kann ihre Seme codifizieren? Stehen eventuell die informellen Bilder als intentionale Opposition zu den figuralen Codes und zu den mathematisch-geometrischen Codes der abstrakten Malerei? ›Es scheint uns jedoch, als könnten wir in den informellen Bildern … so etwas wie die Anwesenheit einer Regel, eines Bezugssystems erkennen‹.[9]

Dieses Beziehungssystem wird durch die Wechselwirkung zwischen Materialtexturen, beispielsweise den Faserungen von Sackleinwänden oder den Holzmaserungen, und dem Künstler erzeugt, der aus ihnen Bearbeitungsvorschläge empfängt. Hier wirken weder Elemente der physikalisch-technischen Ebene oder der semantischen, auch nicht Elemente der konnotierten ideologischen Welt, sondern der Code der informellen Werke ist auf einer mikrophysikalischen Ebene der Materialien zu finden, wo er von den Künstlern in den Strukturen der Stoffe entdeckt und weiter bearbeitet wird, so daß die künstlerischen Bearbeitungsspuren die Beziehungsstruktur aufdecken und ein System erkennbar machen. Damit dient und figuriert dieses System als Richtschnur für die Strukturierung der mikrophysikalischen Ebene der informell-künstlerischen Seme. Formen ohne Gestalt formieren sich. Sie sind erkennbar auf einer Zeichenebene, und das auch dann, wenn die Zeichen nicht besonders klar codifiziert und nicht unmittelbar identifizierbar sind. Erkennbar ist ebenfalls der Ideolekt, der aber nicht verschiedene Codes verbindet, sondern das Beziehungssystem der mikrophysikalischen Ebene als Gesetz für alle anderen Ebenen konstituiert. Eine Kommunikation im üblichen Sinne kommt allerdings nicht zustande, vielmehr figurieren als informelle Botschaften die Materialverwerfungen, die dem Stoff anhaften oder durch andere Zufälligkeiten der Natur entstanden sind.

Diese Botschaften werden vom künstlerischen Ideolekt aufgeschlossen, zur Ansicht gebracht und codifiziert. Der Code ist demnach im Werk enthalten, er geht diesem nicht voran, und er kann nur mittels äußerer Hilfe erkannt werden, denn selbst der grundlegende gestaltpsychologische Code, der in den geometrischen und kubistischen Bildern zu finden ist, kann in den informellen Kunstwerken nicht entdeckt werden. Das informelle Bild errichtet seinen automatischen Code in dem Moment, wo es die Bühne der Kunstobjekte betritt. Das ist auch der Grund dafür, daß die informellen Künstler stets vor der Präsentation ihrer Werke über dasselbe referieren müssen, um den Bruch mit allen bestehenden Konventionen und die Begründung eines autonomen Kommunikationssystems zu erklären. Der Code der informellen Kunst ist somit ohne Hilfe des verbalen Codes nicht um- und einsetzbar.

10.1 Verfahren und Ziele der strukturalen visuellen Wahrnehmung

Daß in der visuellen Wahrnehmung grundsätzlich zwischen sehen und blicken unterschieden werden muß, ist weiter oben bereits ausführlich dargelegt worden. Der Blick ist, darauf sei noch einmal verwiesen, der unzensierte Teil des visuellen Wahrnehmungsprozesses, denn er sieht keine zu identifizierende Bilder. Als Vehikel des Sehens ist er der unbewußte Teil des optischen Erkennungsvorganges. Lacan hat den Blick Objekt (Klein) a genannt, was in seiner Terminologie nichts anderes bedeutet, als daß es sich bei ihm um jenen Teil der Wahrnehmung handelt, der als Rest übrig bleibt, wenn alle Eitelkeiten und kulturellen Verzerrungen des Sehens beiseite geräumt worden sind. Es ist stets das Verborgene, das Unmögliche, das sich nicht für sich selbst im Sein realisieren kann. Es spricht von unserem Begehren nach all jenen Illusionen, die unsere unbewußten Wünsche füllen. Der Blick beinhaltet die Transformation des Innen nach Außen, d.h. des Unbewußten in die Realität, womit er die Position des Signifikanten einnimmt, weil er als das erste und konstituierende Moment in der radikalen Funktion des Unbewußten auftritt.

Die visuelle Wahrnehmung ist nicht das, was vom Bild auf der Netzhaut physiologisch und physikalisch abgelesen wird. Auch die gestaltpsychologischen Gesetze der guten Gestalt kennzeichnen nichts anderes als das psychologische Korrelat einer Gegenentropie, sie erklären aber nicht die Dynamik einer aus der Differenz schöpfenden und sie erhaltenden Wahrnehmung, in der sowohl das Objekt als auch das Subjekt seinen Beitrag leisten müssen.

Die visuelle Wahrnehmung wird nicht allein durch das Sehen

bestimmt, denn das würde das Wahrgenommene als jenes illusionäre Objekt erscheinen lassen, das an dem Ort erscheint, wo es nicht nur Zeugnis von den Eitelkeiten des Wahrnehmenden ablegen soll, sondern wo es von Anfang an erwartet wird. Der zur visuellen Wahrnehmung gehörende Blick, der in seiner Existenz als Episode jene flüchtigen Eindrücke erzeugt, die wir als Freude, Ekel, Empörung, Glück etc. empfinden, darf aus der psychologischen Betrachtung und Untersuchung des Wahrnehmungsprozesses nicht ausgeklammert werden.

Das was von Innen regiert ist kein inneres Subjekt, sondern ein inneres Objekt, dessen Funktion und Status nicht das eines Wahrnehmungsobjektes ist, sondern eines, das wahrnimmt. Dieses Objekt entsteht dadurch, daß wir uns als Subjekte in der Reflexion selbst erzeugen, indem wir uns als Subjekt des Selbstbewußtseins zu einem inneren Männchen der Wahrnehmung machen. Es findet also der gesetzmäßige strukturale Prozeß der Verdoppelung statt.

Die besondere Charakteristik der Verdoppelung besteht in der Serienbildung von Äußerem und Innerem, vom Gesagten und Gemeinten, vom Sehenden und Blickenden. Die hier stattfindende Trennung in zwei Elemente ist zwar konstitutiv für die Wahrnehmung insgesamt, aber diese Trennung ist nicht absolut, denn es bleiben innerhalb des Elementenpaares bestimmte Beziehungen bestehen, die gegenseitig einen wechselseitigen regelhaften Einfluß ausüben. Dennoch besteht auch eine radikale Trennung zwischen beiden, denn es handelt sich bei den Elementenpaaren jeweils um das Ding an sich und das Ding für uns. Die rationale Komponente der visuellen Wahrnehmung, also das, was der Betrachter von Bildern zu sehen glaubt, ist aber nur über die Symbolisierung der Bildinhalte zu realisieren. Das geschieht mit Hilfe von lyrischen Ästhetisierungen, verführerischen Gestaltqualitäten und verzerrenden Anamorphosen, die jene substantielle Distanz und Differenz in die Wahrnehmung einzuführen vermögen, ohne die nichts zu sehen wäre. Außerdem erhält das

Wahrgenommene seinen Sinn nicht durch das, was gesehen wird, sondern der Sinn entsteht aus der Gesamtheit aller identifizierbaren, also benennbaren Objekte, die in der Grundgesamtheit der Sprache eingebettet sind.

Sinn erzeugen die Differenzierungen, Abstraktionen, Hierarchisierungen, Analogisierungen, Generalisierungen, Homologisierungen etc., womit absolut realitätsfremde Mittel den Zweck realisieren, um den es immer geht – die Konstruktion von Wirklichkeit, einschließlich aller Kunstobjekte. Die Realität wird allerdings nicht mit Worten oder Begriffen beschrieben, sondern von Strukturmerkmalen, beispielsweise Funktionen, Brüchen, Verwandtschaften, Wiederholungen, etc. ›Auge und Blick, dies ist für uns die Spaltung, in der sich der Trieb auf der Ebene des Sehfeldes manifestiert‹.[1]

Unsere Wahrnehmung ist grundsätzlich in gleicher Weise organisiert, wie das physikalische Universum. In allen Bereichen regiert die Dualität. Sei es, daß die Existenz der atomaren Dinge als Welle oder Teilchen beobachtet wird, die Farben nach dem Ordnungsprinzip der Komplementarität aufgebaut sind, die Gliederung der Sprache nach Metapher und Metonymie und die der Zeichen in Signifikat und Signifikant erscheint. Stets kommt es notwendigerweise zur antinomischen Verdoppelung der Objekte, die wir wahrnehmen.

Im Wahrnehmungsakt müssen wir aber den verdoppelten Objektcharakter zu Gunsten eines der beiden Objektaspekte auflösen, denn wir können nicht gleichzeitig ein bestimmtes Objekt und sein Antinom wahrnehmen. Wir haben es also stets mit der stofflichen Realität der Materie und der geistigen Realität der Idee zu tun, zwischen die sich nach der modernen Quantenphysik eine dritte, sogenannte intermediäre Wirklichkeit auftut. Heisenberg beschrieb diese potentielle Wirklichkeit im Zusammenhang seiner Unschärferelation. Er sagte: ›Die Auffassung, daß Ereignisse nicht auf eine genau angebbare Weise determiniert sind, sondern daß die Möglichkeit oder »Tendenz« für das

Eintreten eines Ereignisses einen bestimmten Realitätscharakter hat – eine bestimmte intermediäre Wirklichkeit, irgendwo in der Mitte zwischen der stofflichen Realität der Materie und der geistigen Realität der Idee oder der Vorstellung – diese Auffassung spielt in der aristotelischen Philosophie eine entscheidende Rolle. In der modernen Quantentheorie nimmt dieser Gedanke eine neue Gestalt an; er wird … als Wahrscheinlichkeit formuliert und … Naturgesetzen unterworfen‹.[2]

Diese dritte Realität ist rätselhaft, denn sie verschwindet immer dann, wenn man eine Wirklichkeit der Stoffe oder der Ideen wahrnimmt. Diese Wahrnehmung basiert grundsätzlich darauf, daß die Wirklichkeit durch Denkakte entsteht. Das wird unmißverständlich auf der Quantenebene der Realität nachweisbar, wenn wir uns dafür entscheiden, zu sehen, was wir sehen. Dann wird die Wirklichkeit zugleich paradox und sinnvoll. ›Es sind unsere Akte der Beobachtung, was wir als unsere alltägliche Welt erfahren.‹[3]

Die stoffliche Realität ist für uns ebenso ohne Informationswert für das Überleben wie die bloße Vorstellung von der Realität. Die erstere wäre wegen ihres unendlichen Facettenreichtums nicht überschaubar, sie würde uns erschlagen, noch bevor wir einen klaren Gedanken fassen, geschweige eine Entscheidung fällen könnten. Die letztere Realität würde durch die Unkalkulierbarkeit unserer Phantasmen und Triebmechanismen für einen Entwurf instrumenteller Handlungen in der Praxis völlig unbrauchbar sein. Sobald wir aber eine strikte Trennung der beiden Serien Stoff und Idee vornehmen und mit Hilfe eines paradoxen Objektes, das zwar real vorkommen muß, aber in beiden Serien symbolisch agiert, die dritte Ordnung herstellen, haben wir eine nach einem Schätzverfahren errichtete wahrscheinliche Realität vor uns, die sowohl die erste als auch die zweite Ordnung symbolisiert. Jede Wahrnehmungshandlung ist somit eine Wahlhandlung, in der die subjektive Entscheidung für die eine oder andere potentielle Wirklichkeit, die tatsächliche herstellt. Dabei bleiben sowohl die Wahl selbst als auch die Gründe, die zu dieser Wahl geführt haben, unbewußt. Wie wir uns auch entscheiden, die Wahl entspringt zwar unserem eigenen unbewußten Willen, die Wahl selbst ist aber vorbestimmt.

Das erscheint paradox, ist es aber nicht, weil wir für jede Wahl, wie sie auch immer ausfallen wird, vernünftige und logische Beweggründe finden werden, die eben diese Entscheidung im Nachhinein wie determiniert erscheinen lassen. Das bedeutet, daß sich für jede Wahl immer gute Argumente finden lassen, was zugleich beweist, daß Argumente weder wahr noch falsch sind, sondern überzeugend, nützlich oder schlagend. Es regiert das unsichtbare Gesetz der in Strukturen eingewebten Kombinationsmöglichkeiten von Elementen, die die beobachteten Phänomene in die Ordnung der konjekturalen Wahrscheinlichkeit einreiht.[4] Diese Ordnung kennt nur das Kriterium der Nützlichkeit für die Überlebensstrategien und Handlungen.

Keine Wahrnehmung erlaubt es uns, das wahrgenommene Objekt in seiner weiteren Existenz prognostizieren zu können. Das kann uns nicht gelingen, und wenn wir dennoch darauf vertrauen, so sollten wir die Vorhersagen nur in bestimmter Weise als wahrscheinlich ansehen. In die Zukunft können wir nicht schauen, es sei denn, wir objektivieren die Umwelt gemäß unseren Illusionen, die letztlich zur Entstehung von Idealen führen. Nur dort, wo wir glauben oder sogar sicher sind, das Wahre und das Gute gefunden zu haben, können Ideale geschmiedet werden. Häufig genug beanspruchen diese Ideale dann nicht nur einen regionalen Verbreitungsanspruch, sondern sie wollen mindestens national, wenn nicht sogar global gültig sein. Das beweisen nicht nur die Religionen, sondern viele politische und philosophische Lehren, aus denen die kulturellen Zwangsjacken gewebt wurden und nach wie vor uns entgegentreten.

Der Feind der Ideale und der Illusionen ist die Aufklärung, die die selbst verschuldete Unmündigkeit überwinden soll, die durch die Hörigkeit gegenüber den Idealen entsteht.[5] Wenn auch die Aufklärung selbst fast schon wie ein Ideal verstanden wird und sie sich damit gegen sich selbst richten kann, so ist ihr das ungeschmälerte Verdienst zuzurechnen, eine allgemeine Desillusionierung zu betreiben. Allerdings sterben mit den Illusionen die Ekstase und all die Räusche, die unser Leben und unsere Sozialbindungen so liebenswert erscheinen lassen, und zugleich sterben die Sinnsetzungen von oben.

Das wahre Maß unserer Wahrnehmungsaktivität bleibt uns verborgen, denn in aller Regel trennen wir uns von dem, was wir beobachten und sind dann der Auffassung, der Wahrnehmungsakt habe die wahre Realität vor uns ausgebreitet. Der subjektive Faktor des Sehens ist suspendiert, denn wir können uns im Wahrnehmungsakt nicht selbst wahrnehmen. Außerdem haben wir durch Erziehung, die uns in die abendländischen Denkgesetzmäßigkeiten und Denkgewohnheiten eingeführt hat, nicht gelernt, daß wir die Welt und die Realität im Wahrnehmungsakt erst konstruieren. Stattdessen haben wir gelernt, daß die Welt etwas ist, was bereits vor der Wahrnehmung in der Weise existiert, wie wir sie hinterher wahrnehmen.

Die Idee von einem Bild wird also vor das Bild gesetzt, so daß das Bild schließlich das abbildet, was vor dem Prozeß als vorhanden postuliert wird. Damit haben wir uns den Illusionen überantwortet, wir verschwinden als Subjekt in der selbstgebastelten Wahrnehmungsmaschine. Wir sind ihr ausgeliefert, so daß wir die Wahl der Weltsicht weder erkennen noch darüber reflektieren können.

Der Wirklichkeit geht aber keine Vorstellung oder Idee in der Weise voraus, daß wir etwas in der Wahrnehmung entdecken könnten. Stattdessen geht es in dem Prozeß des Abbildens um ein Ab-bilden im wahren Sinn des Wortes. Indem wir etwas abbilden, konstruieren wir es, um es wahrnehmen zu können, und diese Konstruktionen unterliegen den erlernten Konventionen unserer gesellschaftlichen und sozialen Realität. Das hat sich beispielsweise der holländische Künstler Mauritius C. Escher[6] zunutze gemacht, indem er in seinen Zeichnungen und Lithographien diese Konditionierung der Wahrnehmung gegen paradoxe Ansichten der Wirklichkeit ausspielt und dem Betrachter optische Täuschungen und Doppeldeutigkeiten anbietet. Die paradoxen Räume bei Escher sind für den Betrachter nicht weniger verwirrend als die materielle Wirklichkeit für das Denken in der quantenmechanischen Physik.

10.2 Die Farbenbedeutung in der visuellen Wahrnehmung

Farben sind für die Wahrnehmung niemals neutral oder nebensächlich, sondern sie strukturieren das visuelle Wahrnehmungsfeld. Gleichzeitig transportieren sie Bedeutungsinhalte allgemeiner und individueller Natur, symbolisieren Erfahrungshintergründe aus teilweise nicht bewußtseinsfähigen Entwicklungszeiten, machen kulturelle und geschichtliche Zusammenhänge deutlich und kennzeichnen Vorlieben und Abneigungen im Alltagsleben der Individuen und Gruppen. Vielfach reagieren Menschen ganz spezifisch auf die Wahrnehmung von Farben. Beispielsweise werden bei vielen Menschen gelegentlich starke Ab- und Zuneigungen durch Farbwahrnehmungen ausgelöst, die oftmals nur noch tiefenpsychologisch aufgeklärt und erklärt werden können. Hier spielen assoziative Verknüpfungsmechanismen oder Verfahren der Konditionierung die entscheidende Rolle.

Die Farbwahrnehmung und ihre zugeordneten Bedeutungsinhalte zeigen einen gewissen kulturellen Zusammenhang. Kulturen besitzen Farbbedeutungsnetze, die in den assoziativen Zuschreibungen von Farben und Bedeutungsinhalten erkennbar sind. Beispielsweise assoziieren die Menschen im heutigen europäischen Lebensbereich Grün mit Hoffnung, Weiß mit Reinheit, Licht und Leben, Gelb mit Haß, Rot mit Liebe, aber auch Revolution und Aggression, und Schwarz mit Tod und Trauer.

Die unbunten Farben schwarz und weiß manifestieren sich beispielsweise in den typischen Berufsbekleidungen von Arzt und Richter und kennzeichnen in diesem Zusammenhang die schicksalhafte Beziehung zwischen denjenigen, die diese Bekleidung tragen und den anderen, die ihnen ausgeliefert sind. Insofern auf der einen Seite der Richter die Rolle des Strafenden spielt, induziert er Trauer und Angst. Auf der anderen Seite besetzt der Arzt die Position des Helfenden, desjenigen, der das Leben erhält oder verlängert, weshalb die weiße Farbe für seine Berufsbekleidung als angemessen und symbolisch korrekt erlebt wird.

Die Bedeutungszuschreibungen und Assoziationen der Farben ganz allgemein unterliegen aber in einem gewissen Ausmaß den modischen und durch Werbung beeinflußten Veränderungen, wenngleich die ursprüngliche Zuordnung nie gänzlich verloren geht, weil bestimmte essentielle Lebenssituationen von Moden und Werbung unbeeinflußt bleiben.

In der Bildkunst finden wir bestimmte Farben, die stets wiederholend über viele Jahrhunderte immer die gleiche Bedeutung transportierten. Beispielsweise werden Verräter und gesellschaftlich unerwünschte oder auszugrenzende Personen, zu nennen sind Prostituierte, Leprakranke, Bettler, Juden etc., häufig mit Gegenständen in gelber Farbe dargestellt, während die Farbe Blau als die der Weisheit und hintergründigen Werthaltigkeit sehr häufig bei der Darstellung der Jungfrau Maria zu finden ist. Auch eine eingeschränkte kulturelle Variabilität der Bedeutung finden wir bei der Farbe Rot. In vielen Kulturen und Zeitaltern steht Rot für Macht, Heldentum und Majestät. Daß Grau für Einsamkeit und Angst steht, scheint unmittelbar einsichtig zu sein. Das drückt sich auch in der positiven Opposition des Farbprofils Rot und Grau aus.

Die Effekte des Klimas haben bleibende Wirkung bei der Bildung von emotionalen Farbassoziationen hinterlassen, nicht zuletzt deshalb, weil mit dem Klima die Umweltbedingungen der Menschen mit ihren Lebens- und Überlebenschancen verbunden sind. So hat die unbunte Farbe Weiß für die Menschen in den kalten Regionen eine andere Bedeutung als für diejenigen aus äquatornahen oder tropischen Regionen.

Die Farbbevorzugung war viele Jahre als Forschungsthema bei

Psychologen beliebt. Es hat sich letztlich herausgestellt, daß es keine genetisch verankerten Vorlieben für bestimmte Farben gibt. Vielmehr entsteht das Bevorzugungsprofil kulturell und erfahrungsrelevant, was auf Lernprozesse verweist. Dennoch ergaben sich lernunabhängige Zusammenhänge insofern, als die Farbdominanz bei Frauen von denen der Männer verschieden zu sein scheint, wenngleich womöglich hier statistische Artefakte eine Rolle spielen könnten. Gesichert erscheint, daß bestimmte Farbbevorzugungen bei einzelnen Individuen auf deren emotionale Erfahrungen zurück zu führen sind.[1]

Gauguin meint, ›Farben sind inhärent rätselhaft‹.[2] Diese Meinung teilte Goethe[3] nicht, denn er sah das mystische Wesen der Farben als Grundbaustein der Beziehung des Menschen zur Natur und zu sich selbst. Diese Auffassung stützen verschiedene Zeichen von Farben und Formen, die in den unterschiedlichsten Kulturen mit gleichen stereotypen verbalen Konventionen besetzt sind. Überall erscheint Rot als die bedeutungshaltigste Farbe, und die ihr zugeschriebenen Attribute sind zwar stets äußerst ähnlich, aber auch in ähnlicher Weise doppelt und durchaus gegensätzlich besetzt. So drückt beispielsweise Grün positiv Hoffnung, Jugendlichkeit und Natur und negativ Gift und Gefahr aus.

Insgesamt müssen die symbolisch-persönlichen Bedeutungen verschiedener Wahrnehmungsgegenstände, Konzepte und Phänomene, wie beispielsweise die Farbe und ihre Bedeutungen nach verschiedenen Bedeutungstypen klassifiziert werden. Beispielsweise kann Blau als kalte Farbe, als Bezeichnung von Geistigkeit oder als Verbindung von himmlischem Frieden mit dem zerstörerischen Feuer des Blitzes angesehen werden. Diese Bedeutungstypen sind vielfach universal. Sie resultieren daraus, daß der Mensch seine Umwelt und die Wirklichkeit nicht ohne Projektionen und Assoziationen wahrnehmen kann. Er braucht stets einen Stellvertreter des Wahrnehmungsobjektes, der einerseits aus einer assoziiertern Nachbarschaftsbeziehung und andererseits in einem sprachlichen Ersatz- oder Zusatzzeichen besteht.[4]

Die Wahrnehmung von visuellen Reizen erfolgt nicht nur mit den Augen, sondern wir nehmen einen Lichtreiz auch mit anderen Sinnesorganen wahr. Somit haben wir es stets mit Synästesie zu tun, denn das Sehen aktiviert die in diesem Zusammenhang gemachten relevanten Erfahrungen, die zu dem wahrgenommenen Objekt und dem dazu erforderlichen Wahrnehmungsprozeß gehören. Dieses Zusammenwirken der verschiedenen Sinne bildet durch Lernprozesse gemeinsame Sinnesmodalitäten aus. Das führt dazu, daß jeder Reiz, und ist er noch so isoliert dargeboten, über ein Reizergänzungsverfahren nach dem Prinzip der guten Gestalt zu einer redundanten Information angereichert wird.

Eine rote Farbe beinhaltet beispielsweise die Erfahrung von Wärme, weil erwärmte Objekte im Farbspektrum an dem langwelligen und damit an der roten oder infraroten Seite des Farbkontinuums auftreten. Schwarze Gegenstände erscheinen schwer, weil wir gelernt haben, daß schwarze Objekte meist eine sehr hohe Materialdichte aufweisen und damit auch ein hohes Gewicht besitzen. Diese Erfahrungen sind kulturübergreifend, was die Hypothese stützt, daß die Farbbedeutungen auch interkulturell in nicht geringem Maße übereinstimmen. Zusätzlich scheint der Mensch angeborene universale Farbbedeutungsstrukturen zu besitzen, die von dem Schweizer Psychoanalytiker C. G. Jung als Archetypen bezeichnet wurden.[5]

Alle Archetypenbilder enthalten zugleich Bild und Emotion. Sie schöpfen aus dem kollektiven Unbewußten, in dem die Gesamtheit der allgemeinmenschlichen Erfahrung ruht. Sie beziehen sich auf bestimmte Wahrnehmungsgegenstände, die sich im Verlaufe der assoziationsgeschichtlichen Menschheitsentwicklung zu genetisch verankerten Merkmalen und Bedeutungszusammenhängen verdichtet haben. Diese Archetypen sind eigentümlich miteinander verwoben; sie können verschiedene Formen annehmen. Ihre Manifestation nennt Jung Symbole. Sobald eine Farbe, beispielsweise Rot, von einem Individuum als archetypisches Symbol erfaßt wird, wird die Vitalität der Röte mit ihren mannigfaltigen kontrastierenden Bedeutungen zu einer wohlgeordneten Harmonie verschmolzen. Hier finden wir jene angeborenen Wahrnehmungskategorien, von denen Kant spricht oder die sogenannten universalen Strukturen der Grammatik und Syntax, wie sie Chomsky[6] postuliert.

Die archetypischen Bedeutungen der Farbe Rot verweisen auf die archaischen uranfänglichen Phänomene, wo das Rot mit Blut und Feuer, und im weiteren Verlauf der Sprachdifferenzierung mit Not und Tod assoziiert wurde. Blut und Feuer besitzen jene Janusköpfigkeit, die auch den Farbbedeutungen innewohnen. Feuer heißt Wärme und Überlebensfähigkeit in unwirtlicher Umwelt, aber auch Tod und Zerstörung als Strafe für den Raub dieses Götterbesitzes. Daß Farben tatsächlich archetypischen Ursprungs sind, kann aus dem angeborenen Verhalten bei vielen Tierarten gegenüber bestimmten Färbungen von Objekten angesehen werden, die bei ihnen als Schlüsselreize wirken.

10.3 Farben, Gemälde und Betrachter

Bei der Betrachtung eines Gemäldes fügen sich Persönlichkeit und Stimmung des Betrachters mit dem Wesen des Bildes zusammen, um einen begrenzten Reaktionsumfang so zu aktivieren, daß er bedeutsam wird, während der übrige Rest der Reaktionsmöglichkeiten schwach im Hintergrund anklingen. Wir reagieren auf die Farben eines Gemäldes wechselseitig mit den Inhalten und Formen des Bildes, von denen sie teilweise abhängig sind. Vor der Folie eines intersubjektiv gleichförmig verankerten Bedeutungszusammenhanges der Farben können diese ähnlich wie eine Sprache fungieren, um einerseits bei den Betrachtern ganz bestimmte Stimmungen, Eindrücke und Inhaltsinterpretationen zu provozieren. Andererseits kann die Verwendung einer bestimmten Farbe Darstellungen mit aggressivem Inhalt in ihrer Wirkung abschwächen, beispielsweise wenn mittels der Ruhe eines kühlen Blaus eine kriegerische Szene entschärft wird. Außerdem können unerwartete Kontraste dadurch aufgebaut werden, wenn der Künstler dem sanften Profil eines dargestellten Gesichts durch gesättigte Röte der Gesichtszüge widerspricht.

Auch Formenkontraste können durch Farben insofern aufgelöst oder vermindert werden, wenn die verschiedenen Formen in einem Gemälde in gleicher Farbe oder harmonisierender Farbkombination erscheinen. Umgekehrt können tatsächliche Verwandtschaften oder Affinitäten scheinbar unzusammenhängender Gemäldeelemente durch die Wahl gleicher Farbgebung erkennbar gemacht werden.

Vielfach benutzen Künstler die symbolische Kraft der Farben, wenn sie ein bestimmtes Objekt, sagen wir die Gestalt einer Person, in zwei sich spannungsvoll gegenüber stehenden Farben, z.B. Gelb und Blau, darstellen, um dem Betrachter von der Zwiespältigkeit der dargestellten Persönlichkeit zu erzählen. In diesem Fall verweist das strahlende Gelb auf die extrovertierten Persönlichkeitsmerkmale und auf die Reichhaltigkeit des Lebens, während die zurückziehende Kühle des Blaus auf die Verläßlichkeit oder auf das Verräterische einer Person verweisen soll.[1]

Die Farbeffekte sind außergewöhnlich mannigfaltig. Sie unterstreichen die Macht der Farben, indem sie solche Erlebnisse hervorrufen oder außerordentlich verstärken können, die bereits in den Inhalten und Formen eines Gemäldes angeregt werden.[2] Das haben sich viele expressionistische Künstler zunutze gemacht, als sie den Farben einige der Funktionen der Form in der Malerei zuwiesen, beispielsweise der Erzeugung von Bewegungs- und Tiefeneffekten im Gemälde. Schließlich versuchten Chromatiker wie Ad Reinhard, mit Farben alle Inhalte und Formen in der Darstellung auszuschalten.[3]

Die verschiedenen Farbreaktionen folgen nicht in chronologischer Folge aufeinander, sondern wirken in spannungsreichen Wechselbeziehungen so aufeinander, daß die Bedeutsamkeit und Intensität jeder Farbreaktion durch andere ebenfalls durch Farben provozierte Reaktionen modifiziert werden. Stimmungsreaktionen beeinflussen Bedeutsamkeitsreaktionen, und Assoziationen werden durch metaphorische Interpretationen verändert. Es ist aber grundsätzlich festzustellen, daß die verschiedenartigen Farbreaktionen spannungsgeladene Kontraste erzeugen können.

Die Art und Intensität des Farberlebnisses wird insbesondere durch die Qualität der Farbe bestimmt. Höchst gesättigte Farben rufen eher synästhetische Effekte hervor als sehr blasse, entsättigte, fast achromatisch wirkende Farben. Ein weiterer Qualitätsaspekt ist der Farbton eines Gemäldes. Beispielsweise erzeugen unterschiedliche Blautöne ganz verschiedene Betrachtungserlebnisse. Ein Himmelblau ruft Assoziationen von klarer Reinheit der Luft oder von der durchsichtigen Wassertiefe an tropischen Ständen hervor, während ein düsteres Blau eine schwere und eher nächtliche Atmosphäre entstehen läßt. Das strahlende kräftige Blau assoziiert mit einem heiligen oder geistigen Gefühl, wie das so oft in der Mariendarstellung zu finden ist und durch diese Bilder ausgelöst wird.[4]

›Ein wesentlicher Faktor der Bestimmung des Umfangs und der Intensität von Farbreaktionen bildet der Inhalt des Gemäldes‹.[5] Darstellungen von bekannten und gewohnten Gegenständen oder Szenen erzeugen Farbreaktionen, die der bisherigen Erlebnisqualität entsprechen. Das ändert sich, wenn einbildungskräftige, phantasievolle Szenen angedeutete Inhalte imaginieren, wie das mit surrealistischen Darstellungen gelingt. Hier können die Farben eine Atmosphäre schaffen, in der die hervorgerufenen Stimmungsreaktionen zu metaphorischen oder symbolischen Interpretationen verführen.[6]

10.4 Formen und Gestalten

Ein Objekt hebt sich von seinem Hintergrund ab und wird wahrnehmbar und identifizierbar, wenn es strukturierte Eigenschaften besitzt, die sich innerhalb des Raumes differenzieren und miteinander verknüpfte Bedeutungen aufweisen. ›Auf diese Weise werden Form und Textur eines Objektes nach allen Seiten verbreitet‹.[1] Formen in der Bildkunst sind selten abstrakt oder nicht darstellend. Dergleichen finden wir nur in gewissen technischen Zeichnungen, sofern sie nicht Kopien von anzufertigenden oder vorhandenen Bauteilen sind. Sie sind ausdrücklich vom gegenständlichen Objektbezug befreit, beispielsweise wenn sie eine schematische Darstellung eines Fließbildes technischer Medien beinhalten.

Die Frage ist nun, können Formen, wenn sie von jeder Bedeutung, von allen Objektbezügen und Farbgebungen entblößt sind, Spannungen und Entspannungen beim Betrachter hervorrufen? Diese Frage bezieht sich auf die Hypothese, derzufolge ein Kunsterlebnis mit einer durch das Kunstwerk hervorgerufenen intrapsychischen Spannung verbunden ist, die ihrerseits allgemeinere Spannungen des Betrachters absorbiert. Anschließend entsteht, wie weiter vermutet wird, durch die Beschäftigung mit dem Kunstwerk eine spezifische Entspannung, bei der die beiden verschmolzenen Spannungen wieder aufgelöst werden.[2] In diesem Zusammenhang muß darüber hinaus gefragt werden, kann eine geometrische Figur, beispielsweise ein Dreieck, eine Spannung und/oder Entspannung hervorrufen? Oder fragen wir: Ist es denkbar, daß ein Betrachter aktiv nach einem Kreis in einem Gemälde sucht?

Die Gestaltpsychologie bejaht diese Frage.[3] Hier sind jene Phänomene in der Wahrnehmung zu nennen, die als Wesenheit und nicht nur als ein Konglomerat von Strichen zu verstehen sind. Die Ursache und Erklärung dieses rätselhaften Resultates der Wahrnehmung sind in den Gestaltgesetzen verankert. Diese gehen auf

Christian von Ehrenfels[4] zurück, der den Begriff ›Gestalt‹ für das Wahrnehmungsresultat von Objektdetails zu einer Ganzheit entwickelte und die Grundgesetze der Gestaltpsychologie schuf.

Das erste Grundgesetz besagt, daß die Ganzheit eine ihr eigentümliche, Übersummation genannte Ordnung mit eigenen Eigenschaften und Qualitäten besitzt, die weder der einfachen Summe der Einzelteile der Gestalt zukommt, noch in irgend einem Teil der Menge zu finden ist. Aber sie erscheint vor einem Hintergrund so sehr als gesondertes Ganzes, daß die Eigenschaften des Ganzen die Teile völlig beherrschen.

Geometrische Figuren erfüllen alle Anforderungen, die an eine Gestalt gestellt werden. Sie sind eine unabhängige Ganzheit, die sich von der Summe ihrer Einzelteile völlig unterscheidet. Ein Kreis ist mehr oder besser ausgedrückt etwas anderes als im runden Verlauf aneinandergereihte Punkte, genauso wie eine Melodie qualitativ etwas anderes ist als die Summe der sie bildenden Töne. Erst die Melodie erzeugt ein ästhetisches Erlebnis, eine einfache Tonreihe mag dagegen als sinnvolles Signal identifiziert werden, dem erst eine noch zu erschließende Bedeutung zugeordnet ist. Durch letzteren Prozeß verwandelt sich ein Erfahrungsschatz, der das Wissen bestimmter Regeln und Normen voraussetzt, die den Sinn des relevanten oder signifikanten Systems bilden, in eine Idee oder Erlebnisqualität. Diese Idee oder das emotionsbeladene Erlebnis entsteht durch unbewußte oder nicht bewußtseinspflichtige Denkprozesse, in denen mittels notwendigem und hinreichendem Theoriewissen die Bedeutungsgestalt wie ein Aha-Erlebnis gezündet wird.

Das zweite Grundgesetz sagt uns, daß Gestalten durch Transponierbarkeit[5] ausgezeichnet sind. Das bedeutet, daß Teile einer Gestalt sich verändern können oder in der Gesamtheit der Einzelteile einige Teile fehlen können, ohne daß sich etwas an der Gestaltqualität oder an dem Ganzheitseindruck ändert. Ein Dreieck kann seine Größe variieren, seine Lage verändern, es kann in den verschiedensten Farben erscheinen oder in den Linien, die das Dreieck bilden, können Lücken vorhanden sein, nichts wird uns im Akt der Wahrnehmung daran hindern, die Gestalt des Dreiecks zu generieren. Dieses Wahrnehmungsphänomen trifft unter anderem auch auf Sätze, Gemälde, Berührungsempfindungen etc. zu.

Die Gestaltqualitäten sind nicht in jedem Falle gleich. Sie variieren von Gestalt zu Gestalt. Haben wir es mit einer besonders regelmäßigen, symmetrischen, einheitlichen, harmonischen, höchst einfachen und bündigen Gestalt zu tun, so stehen wir vor einer ›guten‹ oder ›prägnanten‹ Gestalt, wie wir sie in den Gemälden großer Künstler vorfinden. Diese prägnante Gestalt ist im Wahrnehmungsprozeß hochgradig spannungsreduzierend, wodurch ein ästhetisches Erlebnis zustande kommt. Dergleichen tritt bei einer wenig strukturierten oder organisierten Gestalt nicht auf, wie das beispielsweise bei einer betrachteten Erdscholle der Fall ist.

Das Entstehen oder der Wunsch nach einer guten Gestalt ist nicht zufällig, denn wir neigen mit unserer Wahrnehmung dazu, ähnliche oder nahe beieinander befindliche Objekte oder irgendwie ähnliche Elemente als zusammengehörig und zu einer Einheit gehörend aufzufassen. Selbst dann, wenn in einem Betrachtungsfeld Wahrnehmungselemente keine irgendwie erkennbare Ordnung aufweisen und die Nachbarschaften der Dinge zu sehr den Erfahrungen widersprechen neigen wir dazu, eine Zusammengehörigkeit zu suchen, und wenn es nicht anders geht, auch mal zu konstruieren. Lückenhafte Formen werden nicht bewußtseinpflichtig als geschlossene oder vollendete gesehen. Wir streben in der Ordnung der Dinge nach Perfektion.[6]

Aber das Ausmaß der Organisationsgesetzmäßigkeit ist nicht allein von den Wahrnehmungsbedingungen abhängig, sondern auch von den Qualitäten der Reizanordnung. So stellen wir eine gute Gestalt bei lückenhaften spitzen Dreiecken eher her als bei stumpfwinkligen, auch Farben- und Formengrößenähnlichkeiten sind prominenter als Formenrichtungs- und Umrißähnlichkeiten.[7] Wir können in diesem Zusammenhang, wie bereits oben angesprochen, von einem Bedürfnis nach der guten Gestalt,[8] nach harmonischen Organisationen und vollendeten Strukturen sprechen. Dieses Phänomen trägt den Begriff ›Gestaltdruck‹.[9]

Die Empfindung des Gestaltdrucks ist verbunden mit den emotionalen Erfahrungen und den Erlebniswirkungen, die von schlechten oder unvollständigen Gestalten ausgehen. Das hat den gelegentlich unangenehmen Effekt, daß wir große Schwierigkeiten haben, uns freiwillig und wirkungsvoll von einer gefaßten wohlgefälligen Gestaltwahrnehmung zu befreien. Das gilt gleichermaßen für Wahrnehmungsphänomene, Ideologien, Gedankengänge, Kunststile und andere meinungsbildende Denkresultate, deren Ausmaß nicht selten in unüberwindbar erscheinenden Vorurteilen zum Ausdruck kommt.[10] Um hier Abhilfe zu schaffen bedarf es nicht selten einer Gedanken- oder Ideenrevolution.

Die einfachen grundlegenden Gestaltgesetze sind kulturell invariabel wirksam.[11] Erst die komplexeren Organisationen sind stark lernabhängig, wenngleich die Tendenz weiterbesteht, auch die jeweils unter den kulturellen Prägungen strukturierten Wahrnehmungsgegenstände einer bestmöglichen und prägnanten Gestalt zuzuführen. In jedem Falle wirkt auch hier die Wahrnehmungsgesetzmäßigkeit der Ähnlichkeit, Geschlossenheit, die der guten Kontinuität oder gemeinsamen Richtung, ungeachtet der intellektuell anspruchsvolleren kulturell und gesellschaftlich ausgeformten Wahrnehmungsanforderung. Die mit Gestalten als Orientierungsmittel organisierte Wahrnehmung kann als lustvoll angesehen werden, weil sie zuverlässig spannungsreduzierend oder spannungsabbauend wirkt. Den Sachverhalt der höchst angenehmen Spannungsreduzierung durch gestaltgesetzliche Organisation von Bildformationen und -konfigurationen haben Wilcox & Morrison[12] nachgewiesen. Dieser Nachweis gilt auch für die als unangenehm abgelehnte Wahrnehmung von unstrukturierten oder unorganisierten Formen.

Da es aber in der Kunst nicht immer und vielleicht heutzutage immer weniger allein um Spannungsreduzierung, sondern um Erzeugung von Spannungen und darüber hinaus um den selbstorganisierten Prozeß der Herstellung von spannungslösenden Strukturen und Organisationen geht, wird man nicht verwundert sein, den Nießbrauch der an sich negativen Aspekte der Gestaltgesetze bei modernen abstrakten oder gegenstandslosen Kunstwerken vorzufinden. Es geht demnach dem Künstler weniger darum, den Betrachter seines Werkes emotional negativ zu stimulieren als ihn anzuregen, seinem Streben nach guter Gestalt nachzugeben. Damit wird er stimuliert, dem Kunstwerk einen intrasubjektiv bedeutungsvollen Gehalt und damit eine gute Gestalt zu geben. Das Resultat dieses Prozesses ist von Betrachter zu Betrachter verschieden, gleich ist allerdings das intersubjektive psycho-physikalische Erlebnis aller Betrachter.

Während frühere Künstler letzteren Prozeß unbewußt als Handlungsmotiv, nicht als Bildmotiv, in ihr Werk einbrachten und an den Betrachter eine Identifizierungsanforderung hinsichtlich ihres Handlungsmotivs stellten, wird dem Betrachter heutiger gegenstandsloser oder surrealer Kunst die Möglichkeit gegeben oder die Anstrengung zugemutet, die für ihn wertvolle, weil spannungsreduzierende Bedeutung selbst zu generieren.

Schöne und angenehme Formen in Gemälden besitzen weiche, gerade und kontinuierliche Linienführungen, und dort wo sich Richtungsänderungen zwangsläufig ergeben, strebt der Künstler nach Wiederholungen und rhythmischen Verläufen, um der veränderten Linienführung eine prägnante Charakteristik zu geben.

Immer dann, wenn nur eine geringe Spannung entsteht, wird das Gemälde als langweilig und uninteressant angesehen. Deshalb greifen manche Künstler zu Gestaltgesetze verletzender Formgebung, die durch die Brüche der guten Gestalt den Betrachter in erhöhte Erregung versetzt. Gerade komplexere und weniger organisierte Gestalten in Gemälden provozieren erhöhte Neugierde, die zur längeren und intensiveren visuellen Erforschung und Erkundung des Bildes anregen. Das gilt für Kinder gleichermaßen wie für Erwachsene, wobei selbstverständlich das unterschiedliche Intelligenzniveau und der ungleiche Wissensfundus beachtet werden müssen. Vor diesem Hintergrund ist die Feststellung von Bedeutung, daß unregelmäßige und komplexe Formen in der Bildorganisation zu einer längeren Verweildauer vor dem Bild verführen und damit einen intensiveren und nachhaltigeren Eindruck beim Betrachter hinterlassen.[13]

Die Kunst der Naturvölker ist beispielsweise von Einfachheit, Geschlossenheit, Regelmäßigkeit und Symmetrie guter Gestalten gekennzeichnet.[14] Das ist nicht zufällig so, denn die unmittelbare Umwelt in der Natur weist in aller Regel derartige wohl organisierte Linien, Umrisse und Gestalten nicht auf. Es war demnach der Wunsch nach Harmonie, nach Ordnung, nach Überwindung des Chaos des wilden Lebens, der die vorgeschichtlichen Künstler beflügelte und ihnen ein gruppenspezifisch überhöhtes Images verliehen, das sie in Kunstschöpfungen umsetzten. Erst später, in weiter entwickelten Kulturen und Gesellschaften, finden sich Darstellungen, die den Betrachtern Rätsel aufgeben und ihnen dadurch zu dessen Lösung verpflichteten. Nun entwickelten sich dekorative Designs, die eine Kombination von Formen und Farben aufweisen und vor einem Hintergrund dargestellt sind, der deren Effekte verstärkt. Damit war der Schritt zu Bildern mit Gestaltqualitäten, ausgestattet mit Ganzheiten, nicht mehr weit. Es entstanden geometrische Reliefs und eine geordnete Ornamentik, die allmählich symbolische Bedeutung erlangten.

Dieser Grad an Gemäldeorganisation blieb bis ins Mittelalter bestehen, beispielsweise in einzelnen, nebeneinander gestellten Viereckfeldern oder in deutlichen Grenzziehungen, die die Gemälde in unterschiedliche Räume innerhalb des Rahmens eines Feldes unterteilen. Sie dienten der Herstellung von Teilgestalten, die nebeneinander und sukzessiv geordnet den Betrachter zur Identifikation der narrativen Absicht des Künstlers auffordern. Deutlich wird das, wenn wir folgende drei Gemälde in Beziehung setzen. Im Abendmahlbild des Andrea del Castagno aus der ersten Hälfte des 15. Jahrhunderts wird jeder der zwölf Apostel als Inselfigur dargestellt, während in Leonardos Abendmahlbild jeweils drei Apostel zu einer Gruppe zusammengefügt sind, zwischen denen Elemente, beispielsweise Gesten, vermitteln. Rubens' Gemälde ›Kreuzabnahme‹ aus der zweiten Hälfte des 16. Jahrhunderts zeigt die neun dargestellten Figuren so eng verbunden, daß sie wie durch einen kontinuierlichen Kurvenverlauf verknüpft erscheinen.[15] Das erscheint zunächst paradox oder altbacken, wo doch einfache und geschlossene Konturen dem Gemälde, wie bereits festgestellt, einen langweiligen Charakter vermitteln. Daß das wider Erwarten nicht der Fall ist, liegt an der außergewöhnlichen Kompaktheit und Artikuliertheit des Rubensschen Bildes, die dem Gesamteindruck eine so unwiderstehlich gute Gestalt vermitteln, daß kein einziges Element darin verändert werden darf, sonst wäre die Qualität des Ganzen zerstört.[16]

Heute sehen wir in vielen hochkarätigen modernen objektbezugslosen Bildern, daß es nicht auf die Einheitlichkeit des Mannigfaltigen ankommt, vielmehr soll der Eindruck von Schönheit erzeugt werden. Voneinander getrennte Reize schaffen Gestaltgruppen, mit denen die Möglichkeit besteht, sie zu weiteren Gestalten oder zu einer einfacheren Einzelgestalt zu kombinieren. Oder es besteht die Aussicht, daß innerhalb der Organisationsprinzipien des Bildes eine Konstruktion von andersartigen Einheiten zustandekommt.

Unvollkommenheit im Gebrauch von Formen in der Kunst stellt eine häufig benutzte Methode der Künstler dar, ihren Bildern ein hohes Maß an Spannung zu vermitteln. Spannungsgeladene Beziehungen entstehen beispielsweise durch ähnliche Formen in Größe, Position, Gestaltung oder Farbe, die jedoch erkennbar unterschiedlich sein müssen. Der Grund für diese Spannung resultiert aus den Gestaltgesetzen insofern, als der Betrachter bestrebt ist, diese Unterschiede im Sinne der Herstellung einer maximalen Prägnanz aufzuheben oder sie zu ignorieren, wenn sie nicht zu aufdringlich sind. Wenn aber die Differenzen nicht zu übersehen und nicht auszuschalten sind, entsteht beim Betrachter der Wunsch und die Hoffnung, die Disharmonie möge sich auflösen, was zur Aufrechterhaltung der Spannung führt und den Betrachter längere Zeit vor dem Bild fesselt.

Eine andere Unvollkommenheit besteht in der höchst spannungsgeladen erlebten Formdisharmonie der unvollständigen Form. Hier wirkt das Bedürfnis nach Geschlossenheit entweder im Organisationsprinzip oder im Formschema. Die bei verschiedenen Betrachtern in diesem Zusammenhang gefundenen Ergänzungen sind nicht immer identisch, da die Lückenhaftigkeit durchaus unterschiedliche Lösungen zuläßt. Wenn eine Auslassung zwei oder mehrere Lösungen zuläßt, werden auffüllende Formendetails mit wechselseitigen oder mehrfachen Vervollständigungsmöglichkeiten als besonders spannungsgeladen erlebt. Ist der Betrachter jedoch gezwungen, eine verzerrte Form bei zwei Lösungsmöglichkeiten in eine richtige zu transformieren, ohne daß er weiß, welche die richtige ist, so gerät er in einen Lösungskonflikt, der bei entsprechendem Lösungsdruck zu einer experimentellen Neurose führen kann.[17] Schiefe und unausgewogene Formen gehören diesem Zusammenhang an. Werden Formen als im Raum unbalanciert oder in einem instabilen Gleichgewicht befindlich erkannt, erzeugen sie eine Korrekturspannung. Das gilt auch für Formen, die der vom Künstler gewählten Hauptachse zuwider laufen.

Fast alle verzerrten Formdarbietungen erzeugen Spannungen aus dem Gegensatz von angedeuteter oder vorgestellter guter Gestalt und einer dargebotenen Form, die keine gute Gestalt darstellt. Dieses Prinzip kennt aber Ausnahmen, denn obwohl der Kreis eine besonders gute Gestalt ist, wird ein kreisrundes Gesicht als schlechte Gestalt empfunden, weil solch ein Antlitz dem ästhetischen Empfinden und jeder Erfahrung entgegen steht.

10.5 Transponierbarkeit als Gestaltungsmethode in der Bildkunst

Eine Gestalt kann einige oder sogar viele ihrer Merkmale ändern, ohne daß sie als solche aufhört zu existieren oder ihre Identität zu verlieren. Dieses Prinzip ist so elementar und verwendungsfähig, daß es als äußerst beliebte Methode oder Technik zur Herstellung von künstlerischen Variationen benutzt wird.

Die Variation einiger Elemente bei gleichbleibender Gestalt wird in aller Regel als Entwicklung des Grundthemas oder als Entfaltung des Motivs bezeichnet, das sich in den aufeinander folgenden Versionen entwickelt. Das Originalmotiv, welches zur Gestalt geführt hat, kann durch eine Linie in einer Richtung, durch einen Punkt mit bestimmter Farbe oder einer erkennbaren Form repräsentiert sein. Ist das der Fall, so beginnt diese Gestalt sich im Gedächtnis des Betrachters gegen jede Veränderung zu immunisieren. Geschieht dennoch eine Veränderung, so entsteht eine schlechte Gestalt, die eine Spannung auslöst, auch wenn die ursprüngliche gute Gestalt als Beurteilungsfaktor bestehen bleibt, weil sonst die Variation eine neue nunmehr gültige Gestalt generiert hätte.

Bereits Wiederholungen ohne Darstellungsänderungen sind Variationen, allerdings mit geringer Änderungsspannung. Meist treten Änderungen bei der Größe der Figuren, ihrer Plazierung im Bildraum oder durch Farbvariationen auf. Beispielsweise hat Paul Cézanne in seinem Bild *Kastanienbäume bei Jas de Bouffan,*[1] eine Variationsreihe über das Thema spitzwinkliger Dreiecke durch die verschiedenen Abstände zwischen den dargestellten Bäumen erreicht, und in Matisses Bild *Michaella*[2] findet sich eine große Anzahl von Variationen eines umgekehrten V. Solche Variationen können dramatische Entwicklungsverläufe des Bildmotivs erzeugen, wobei durch eine vollständige Metamorphose der Urgestalt eine neue Gestalt eingeführt wird.

Mit dieser Technik können beispielsweise alle Wandlungs- und

Beziehungsstrukturen des menschlichen Schicksals in symbolischer Darstellung in der bildlichen Gestalt lebendig werden. Meist werden die Wandlungen eher implizit als ausdrücklich und in kontinuierlicher Abfolge verwendet, da eine direkt und unmittelbar erkennbare Entwicklungsrichtung und -abfolge den Betrachter langweilt. Um das zu umgehen wird der Betrachter ermuntert, Lücken in der Entwicklung durch eigenständige Leistungen zu füllen und somit aktiv an der Vollendung der Reihe mitzuwirken.

Symmetriestrukturen, beispielsweise Spiegelbilder des Motivs, können die Entspannung beim Betrachter erheblich steigern, was die Künstler nicht selten einsetzen, um Bewegungsabläufe zu simulieren. Die Spiegelbilder statten die gute Gestalt mit den ihr eigentümlichen charakteristischen Gestaltqualitäten aus und führen Informationsredundanz[3] in das Bild ein. Das erklärt auch, weshalb Symmetrie in den meisten Kunsterzeugnissen und Gemälden früherer und frühester Epochen weltweit zu finden ist. Das ist in den neueren Werken nicht mehr der Fall. Die althergebrachte Symmetrie ist zu Gunsten der Balance[4] des Erlebnisgleichgewichts aufgegeben worden. Das geschieht bei modernen Bildkompositionen ohne Objektbezug dadurch, daß dem Betrachter aufgegeben wird, diese Balance selbst herzustellen. In diesem Fall wird der Bildbetrachter Mitarbeiter und Helfer des Künstlers.

Die Balance eines Bildes resultiert aus dem Erfassen der Wechselbeziehung zwischen Formen und Flächen. Die Wahrnehmung läßt einige Formen in den Vordergrund treten, während andere im Hintergrund, der als Projektionswand dient, verbleiben. Was als Mittelpunkt des Bildes wahrgenommen wird, hängt einerseits vom Betrachter ab, allerdings wird andererseits der Künstler das Zentrum in aller Regel andeuten oder unmittelbar einsichtig durch künstlerische Mittel kennzeichnen. Das geschieht dadurch, daß er einige Formen aus der Konstruktionsgemengelage durch verstärkte Farben, besondere Formenklarheit, Umrißdeutlichkeit,

Umrißoriginalität, besonderer Position, Größe und Deutlichkeit so gestaltet, daß diese Merkmale als eine zentrierte Gestalt erscheinen.[5]

Häufig provozieren Künstler in ihrem Bild einen Aufmerksamkeitswechsel. Der macht sich dadurch bemerkbar, daß mit einer primären Zentrierung ein bestimmter Teil des Bildes als Vordergrund erscheint, während durch eine nachfolgende sekundäre Zentrierung die vorher als Hintergrund wahrgenommenen Bildteile nunmehr in den Vordergrund gerückt werden.[6] Wir haben es in diesem Fall mit dem sogenannten Figur-Grund-Verhältnis[7] zu tun, wie das aus den Vexierbildern und Kippfiguren bekannt ist. Die hier wirksam werdenden umkehrbaren Konturen werden als Rollenwechsel zwischen Vorder- und Hintergrund dem Bildbetrachter im Wahrnehmungsprozeß angeboten. Erreicht wird das durch eine Vertikalität der entscheidenden Kontur und/oder durch starke Gegensätze der Helligkeit oder der Farbe von Form und Hintergrund.[8]

Bedenken wir, daß jedes Bild grundsätzlich einen nicht wegzudenkenden Hintergrund dadurch besitzt, daß es an einer Wand oder einer Stellfläche präsentiert wird. Prinzipiell erhöht oder vermindert der Aufstellungshintergrund eines Bildes oder der Bildhintergrund die Spannung der Vordergrundfiguren. Allerdings ist die Spannungsinduzierung des Bildhintergrundes dem des Umfeldhintergrundes überlegen. Obwohl das so ist, wird kein Künstler es grundsätzlich ignorieren, wie und wo seine Bilder präsentiert werden.

Es darf aber nicht übersehen werden, daß Vorder- und Hintergründe in Bildern nichts als Abstraktionen sind. Die Tiefenwirkung beruht auf einer provozierten Wahrnehmungstäuschung, denn Bilder zeigen in aller Regel Darstellungen auf einer Fläche. Um die räumliche Tiefenwirkung beim Betrachter des Bildes entstehen zu lassen, stehen dem Künstler verschiedene räumliche Hinweisreize zur Verfügung. Es sind stets Abweichungen von der guten Gestalt, beispielsweise Überlappungen, Überschneidungen, Verkürzungen, Fluchtlinien etc. mit denen die gewünschte Tiefenwirkung erzeugt wird. Darüber hinaus wählen Künstler die gleichzeitige Raumdarstellung aus verschiedenen Gesichtswinkeln. Beispielsweise ist in Leonardos *Abendmahl* der Bildmittelpunkt nicht mit dem Perspektivmittelpunkt der Szene identisch. Ein weiteres Beispiel finden wir in Tintorettos Gemälde *Der Fund des Körpers des Heiligen Markus.* Hier unterscheidet sich der vom Betrachter gesehene Raum der Szene von dem dargestellten Raum, der vom Gesichtspunkt einer Figur im Gemälde abgebildet ist. Es werden die Grenzen zwischen Betrachter- und Kunstraum überschritten, indem die Figuren in unklaren räumlichen Beziehungen zum Hintergrund stehen.[9]

Noch komplizierter sind die Bilder des surrealistischen Sujets. Betrachten wir beispielsweise abstrakte expressionistische Werke von Dali oder Di Chirico, so bemerken wir ungewöhnliche Betrachtungswinkel oder hypothetische theoretische Phantasieräume in denen bekannte Gegenstände präsentiert werden. Die Integration der unterschiedlichen Raumansichten werden in der heutigen Malerei immer schwieriger, was von den Künstlern insofern gewollt ist, als durch die verschärften Kontraste und durch die Auslassung des Offensichtlichen die Spannungserregung erheblich gesteigert werden kann. Das macht erklärbar, warum ein Bild von Kandinsky ein intensiveres Betrachtungserlebnis erzeugt als ein Historiengemälde mit Schlachtgetümmel.

Der Begriff Form ist in der Umgangssprache geläufiger als der Gestaltbegriff. Er ist auch umfassender, da er auch solche Wahrnehmungsresultate einschließt, bei denen nicht nur der optische Sinn, sondern zusätzlich andere Sinne zur Anwendung gelangen. Beispielsweise werden bei der Betrachtung von Landschaften die Schönheitsempfindungen auch dadurch hervorgerufen oder verstärkt, indem der Betrachter sich an vergangene schöne Erlebnisse erinnert, die nun den Betrachtungsgegenstand positiv überschatten. Ebenso können düstere Stimmungen durch entsprechende Umweltkonstellationen mit ebensolchen vergangenen Erlebnissen verknüpft werden, wodurch das Bilderlebnis durch bildfremde Momente geprägt wird. Der hier bedeutsame Zusammenhang wird durch den Begriff der Assoziation gekennzeichnet. Ein wahrgenommener Gegenstand verbindet sich mit einer tatsächlichen oder vermeintlichen Konfiguration eines erinnerten Objektes aus dem Gedächtnisinhalt und löst jene Stimmung aus, die dem erinnerten hoch bedeutsamen Gegenstand zu eigen ist. Hier sind Verschiebungs- und Übertragungsphänomene wirksam, wie sie in der psychoanalytischen Theorie hinlänglich beschrieben werden.

Die Assoziationen folgen entweder der Gestaltwahrnehmung oder sie leiten die Wahrnehmung selbst. Geschieht letzteres, dann ist die Dominanz der Assoziationen so absolut, daß die Gestalt geradezu in das Wahrnehmungszentrum springt. Es kommt auch vor, daß die Assoziationen den erlebten Empfindungen und Gefühlen nacheilen, weil letztere den assoziativen Zusammenhang nicht bereitwillig preisgeben. Hier trachten Verdrängungsmechanismen danach, die unangenehmen oder brisanten Assoziationen nicht ins Bewußtsein dringen zu lassen.

Formen ohne ausdrücklichen Objektbezug, wie beispielsweise Kreise oder sonstige geometrische Gebilde, können Assoziationen in verschiedene Richtungen erzeugen. Bei Formen mit Objektbezug, z. B. Schiffe oder Bäume, wird das nicht zu erwarten sein. Symmetrische Formen rufen eher gegenständliche Assoziationen hervor, was bei asymmetrischen nicht der Fall ist.

Bestimmte Assoziationen folgen der Bevorzugung gegenüber bestimmten Objekten oder Formen. So lehnt ein Betrachter eine bestimmte Form ab, wenn sie ihn an das Gesicht eines verhaßten Menschen erinnert, während jene Form als angenehm erlebt und bevorzugt wird, wenn die Assoziation die Form mit einem angenehmen Gegenstand verbindet.

Formbedeutungen sind auch interkulturell gleich oder ähnlich.[10] So werden in europäischen, asiatischen und naiven Völkern gekrümmte Linien als schlecht oder laut angesehen, während schmale oder feine Linien für Frau, zart, schwach oder süß stehen. Kulturelle Unterschiede führen auch dazu, daß ähnliche Formbedeutungen in unähnliche Begriffe gekleidet werden. Das Dreieck wurde beispielsweise im alten Ägypten als heilig und als Symbol der Gottheit verehrt, während es in Griechenland die Weisheit repräsentierte und im Christentum die Dreifaltigkeit Gottes.[11]

Wir dürfen nicht davon ausgehen, daß die geschilderten Effekte durch Formen und Farben bei jeder Bildbetrachtung wirksam werden oder stets gleich stark ausgeprägt sind. Anders herum gilt aber auch, daß ein bestimmtes Bilderlebnis sich bei wiederholter Betrachtung desselben verstärken und immer lebendiger werden kann. Es ist auch möglich, daß zeitlich verschiedene Bildbetrachtungen des gleichen Bildes andere Bildschwerpunkte erscheinen lassen, so daß das Bild immer neue Bildbrennpunkte zu besitzen scheint.

Ein anfangs durch den Symbolismus eingefangener Betrachter eines Bildes wird womöglich erst bei einem späteren Bildkontakt die weichen und zarten Linien oder die besonderen Farbkontraste im Bild in ihrer Bedeutung wahrnehmen. Das macht deutlich, daß es in der bildenden Kunst nicht erforderlich ist, objektbezogene Bilder oder Statuen zu präsentieren, um beim Betrachter Spannungen und Entspannungen zu provozieren. Das erledigen bereits die Farben und Formen und ihre Kombinationen, Brüche, Wiederholungen, Verwandtschaftsbeziehungen, Kontraste und ausgelösten Assoziationen.

Abschließend kann gesagt werden, daß eine beträchtliche Anzahl von Wegen zu Bilderwelten dargestellt und psychologisch, semiotisch, sprachphilosophisch und psychoanalytisch analysiert und untermauert wurden. Damit ist aber nicht oder nicht klar beschrieben oder definiert, was in diesen Bilderwelten Kunst ist und was nicht. Das war auch nicht beabsichtigt, denn ob nun ein Bild als Kunstwerk zu betrachten ist oder nicht, hängt von anderen Faktoren ab, als jenen, die den Weg zu Bilderwelten erst eröffnen. Was als Kunst zu gelten hat, gehört in den Diskurs der ästhetischen Wahrnehmung oder der Ästhetik generell. Oft genug unterliegt Kunst und Kunstgeschmack auch einem modischen Kalkül oder ökonomischen Spekulationen, da sich der Wert eines Bildes immer wieder erst und nicht selten im wesentlichen durch dem Markt herausbildet.

Literaturverzeichnis

Adank, H.: Essai sur fondements linguistiques et psychologique de la mètaphore affective, Genève 1939
Adorno, Theodor W.: Negative Dialektik, Frankfurt/M. 1982
Aldrich, Virgil C.: Die visuelle Metapher, in: A. Haverkamp (Hrsg.): Theorie der Metapher, Darmstadt 1998
Aragon, Louis: Le Paysan de Paris, 1926
Aristoteles: Poetik, in: dtsch. Manfred Fuhrmann, München 1976
Arnauld, Antoine: La logique ou l'art de penser, contenant, outre les Règles communes, plusieurs observations nouvelles, propres à former le jegement. Amsterdam 1685
Augustinus, Aurelius: De magistro liber unus, Paderborn 1974

Baltrusailis, Jurgis: Anamorphoses, Paris 1969
Barfield, Owen: Poetic Diction and Legal Fiction, in: Max Black, The Importance of Language, Englewood 1962
Barron, F.: Complexity-simplicity as a personality dimension. Journal of Abnormal and Social Psychology, 1953, 48, S. 163-72
Barthes, R.: Rhétorique del'image, Communications 4
-,: Essay Critiques, Paris 1964
Bätschmann, Oskar: Einführung in die kunsthistorische Hermeneutik, Darmstadt 2001
Benveniste, E.: La forme et le sens dans le langage, Paris 1967
Bertalanffy, L. von: Das biologische Weltbild, Bern 1948
Blumenberg, H.: Wirklichkeiten in denen wir leben, Stuttgart 1981
-,: Paradigmen zu einer Metaphorologie, in: Haverkamp, A. (Hrsg.): Theorie der Metapher, Darmstadt 1996
Boas, F.: Primitive Art, New York 1955
Bonsiepe, G.: Visuell/verbale Rhetorik, Ulm 1998

Boring, E. G.: A new ambignous figure, American Journal of Psychology, 42, 1930
Boudard, Jean-Baptiste: Iconologie tirée de divers auteurs. Ouvrage utile aux Gens de Lettres, aux Poetes, aux Artistes, & généralement à tous les Amateurs des Beau-Arts, 3 Bde., Parma 1769
Broekman, J.: Strukturalismus, Freiburg/München 1971
Brooke-Rose, Christine: A Grammar of Metaphor, London 1958
Burke, K.: A Grammar of Motives, New York 1945

Camp, Maxime Du: Les Beaux-Arts à l'Exposition universelle de 1855, Paris 1855, übersetzt von Uwe Fleckner: Die Schönen Künste auf der Weltausstellung, in: Thomas W. Gaethgens, Uwe Fleckner, Historienmalerei, Darmstadt 2003
Cassierer, Ernst: Philosophie der symbolischen Formen, in: Bd. 3, Phänomenologie der Erkenntnis, Berlin 1929
Castelnuevo, Enrico: Attribution, in: Encyclopaedia Universalis, 1968
Chomsky, Noam: Syntactic Structures, Mouton 1957
-,: Aspects of the Theory of Syntax, Cambridge Mass. 1965
-,: Language and Responsibility, New York 1975
Claubergius, Johannes: Defensio cartesiana adversus Jac. Revium et Cyr. Lentulum Hermeneutik, Amsterdam 1652

Daffner, H.: Salome, ihre Gestalt in Geschichte und Kunst, 1912
Dali, Salvador: Die Eroberung des Irrationalen, 1935
Deleuze, G.: Woran erkennt man den Strukturalismus? In: Francois Chatelet (Hrsg.): Geschichte der Philosophie, Bd. VIII, Frankfurt/M. Berlin Wien 1975
Derrida, Jacques: Marges de la philosophie,Paris 1972, dtsch.: Randgänge der Philosophie, Frankfurt/M. 1976
-.: Grammatologie, Frankfurt/M. 1983
Descartes, R.: Meditationes de prima philosophia, 1641
-,: Prinzipia philosophae, 1644

-,: Philosophische Werke I, Regeln zur Leitung des Geistes, Leipzig 1906
Dietrich, Claus Peter: Gegenübertragung als Instrument des Verstehens bildnerischer Produktion von Kindern, unveröffentliche psychologische Diplomarbeit, Psychologisches Institut I der Universität Hamburg, 1986
Dilthey, Wilhelm: Die Entstehung der Hermeneutik, in: Gesammelte Schriften, Leipzig/Berlin 1924
Doyle, Conan, The Cardboard Box, dtsch. Ein unheimliches Paket, 1892

Edeline, Francis: Champ analogique et structure narrative d'un poème francais, Courrier du centre internatinal d'études poétiques, Bruxelles 1967
Eco, Umberto: Semiotik und Philosophie der Sprache, München 1985
-. & Thomas A. Sebeok: Der Zirkel oder Im Zeichen der Drei, Dupin – Holmes – Peirce, München 1985
Ehrenfels, Christian von: Über Gestaltqualitäten. Aus: Vierteljahresschrift für wissenschaftliche Psychologie. XIV. 3, 1890
Eritreo, J.N. (Gian Vittorio Rossi): Pinacothea imaginum illustrium, Bd. II, Leipzig 1692

Foucault, Michel: Die Ordnung der Dinge, Frankfurt/M. 1971
-,: Archäologie des Wissens, Frankfurt/M. 1981
Frank, Manfred: Was ist Neostrukturalismus?, Frankfurt/M. 1984
-., (Hrsg.): F. D. E. Schleiermacher Hermeneutik und Kritik, Frankfurt/M. 1977
-,: Die Entropie der Sprache, in: Ders.: Das Sagbare und das Unsagbare, Frankfurt/M. 1980
Frege, Gottlob: Funktion, Begriff, Bedeutung, Göttingen 1980
-,: Logische Untersuchungen, Göttingen 1986
Freud, Sigmund: Die Traumdeutung, Frankfurt/M. 1940

-,: Der Witz und seine Beziehung zum Unbewußten, London 1940
-,: Der Moses des Michelangelo, in: GW. Bd. X, London 1941
-,: Eine Kindheitserinnerung des Leonardo da Vinci, in: GW. Bd. VIII, London 1941
-,: Der Dichter und das Phantasieren, in: GW: Bd. VII, London 1941
-,: Totem und Tabu, Lingam Press, Bd. 9, o.J.
-,: Triebe und Triebschicksale, GW. Bd. X, London 1941

Gadamer, Hans-Georg: Wahrheit und Methode, Grundzüge einer philosophischen Hermeneutik, Tübingen 1990
Gaskell, Ivan,: Vermeer's Wagner. Speculations on Art History and Art Museum, London 2000
Gibson, J. J.: Die Sinne und der Prozeß der Wahrnehmung, Bern Stuttgart Wien 1982
Gilot, Francoise und Carlton Lake: Leben mit Picasso, München 1965
Ginzburg, Carlo: Indizien: Morelli, Freud und Sherlock Holmes, in: Eco/Sebeok (Hrsg.) 1985
Glucksmann, André: Die Meisterdenker, Reinbek bei Hamburg 1987
Gödel, Kurt: Über formal unentscheidbare Sätze der Prinzipia Mathematica und verwandter Systeme, 1931
Goethe, J. W.: Zur Farbenlehre. Goethes naturwissenschaftliche Schriften in Auswahl, in: Großherzog Wilhelm Ernst Ausgabe, Vol. 16, Leipzig 1917
Gombrich, E.: Art and Illusion, The A. W. Mellon Lectures in the Fine Arts, New York 1960
Graumann, C.-F.: Denken, 1965
Habermas, Jürgen: Vorbereitende Bemerkungen zu einer Theorie der kommunikativen Kompetenz, in: Ders.: Theorie der Gesellschaft oder Sozialtechnologie, Frankfurt/M. 1971

-,: Der philosophische Diskurs der Moderne, Frankfurt/M. 1985

Harrowitz, Nancy: Das Wesen des Detektiv-Modells, Charles Sanders Peirce und Edgar Allan Poe, in: Eco, U. & Th. A. Sebeok (Hrsg.): Der Zirkel oder Im Zeichen der Drei, München 1985

Haverkamp, Anselm (Hrsg.): Theorie der Metapher, Darmstadt 1998

Hegel, G. W. F.: Phänomenologie des Geistes, Bamberg und Würzburg 1807

Heidegger, Martin: Sein und Zeit, Tübingen 1986

Heider, F.: Über Balance und Attribution. In: Görlitz, D. & Meyer, W.-U. und Weiner, B. (Hrsg.): Bielefelder Symposium über Attribution, Stuttgart 1978

Heisenberg, W.: Planck's Discovery and the philosophical problems of atomic physics, in: Ders.: On Modern Physics, New York 1961

Henle, Paul: Die Metapher = Sprache, Denken, Kultur, Frankfurt/M. 1969

Hofstadter, Douglas R.: Gödel, Escher, Bach, ein endlos geflochtenes Band, Stuttgart 1986

Holl, Hans-Günther: Das lockere und das strenge Denken, Essay über Gregory Bateson, Weinheim und Basel 1985

Imdahl, Max: Giotto – Arenafresken. Ikonographie Ikonologie Ikonik, München 1996

Jakobson, R.: Die Arbeit der sogenannten »Prager Schule«, in: Ders.: Selected Writing, Bd. II, 1938

-,: Concluding Statement: Linguistics and Poetics. In: T. A. Sebeok, Style in Language, Cambridge Mass. 1960

Jastrow, Joseph,: Fact and fable in psychology, Boston 1900

Jauss, H. R.: Literaturgeschichte als Provokation der Literaturwissenschaft, Konstanz 1967

Jaynes, Julien: Der Ursprung des Bewußtseins durch den Zusammenbruch der bikameralen Psyche, Reinbek bei Hamburg 1988
Jones, E. E. & Davis, K. E.: From acts to dispositions: The attribution process in person perception. In: Berkowitz, L. (Hrsg.): Advances in experimental social psychology, Bd. 2, New York London 1965
-, & McGillis, D.: Correspondent inferences and the attribution cube: A comparative reappraisal. In: Harvey, J. H. et al. (Hrsg.): New directions in attribution research, Bd. 1, New York 1976
Jung, C. G.: Zur Psychologie westlicher und östlicher Religion. Psychologie und Religion, Bd. 11, 1940/1962, Olten 1980
-,: Die Archetypen und das Kollektive Unbewußte, GW IX, Olten und Freiburg 1981

Kant, E.: Kritik der reinen Vernunft, in: Kant Werke, Darmstadt 1975
Katz, D.: Gestalt Psychology: Its Nature and Signifiance, New York 1959
Keupp, Heinrich: Normalität und Abweichung, München Wien Baltimore 1979
Koestler, A.: The novelist deals with character. Saturday Review of Literature, 1949
Koffka, K.: Princips of Gestalt Psychology, New York 1935
-,: Problems in the psychology of art. In Art: A Bryn Mawr Symposium. Lancaster, Pa. 1940, Kap. 3, S. 180-275
Köhler, W.: Gestalt Psychology, New York 1929
Krampen et al. (Hrsg): Die Welt als Zeichen, Klassiker der modernen Semiotik, Berlin 1981
Kreitler, Hans und Shulamith Kreitler, Psychologie der Kunst, Stuttgart Berlin Köln Mainz 1980
Kroeber, L.: Anthropology, New York 1948
Kubczak, H.: Die Metapher, Heidelberg 1978
Kuhn, Th. S.: The Structure of Scientific Revolutions, Chicago 1962, dtsch.: Die Struktur wissenschaftlicher Revolutionen, Frankfurt 1969

Lacan, Jacques: Das Drängen des Buchstaben im Unbewußten oder die Vernunft seit Freud, in: Ders. Schriften II, Olten 1975
-,: Subversion des Subjekts und Dialektik des Begehrens im Freudschen Unbewußten, in: Schriften II, Olten 1975
-,: Die Bedeutung des Phallus, Schriften II, Olten 1975
-,: Die Schaukel des Begehrens, Seminar I, Olten und Freiburg 1978
-., Das Begehren, das Leben und der Tod, in: Das Seminar, Buch II, Olten 1980
-,: Vom Blick als Objekt Klein a, in: Ders.: Die vier Grundbegriffe der Psychoanalyse, Seminar Buch XI, Olten und Freiburg 1980
Laplanche, J. & J.-B. Pontalis: Das Vokabular der Psychoanalyse, 2 Bde., Frankfurt/M. 1982
Lebrun, Charles: Affektdarstellungen, Radierung, Paris 1696
Leuner, Hanscarl (Hrsg.): Katathymes Bildererleben. Ergebnisse in Theorie und Praxis, Bern Stuttgart Wien 1980
Litt, Theodor: Denken und Sein, Stuttgart 1948
Locke, John: An Essay Concerning Human Understanding, London 1690

Mach, Ernst: Analyse der Empfindungen, Leizig 1886
Mancini, Guilio: Einige Überlegungen, die Malerei als Unterhaltung des gebildeten Edelmannes betreffend, zugleich als notwendige und erschöpfende Einleitung gedacht, 1956/57
Martinet, A.: Elements de linguistique général, Paris 1967
Maue, Reiner: Die Psychologie der Seekrankheit, Köln 1986
-,: Macht macht Kriminalität, Frankfurt/M – Bern – New York – Paris 1989
-,: Irgendwie immer daneben, Aachen 2000
McWhinnie, H. J.: Effects of a learning experiance on preference for complexity and asymmetry Perceptual and Motor Skills, 1966, 23, S. 119-22
Merleau-Ponty, Maurice: Das Sichtbare und das Unsichtbare, in: Claude Lefort: Übergänge Bd. 13, München 1986

Merton, Robert K.: Auf den Schultern von Riesen, Frankfurt 1980
Metzger, Wolfgang (Hrsg.): Handbuch der Psychologie, Göttingen 1966
-,: Psychologie. Die Entwicklung ihrer Grundannahmen seit der Einführung des Experiments, Darmstadt 1975
Michael, D. N.: A cross-cultural investigation of closure, Journal of Abnomal and Social Psychology, 1953, 48, S. 230-55
Morelli, Giovanni: Kunstkritische Studien über italienische Malerei, Mailand 1897
Morris, C.: Signs, Language and Behavior, New York 1946
Mukarovsky,J.: Kapital aus der Ästhetik Frankfurt/M. 1970

Nietzsche, F.: GW. 3 Bde., hrsg. von Karl Schlechta, München 1973

Ohwaki, Y. and Onizawa, T.: Function of the ground as »framework« in the perception of size, Tohoku PsFol 1951
Osgood, C. E.: The cross-cultural generality of visual-verbal synthetic tendencies, Behaviuoral Science, 1960, 5, S. 146-69
Otis, G.: Aestetic unity. American Journal of Psychology, 1918, 24, S. 291-315

Panofsky, Erwin: Zum Problem der Beschreibung und Inhaltsdeutung von Werken der bildenden Kunst, 1932, in: Aufsätze zu Grundfragen der Kunstwissenschaft. Hrsg. von H. Oberer und E. Verheyen, Berlin 1964
Paracelsus: Libr.: Paramirum, Paris 1913
Pasolini, Pier Paolo: La linga scitta dell'azione, Nuevi Argumenti aprile-gingus, 1966
Paul,H.: Prinzipien der Sprachgeschichte, Halle 1880
Pauli, Gustav: Der Mandrill, Hamburg 1921
Peirce, Charles Sanders: Guessing, The Hound and Horn, 1929
-,:Semiotische Schriften, 3 Bde. Frankfurt/M. 1986 bis 1993

Piaget, Jean: Les méchanismes perceptifs. Modèles les probalilistes. Analyse génétique. Relations avec l'intelligence, Bibliothèque scientific international, Paris 1961
-,: Das Erwachen der Intelligenz beim Kinde, Stuttgart 1969

Picht, Georg: De Anima, Stuttgart 1987
Platon: Werke, hrsg. von Gunther Eigler, Darmstadt 1983
Prieto, Luis: Messages et signaux, Paris 1966

Read, H.: The Philosophy of Modern Art, New York 1955
Richards, Ivor Armstrong: Die Metapher, in: Anselm Haverkamp (Hrsg.), Theorie der Metapher, Darmstadt 1996
-,: The Philosophy of Retoric, New York 1939
Ricoeur, Paul: Die Interpretation, Ein Versuch über Freud, Frankfurt/M. 1969
Ripa, Cesare: Iconologiia overo descrittione di diverse imagini cavate dall'antichità, e di propria inventione, Rom 1603, Nachdruck Hildesheim New York 1970
Rorty, R.: Die Kontingenz der Sprache, aus: Ders.: Kontingenz, Ironie und Solidarität, Frankfurt/M. 1991, in: Edmund Braun (Hrsg.):Der Paradigmenwechsel in der Sprachphilosophie, Darmstadt 1996
Rochefoucauld, Francois de La: Spiegel des Herzens, Paris 1868
Rubin, E.: Visuell wahrgenommene Figuren, Kopenhagen 1921

Sartre, J.-P.: Das Sein und das Nichts, Reinbek bei Hamburg 1985
Saussure, Ferdinand de: Cours de linguistique général, Lausanne und Paris 1916, dtsch.: Grundlagen der allgemeinen Sprachwissenschaft, Berlin 1967
Schachter, S. & Singer, J. E.: Cognitive, social and physiological determinants of emotional state. Psychol. Rev. 1962, 69, 379-399
Sebeok, Thomas A. & Umiker Sebeok: Sie kennen ja meine Methode. Ein Vergleich von Charles Sanders Peirce und Sherlock Holmes, in: Eco/Sebeok: Im Zeichen der Drei, München 1985

Spranger, E.: Die Psychologie des Jugendalters, Leipzig 1924
Szasz, T. S.: Geisteskrankheit – Ein moderner Mythos, Olten 1972
-,: Der Mythos von der seelischen Krankheit, in: Keupp (Hrsg.): Der Krankheitsmythos in der Psychopathologie, München Berlin Wien 1972

Tuchmann, Barbara: Die Torheit der Regierenden, Frankfurt/M. 1984
Tugendhat, E.: Phänomenologie und Sprachanalyse, Tübingen 1970

Vaihinger, Hans: Die Philosophie des Als Ob, Leipzig 1920
Valery, Paul: Leonardo, Drei Essays, Frankfurt/M. 1960
Voltaire: Folie, in: Dictionaire philosophique, Paris 1935

Wahl, Francois: Einführung in den Strukturalismus, Frankfurt/M. 1981
Warburg, Aby: Gesammelte Schriften, hrsg. von der Bibliothek Warburg, 2. Bde. Leipzig/Berlin 1932, Nachdruck: Nendeln 1969
Warning, R.: Funktion und Struktur, München 1974
Weber, Samuel M.: Rückkehr zu Freud, Frankfurt/M. Berlin Wien 1978
Weinhandl, Ferdinand (Hrsg.): Gestalthaftes Sehen, Ergebnisse und Aufgaben der Morphologie. Zum hundertjährigen Geburtstag von Christian von Ehrenfels, Darmstadt 1974
Weinrich, H.: Streit um Metaphern, Stuttgart 1976
Wilcox W. W. & B. M. A. Morrison: A psychological investigation of the relation of illumination to aesthetics. Psychological Monographs, 1933, 44, S. 282-300
Wind, Edgar: Kunst und Anarchie, Frankfurt/M. 1979
Wittgenstein, Ludwig: Schriften I., Frankfurt/M. 1960
-,: Tractatus logico-philosophicus, Frankfurt/M. 1984

Wolf, Alan: Der Quantensprung ist keine Hexerei, Basel Boston Stuttgart 1986 Woodworth, R. S.: Experimental Psychology, New York 1938
Wölfflin, H.: Kunstgeschichtliche Grundbegriffe, 1915

Anmerkungen

Zu 1.0

1 Charles Sanders Peirce, Collected Papers (C.P.): 5.253, zitiert nach Klaus Oehler, Idee und Grundriß der Peirceschen Semiotik, in: M. Krampen et al. (Hrsg.): Die Welt als Zeichen, Berlin 1981, S. 28

2 Dieser Aphorismus wird fälschlicherweise auf Isaac Newton zurückgeführt, der sich im 17. Jahrhundert als auf den Schultern von Riesen stehend bezeichnete, als er sagte ›Wenn ich weiter gesehen habe, so deshalb, weil ich auf den Schultern von Riesen stehe‹. Dieses Zitat ist einem versöhnlichen Brief Newtons an seinen zänkischen aber dennoch genialen Konkurrenten Robert Hooke, der ihm die Entwicklung der Farbentheorie streitig machte, entnommen. Newton war aber nicht der Vater dieses Aphorismus, sondern dieser stammt von dem im Jahre 1126 verstorbenen Scholasten Bernhard von Chartes, wie das sein gelehrter Schüler John von Salisbury überliefert hat. Vgl. Robert K. Merton, Auf den Schultern von Riesen, Ffm. 1980, S. 15

3 Klaus Oehler, a.a.O. S. 26

4 Hans Blumenberg, Paradigmen zu einer Metaphorologie, in: Anselm Haverkamp (Hrsg.): Theorie der Metapher, Darmstadt 1996, S. 290

5 Ders., a.a.O. S. 290

6 S. Freud, Der Moses des Michelangelo, London 1946, Bd. X, S. 173

7 Ebenda, S. 173

8 Michel Foucault, Die Ordnung der Dinge, Ffm. 1980, S. 38

9 Ebenda, S. 22

10 M. Foucault, Archäologie des Wissens, Ffm. 1981

Zu 2.1

1 Barbara Tuchmann, Die Torheit der Regierenden, Ffm. 1984, S. 74

2 Als Cartesianer begründete er gemeinsam mit Pierre Nicole die Logik von Port Royal. Vgl. A. Arnauld, La Logique ou L'Art de penser, contenant, outre les Règles communes, plusieurs observations nouvelles, propres à former le jugement, Amsterdam 1685, dtsch. Ders.: Die Logik oder die Kunst des Denkens, Darmstadt 1972

3 J. Bodin, Les six livres de la République, 1576

4 Vgl. Lipsius, De constantia, Erstausgabe Antwerpen 1585, zitiert nach Franz Borkenau, Der Übergang vom feudalen zum bürgerlichen Weltbild, Paris 1934, S. 186 f.

Zu 2.2

1 Vgl. Laplanche & Pontalis, Vocabulaire de la Psychoanalyse, Bd. 2, Paris 1967, dtsch. Suhrkamp 1982, S. 482

2 Vgl. Michel Foucault, Die Ordnung der Dinge, Ffm. 1980

3 Vgl. Martin Heidegger, Sein und Zeit, Tübingen 1986

4 Foucault, a.a.O. S. 606

5 Vgl. Aurelius Augustinus, De magistro liber unus, Paderborn 1974. Eine rein philosophische und kritische Schrift Augustinus. Das Buch ist als Dialog zwischen Augustinus selbst und seinem 15-jährigen Sohn Adeudatus verfaßt.

6 Vgl. M. Foucault, a.a.O. S. 46 f.

7 Vgl. Paracelsus, Libr. Paramirum, Paris 1913, zitiert nach Foucault a.a.O. S. 49

8 Foucault a.a.O. S. 76

9 Ders. Die Ordnung der Dinge a.a.O. S. 91 ff.

10 Vgl. Samuel M. Weber, Rückkehr zu Freud, Ffm. Berlin Wien 1978, S. 25

11 Vgl. John Locke, An Essay Concerning Human Understanding, London 1690, dtsch. 1757

12 Vgl. René Descartes, Philosophische Werke I, Regeln zur Leitung des Geistes, Leipzig 1906

Zu 3.1

1 Vgl. Ernst Mach, Analyse der Empfindungen, Leipzig 1886; K. Bühler, Tatsachen und Probleme zu einer Psychologie der Denkvorgänge, 1905/08; C.-F. Graumann, Denken, 1965; Hans Aebli, Denken: Das Ordnen des Tuns, Stuttgart 1980; Hans Günther Holl, Das lockere und das strenge Denken. Essays über Gregory Bateson, Weinheim und Basel 1985; André Glucksmann, Die Meisterdenker, Reinbek bei Hamburg 1987

2 Vgl. Antoine Arnauld, La logique ou l'art de penser, contenant, outre les Règles communes, plusieurs observations nouvelles, propres à former le jugement. Amsterdam 1685; Georg Wilhelm Friedrich Hegel, Phänomenologie des Geistes, Bamberg und Würzburg 1807; Theodor Litt, Denken und Sein, Stuttgart 1948; Jürgen Habermas, Der philosophische Diskurs der Moderne, Ffm. 1985

3 Martin Krampen et. al. (Hrsg.): Die Welt als Zeichen, Klassiker der modernen Semiotik, Berlin 1981

4 Vgl. Schachter, S. und Singer, J. E.: Cognitive, social and physiological determinants of emotional state. Psychol. Rev. 1962, 69, 379-399.

Zu 3.2

1 Vgl. Jones, E. E., Davis, K. E.: From acts to dispositions: The attribution process in person perception. In: Berkowitz, L. (Hrsg.): Advances in experimental social psychology, Bd. 2, Academic Press, New York London 1965; auch in neuerer modifizierter Form, Jones, E. E., und McGillis, D.: Correspondent inferences and the attribution cube: A comparative reappraisal. In: Harvey, J. H. et al. (Hrsg.): New directions in attribution research, Bd. 1, New York 1976; auch Heider, F.; Über Balance und Attribution. In: Görlitz, D., Meyer, W.-U. und Weiner,

B. (Hrsg.): Bielefelder Symposium über Attribution, Stuttgart 1978

2 Vgl. dazu die Wölfflinsche Formanalyse, in: Heinrich Wölfflin, Kunstgeschichtliche Grundbegriffe, 1915

3 Ein klassischer Fall ist das antike Rätsel der Sphinx in Delphi. Die Rätselfrage bezog sich auf ein Lebewesen, das morgens auf vier, mittags auf zwei und abends auf drei Beinen geht. Nur wer sich von den wie selbstverständlich eingefügten Tageszeitbedingungen lösen und diese als Metapher lesen konnte, war überhaupt in der Lage, das riskante Rätsel zu lösen. Wem es nicht gelang, der war des Todes. Ödipus fand die richtige Antwort, als er die Tageszeiten als Lebenszeiten interpretierte, wodurch ihm die Antwort, daß es sich um den Menschen handeln mußte, in den Schoß fiel.

4 Vgl. Erwin Panofsky. Ikonographie und Ikonologie. Eine Einführung in die Kunst der Renaissance, in: Ders.: Sinn und Bedeutung in der bildenden Kunst, Köln 1975

Zu 3.3

1 Seit Aristoteles und Euklid ein unmittelbar einleuchtender Grundsatz, der nicht mehr begründbar ist. Es handelt sich, allgemein gesprochen, um den grundlegenden Satz, aus dem alle anderen Sätze ableitbar sind.

2 Wir haben es hier mit der von Christian von Ehrenfels entwickelten Gestalttheorie zu tun, auf die weiter unten noch sehr detailliert eingegangen wird.

Zu 4.1

1 A. L. Kroeber, Anthropology, New York 1948, 1.8, S. 325, zitiert nach Jan M. Broekman, Strukturalismus Freiburg/München 1971, S. 12

2 Claude Levi-Strauss, Strukturale Anthropologie I, 1967, Strukturale Anthropologie II, 1975

3 Ferdinand de Saussure, Grundfragen der allgemeinen Sprachwissenschaft, Berlin 1967

4 Der Begriff Synchronie wurde von Saussure als Gleichzeitigkeit einer Menge von sprachlichen Tatsachen charakterisiert, die einen Zustand der Sprache als System ausmacht. Synchronie steht im Gegensatz zu Diachronie.

5 Vgl. Roman Jakobson, Die Arbeit der sogenannten »Prager Schule«, in: Ders.: Selected Writing, Bd. II, 1938

6 Gilles Deleuze, Woran erkennt man den Strukturalismus, in: Francois Chatelet (Hrsg.): Geschichte der Philosophie, Bd. VIII, Frankfurt/M. Berlin Wien 1975, S. 270

7 Francois Wahl, Die Philosophie diesseits und jenseits des Strukturalismus, in: Ders. (Hrsg.): Einführung in den Strukturalismus, Ffm. 1973, S.327

8 Deleuze, a.a.O. S. 271

9 Reiner Maue, Macht macht Kriminalität, Ffm. Bern New York Paris 1989, S. 46

10 Deleuze, a.a.O. S. 272

11 Vgl. Christian von Ehrenfels, Über Gestaltqualitäten, in: Gestalthaftes Sehen, Ergebnisse und Aufgaben der Morphologie, Darmstadt 1974, S. 11 – 43

12 Deleuze, a.a.O. S. 273

13 ebenda S. 276

14 ebenda S. 281

15 ebenda S. 281

16 ebenda S. 292

17 J. Lacan bestimmt den Phallus als das rätselhafte Objekt der intersubjektiven Struktur. Er ist weder das reale Organ noch die Serie der assoziierten oder assoziierbaren Bilder. Es ist stets der symbolische Phallus, der das Gesetz der Kastration und des Verbots kennzeichnet. Vgl. Jacques Lacan, Die Bedeutung des Phallus, Schiften II, Olten 1975, S. 119 – 132

18 Deleuze a.a.O. S. 296

Zu 4.2

1 J. Broekman, Strukturalismus, Freiburg München 1971, S. 16

2 Verstanden als eine Operation zur Feststellung einer Verbindung zwischen Signifikant und Signifikat. Wird ein Element des Signifikanten (z.B. ein Laut: Lust in List) gegen ein anderes ausgetauscht, so verändert sich auch das Signifikat und umgekehrt. Der Kommutationstest macht die Entdeckung diskreter Einheiten der Sprache auf der Ausdrucks- und Inhaltsebene möglich. Aus Gemälden sind keine diskreten Einheiten herauslösbar, denn sie besitzen eine Fläche aus kontinuierlichen Objekten, die moduliert sind.

3 Die Definition der Opposition bezieht sich auf die Gegenüberstellung zweier Glieder, die sich gegenseitig bedingen. Beispielsweise ist das Adjektiv ›hoch‹ ohne das Oppositionsadjektiv ›tief‹ bedeutungslos. ›Die Gegenwart eines Terminus einer binären Opposition impliziert den anderen, gegensätzlichen Terminus und lockt ihn hervor‹. Vgl. Jakobson, Selected Writings I: Phonological Studies, The Hague: Mouton 1971, S. 637 So werden bei der Wahrnehmung einer dorischen Säule sogleich die Säulen der anderen Stilarten (ionisch, korinthisch) im Geiste aktiviert.

4 F. Nietzsche, G.W. Bd. II, hrsg. von Karl Schlechta, München 1973, S. 893. Man spricht in diesem Zusammenhang auch von den drei Kränkungen der Menschheit: 1. Der Heliozentrismus des Kopernikus, der die Erde aus dem Zentrum des Universums verbannte, 2. Der Darwinismus, der den Menschen aus dem Zentrum der göttlichen Schöpfung herausnahm und in die Reihe der gesamten Tierwelt stellte, 3. die Psychoanalyse Sigmund Freuds, der das Unbewußte an die Stelle des Bewußtseins setzte, als er die steuernde Triebkraft des Unbewußten für alle menschlichen Aktivitäten erkannte.

5 Vgl L. von Bertalanffy, Das biologische Weltbild, Bern 1948

6 R. Barthes, Essay Critiques, Paris 1964, zitiert nach Broekman, a.a.O. S. 19

7 L. Wittgenstein, Tractatus Logico-Philosophicus, Bd. I, Ffm. 1984, 6.44, S. 84

8 Vgl. Michel Foucault, Les mot et les choses, Paris 1966, dtsch. Die Ordnung der Dinge, Ffm. 1980.

9 F. Nietzsche, G.W. Bd. III, Aus dem Nachlass der Achtzigerjahre, a.a.O. S. 674

10 Vgl. Picasso, Guernica, 1937, Madrid, Museo Nacional Centro de Arte Reina Sofia, darin die Andeutung von Schrift auf Fragmenten von Schriftrollen, auch Ders.: Flasche, Gitarre und Pfeife, 1912/13, Essen. Museum Folkwang

11 Broekman, a.a.O. S. 84

12 Vgl. Mukarovsky, Kapital aus der Ästhetik, Ffm. 1970

12a In diesem Zusammenhang sei auf die entkontextualisierten Präsentationen von Bildwerken verwiesen, die wichtige Hinweise zum Verständnis und Deutung eines Bildes verschwinden lassen. Vgl. Ivan Gaskell, Vermeer's Wagner. Speculations on Art History and Art Museum, London 2000

13 H. R. Jauss, Literaturgeschichte als Provokation der Literaturwissenschaft, Konstanz 1967, S. 89

14 Broekman, a.a.O. S. 92

15 Vgl. Ernst Cassierer, Philosophie der symbolischen Formen, Bd. III, Phänomenologie der Erkenntnis, Berlin 1929. S. 548. Cassierers Werk hatte großen Einfluß auf Erwin Panofsky

Zu 5.1

1 Ders., De Anima (11,8), zitiert nach: Georg Picht, De Anima, Klett Cotta, Stuttgart 1987

2 vgl. Johannes Claubergius, Defensio cartesiana adversus Jac. Revium et Cyr. Lentulum Hermeneutik, Amsterdam 1652

3 Ders., Text der Vorlesungsmitschrift ›Cours de linguistique général‹, Lausanne und Paris 1916, dtsch. ›Grundfragen der allgemeinen Sprachwissenschaft‹, Berlin 1967

4 vgl. Claude Lévi-Strauss, Strukturale Anthropologie, Ffm. 1981

5 vgl. Manfred Frank, Was ist Neostrukturalismus?, Ffm. 1984, S. 47

6 Ders., Sein und Zeit, Tübingen 1986, zitiert nach Frank, M. op. cit. S. 33

7 vgl. J. Laplanche & J.-B. Pontalis, Das Vokabular der Psychoanalyse, Bd. 2, Ffm. 1982, S. 563

8 Ders., Kritik der reinen Vernunft, Erster Teil, S. 147, in: Kant Werke, Bd. 3, Darmstadt 1975

9 Ders. a.a.O. S. 187 ff

10 Jaques Lacan, Das Drängen des Buchstaben im Unbewußten oder die Vernunft seit Freud, in: Schriften II, Olten 1975, S. 15 ff

11 S. Freud, Traumdeutung, GW Bd. 2 u. 3, London 1946

12 Ders., Tractatus logico-philosophicus, Ffm. 1984

13 M. Frank, a.a.O. S.12

14 F. D. E. Schleiermacher, Hermeneutik und Kritik, Hrsg.: Manfred Frank, Ffm. 1977, S. 93

15 ebenda S. 169

16 Wilhelm Dilthey, Die Entstehung der Hermeneutik, in: Gesammelte Schriften, Bd. 5, Leipzig/Berlin 1924, S. 317-338

17 Guilio Mancini, Einige Überlegungen, die Malerei als Unterhaltung des gebildeten Edelmannes betreffend, zugleich als notwendige und erschöpfende Einleitung gedacht, als Manuskript bereits im 16. Jh. weit verbreitet, im Druck erst 1956-57 erschienen

18 Giovanni Morelli, alias Lermolieff, Kunstkritische Studien über Italienische Malerei, Mailand 1897

19 Erwin Panofsky, Zum Problem der Beschreibung und Inhaltsdeutung von Werken der bildenden Kunst, 1932, in: Aufsätze zu Grundfragen der Kunstwissenschaft. Hrsg., H. Oberer und E. Verheyen, Berlin 1964, erweiterte Auflage Berlin 1974

20 Hans-Georg Gadamer, Wahrheit und Methode, Grundzüge einer philosophischen Hermeneutik, Tübingen 1990

21 Charles Sanders Peirce, Semiotische Schriften, 3 Bde., Ffm. 1986 bis 1993

22 Kurt Gödel, Über formal unentscheidbare Sätze der Principia Mathematica und verwandter Systeme I, 1931, zitiert nach Douglas R. Hofstadter: Gödel, Escher, Bach, ein endlos geflochtenes Band, 1986, S. 19

23 vgl. Ludwig Wittgenstein, Philosophische Untersuchungen, Ffm. 1981

24 vgl. Reiner Maue, op. cit.

Zu 5.2

1 Oskar Bätschmann, Einführung in die kunsthistorische Hermeneutik, 5. Aufl., Darmstadt 2001

2 Aby Warburg, Gesammelte Schriften, hrsg. von der Bibliothek Warburg, 2 Bde. Leipzig/Berlin 1932, Nachdruck: Nendeln 1969

3 Erwin Panofsky, Zum Problem der Beschreibung und Inhaltsdeutung von Werken der bildenden Kunst, 1932

Zu 5.2.1

1 Jacques Lacan, Das Begehren, das Leben und der Tod, in: Das Seminar, Buch II, Olten 1980, S. 284

Zu 5.2.2

1 vgl. Gustav Pauli, Der Mandrill, Hamburg 1921

2 vgl. Jacques Derrida, Marges de la philosophie, Paris 1972, dtsch.: Randgänge der Philosophie, Ffm. 1976

3 vgl. Paul Valery, ›Leonardo‹, Drei Essays, Ffm. 1960, S. 67

4 Jacques Derrida, Grammatologie, Ffm. 1983

Zu 5.2.3

1 vgl. Gottlob Frege, Funktion, Begriff, Bedeutung. Göttingen 1980, S.42 f

2 ebenda, S. 46

3 ebenda, S. 56 f.

4 ebenda, S. 48

5 Michel Foucault, Die Ordnung der Dinge, op. cit. S. 368
6 Ders., ›De Interpretatione‹, zitiert nach Samuel M. Weber, Rückkehr zu Freud, Ffm., Berlin, Wien 1978, S. 22
7 Ferdinand de Saussure, Cours de linguistique général, op. cit. S. 27
8 vgl. Derrida, Grammatologie, op. cit. S. 108
9 Saussure, op. cit. S. 139 f.

Zu 6.1
1 vgl. Paul Ricoeur, ›Die Interpretation‹ Ein Versuch über Freud, Ffm. 1974, S. 172
2 S. Freud, Traumdeutung a.a.O. S. 586-87, Anmerkung
3 Die psychoanalytische Analogie von Metonymie und Metapher
4 Freud, ›Die Traumarbeit‹, in: Die Darstellungsmittel des Traumes, Die Traumdeutung a.a.O. S. 262
5 Laplanche & Pontalis, a.a.O. S.582
6 Jürgen Habermas, Vorbereitende Bemerkungen zu einer Theorie der kommunikativen Kompetenz, in: Ders., Theorie der Gesellschaft oder Sozialtechnologie, Ffm. 1971, S. 132
7 ebenda, S. 71
8 vgl. Ferdinand Weinhandl (Hrsg.), Gestalthaftes Sehen, Ergebnisse und Aufgaben der Morphologie. Zum hundertjährigen Geburtstag von Christian von Ehrenfels, Darmstadt 1974

Zu 6.2
1 zitiert nach P. Ricoeur, op. cit. S. 172
2 Freud, Der Moses des Michelangelo, GW. Bd. X
3 Ders., GW. Bd. VIII
4 Ders., GW. Bd. VII, S. 220
5 Edgar Wind, Kunst und Anarchie, Ffm. 1979, S. 42-44
6 Enrico Castelnuevo, Attribution, in: Encyclopaedia Universalis, II, 1968, zitiert nach Eco/Sebeok (Hrsg.), Der Zirkel oder Im Zeichen der Drei, Dupin – Holmes – Peirce, München 1985

7 Conan Doyle, The Cardboard Box, dtsch. Ein unheimliches Paket, 1892

8 Freud, GW. Bd. X, S. 185

9 vgl. J.N.Eritreo (Gian Vittorio Rossi), Pinacothea imaginum illustrium, Bd. II, Leipzig Gleditschi, 1692, zitiert nach Eco/Sebeok op. cit.

10 Giulio Mancini, Alcune considerazioni appartenenti alla pittura come di diletto di un gentilhuomo nobile e come introduttione a quello si deve dire, dtsch.: Einige Überlegungen, die Malerei als Unterhaltung des gebildeten Edelmannes betreffend, zugleich als notwendige und erschöpfende Einleitung gedacht. Eine kritische Ausgabe des bislang nur im Manuskript vorliegenden Werkes wurde in den 70er Jahren des 20. Jhs. erstmalig gedruckt

11 zitiert bei Carlo Ginzburg, Indizien: Morelli, Freud und Sherlock Holmes, S. 148 in: Eco/Sebeok op. cit.

Zu 6.3

1 Francois de La Rochefoucauld, Spiegel des Herzens, Paris 1868

2 Jacques Lacan, Subversion des Subjekts und Dialektik des Begehrens im Freudschen Unbewußten, in: Ders., Schriften II, S. 177 f., Olten 1975

3 Charles Sanders Peirce, Semiotische Schriften Bd. I – III, Ffm. 1986-1993

4 Peirce, zitiert nach Thomas Sebeok, One, Two, Three Spells Uberty, in: Eco/Sebeok a.a.O. S. 16

5 Peirce, ›Guessing‹ The Hound and Horn, 1929, S. 281

6 Ders., zitiert aus: Thomas S. Sebeok und Jean Umiker-Sebeok, ›Sie kenne ja meine Methode‹. Ein Vergleich von Charles S. Peirce und Sherlock Holmes, in: Eco/Sebeok a.a.O. S. 35

7 Noam Chomsky, Language and Responsibility, N.Y.: Pantheon Books, S. 71

8 Peirce a.a.O. Anmerkung 5, S. 269

9 Peirce, Manuskript 692, zitiert nach Sebeok/Umiker-Sebeok, a.a.O. S. 80

Zu 6.4

1 Boudard, zitiert nach Oskar Bätschmann, Einführung in die kunstgeschichtliche Hermeneutik, Darmstadt 2001, S. 39
2 Ripa, Iconologia overo descrittione di deverse imagini cavate dall'antichita, e di propria inventione, Rom 1603, zitiert nach Bätschmann, a.a.O. S. 40
3 Saussure, Cours, a.a.O. S. 30 f.
4 Voltaire, ›Folie‹, in: Dictionaire philosophique, Paris 1935
5 Platon, Phaidros 275 b, 179
6 S. M. Weber, a.a.O. S. 110
7 ebenda S. 111
8 La Rochefoucauld, zitiert nach J. Lacan, Schriften I, S. 103
9 vgl. Charles Lebrun, Affektdarstellungen, Radierung, Paris 1696, zitiert nach Bätschmann a.a.O. S. 46, auch die von Walt Disney, ebenda S. 47

Zu 7.1

1 Platon, Werke IV, Hrsg. Gunther Eigler, Politeia, Der Staat, 10. Buch 603 a, S. 819, Darmstadt 1971
2 Gottlob Frege, Logische Untersuchungen, Göttingen 1986, S. 32
3 ebenda S. 33
4 ebenda S. 40 ff.
5 Umberto Eco, Semiotik und Philosophie der Sprache, München 1985, S. 133
6 Ivor Armstrong Richards, Die Metapher, in: Anselm Haverkamp (Hrsg.), Theorie der Metapher, Darmstadt 1996, S. 32
7 Ders. Poetik, Kap. 22, 1459a, dt. nach Manfred Fuhrmann, München 1976, S.94
8 vgl. Th. S. Kuhn, The Structure of Scientific Revolutions, Chicago 1962, dtsch.: Die Struktur wissenschaftlicher Revolutionen, Ffm. 1969

9 Saussure prägte den Begriff Diachronie im Gegensatz zu Synchronie, um die Veränderung des Systems einer Sprache in der Zeit zu erfassen. Allerdings unterschied er die Veränderung eines Sprachsystems in der Zeit von dem historischen Zeitverständnis, das die Geschichte nach Jahreszahlen, Epochen und Zeitalter gliedert. Man darf also nicht davon ausgehen, daß mit der Beschreibung aufeinanderfolgender Sprachzustände die Sprache gemäß der Zeitachse untersucht wird. Stattdessen entsprechen die Veränderungsprozesse denen der Evolution und der evolutionären Sprachwissenschaft.

10 mit Synchronie wird nach Saussure die Gleichzeitigkeit einer Menge von sprachlichen Tatsachen charakterisiert, die gemeinsam einen Zustand der Sprache als System ausmacht. Die Synchronie kennzeichnet die statische Seite der Wissenschaft.

11 vgl. H. Paul, Prinzipien der Sprachgeschichte, Halle 1880, auch H. Kubczak, Die Metapher, Heidelberg 1978, S. 121 ff

12 Ders.: Die Philosophie des Als Ob, ed. R. Schmidt, Leipzig 1920, auch H. Blumenberg, Wirklichkeiten in denen wir leben, Stuttgart 1981, S. 104 – 136

13 vgl. E. Tugendhat, Phänomenologie und Sprachanalyse, Tübingen 1970, S. 3-23

14 vgl. R. Warning, Funktion und Struktur, München 1974, auch: M. Frank, Was ist Neostrukturalismus, 6. und 14. Vorlesung, Ffm. 1984

15 vgl. M. Frank, a.a.O. S. 279

16 ebendort, § 6, von: Sein und Zeit, op. cit. S. 19 ff.

17 vgl. Maxime Du Camp: Les Beaux-Arts à l'Exposition universelle de 1855, Paris 1855, übersetzt von Uwe Fleckner, Die Schönen Künste auf der Weltausstellung, in: Thomas W. Gaethgens, Uwe Fleckner, Historienmalerei, Darmstadt 2003

18 vgl. R. Maue, Macht macht Kriminalität, Ffm. Bern New York Paris 1989, S. 44

19 P. Ricoeur, La métaphore vive, Paris 1975, S. 87 ff.

20 im Anschluß an E. Benveniste, La forme et le sens dans le langage, Paris 1967

21 A. Haverkamp, Einleitung zu: ders. (Hrsg.), Theorie der Metapher a.a.O. S. 6

22 Haverkamp a.a.O. S. 6

23 ebenda

24 vgl. die Kontroverse zwischen Derrida und Searle, Marges de la philosophie, Paris 1972, dtsch. Randgänge der Philosophie, Ffm./Bln./Wien 1976, bei Searle, Reiterating the Differences, Glyph 1, 1977, auch M. Frank, Die Entropie der Sprache, in: Ders., Das Sagbare und das Unsagbare, Ffm. 1980

25 nach Jacobson das Prinzip einer zusammenfassenden Kombination von Einheiten, die außerhalb derselben Ähnlichkeitsmenge liegen. Kontiguität kann in der Zeit oder im Raum durch lineare Verkettung gegeben sein, wie bei Sprache und Schrift. Durch die Kontiguitäten von Elementen entsteht ein Kontext

26 vgl. S. Freud, Totem und Tabu (1913), Lingam Press, Bd. 9, S. 105, auch S. M. Weber, Rückkehr zu Freud, a.a.O. S. 63 ff.

27 Haverkamp, a.a.O. S. 19

28 syntagmatisch sind Kombinationen von Elementen in einer Folge (z.B. Sprache) oder auf einer Fläche (z.B. Bild) bzw. im Raum (z.B. Skulptur). Die Zusammenstellung erfolgt durch eine Auswahl. Die Elemente eines Syntagmas stehen immer im gegenseitigen Abhängigkeitsverhältnis, und jedes Syntagma findet seinerseits einen Platz in einer übergeordneten Einheit. Wenn eine Einheit nicht mehr analytisch in untergeordnete Syntagmen zerlegbar ist, haben wir es mit einem Element eines Paradigmas zu tun.

29 vgl. Saussure, a.a.O. S. 148

30 eine andauernde Seuchenproduktion

31 ders., Randgänge der Philosophie, S. 32 ff., auch ders., Grammatologie, Kap. 2, S. 108 ›Daß das Signifikat ursprünglich und wesentlich … Spur ist, daß es sich immer schon in der Position

des Signifikanten befindet ...‹, auch F. Wahl, a.a.O. S. 448, › ... sobald man das Signifikat als Differenz (eines anderen Signifikats, des Signifikanten) definiert und es deshalb notwendig als Spur definiert ...‹

32 vgl. Haverkamp a.a.O. S. 25-27

Zu 7.2

1 Vgl. Ivor Armstrong Richards, Die Metapher, S. 35, in: Haverkamp, a.a.O.

2 Ders., The Philosophy of Retoric, New York: Oxford University Press 1939, S. 96 u. 120 f

3 Theodor W. Adorno, Negative Dialektik, Ffm. 1982, S. 205

4 Ders. Der Ursprung des Bewußtseins durch den Zusammenbruch der bikameralen Psyche, Reinbek bei Hamburg 1988, S. 65 ff

5 Dies. A Grammar of Metaphor, London 1958, insbesondere das erste Kapitel

6 Ders. Die Metapher = Sprache, Denken, Kultur, Ffm. 1969, S. 235-263

7 P. Henle, ebenda, im Auszug ed. bei Haverkamp a.a.O., S. 83

8 vgl. Heinrich Keupp, Normalität und Abweichung, München-Wien-Baltimore 1979, S. 25 ff.

9 Ders. Meditationes de prima philosophia, 1641, auch: Prinzipia philosophae, 1644

10 Vgl. Hunter und Mc Alpine, 1963, zitiert nach H. Keupp, a.a.O. S.27

11 T. S. Szasz, Geisteskrankheit – Ein moderner Mythos, Olten 1972, auch: Ders. Der Mythos von der seelischen Krankheit. In: Keupp (Hrsg.), Der Krankheitsmythos in der Psychopathologie, München Berlin Wien 1972

12 vgl. J. Jaynes, a.a.O. S. 70

13 vgl. Reiner Maue, Irgendwie immer daneben, Aachen 2000, S. 412 ff.

Zu 7.3

1 Paul Henle, Die Metapher, a.a.O. S. 81

2 ebenda S. 83

3 F. Saussure. op. cit. 1967, S. 80, Jean Piaget, der große schweizerische Entwicklungspsychologe des 20. Jahrhunderts, hat sich in Anlehnung an Freud der Saussureschen Version des Symbolbegriffs angeschlossen.

4 Ch. S. Peirce, Semiotische Schriften, Bd. 1, Ffm. 1986, S. 391

5 Der Index kommt bei Saussure nicht vor, wohl aber bei Piaget. Letzterer versteht darunter die an die Gegenwart von Objekten gebundenen Anzeichen dieser Objekte selbst, die in der Wahrnehmung gegeben sind. Ders.: Das Erwachen der Intelligenz beim Kinde, Stuttgart 1969.

6 P. Henle, a.a.O. S. 86

7 Ch. S. Peirce, a.a.O. S. 391

8 Ders. 1931, New York Museum of Modern Art

9 Ders. Die Eroberung des Irrationalen, 1935

10 P. Henle, a.a.O. S. 91

11 Ders. Poetik, Kap. 21, 1457, a.a.O. S. 90

12 Henle a.a.O. S. 101

13 K. Burke, A Grammar of Motives, New York 1945, S. 503 f. zitiert nach Henle, S. 102

14 Virgil C. Aldrich, Die visuelle Metapher, in: A. Haverkamp (Hrsg.): Theorie der Metapher, a.a.O. S. 158

Zu 8.1

1 vgl. Berliner Schule der Gestaltpsychologie, hier vor allem: Köhler, Wertheimer, Koffka, Metzger, Rausch

2 Wolfgang Metzger, Figural-Wahrnehmung. In: Ders. (Hrsg.): Handbuch der Psychologie, Bd. 1, Göttingen 1966

3 vgl. Michotte, in: Metzger (Hrsg.): Handbuch der Psychologie, Bd. 1 a.a.O., auch die Müller-Lyersche Täuschung, in: James J. Gibson, Die Sinne und der Prozeß der Wahrnehmung, Bern Stuttgart Wien 1982, S. 378

3a J.J. Gibson, a.a.O. S. 286 ff.

4 J. Lacan, Vom Blick als Objekt Klein a‹, in: Ders.: Die vier Grundbegriffe der Psychoanalyse, Seminar Buch XI, Olten und Freiburg 1980, S. 73 – 126.

5 Vgl. Maurice Merleau-Ponty, Das Sichtbare und das Unsichtbare, gefolgt von Arbeitsnotizen, hrsg. von Claude Lefort, Übergänge Bd. 13, München 1986

6 J. Lacan, Seminar XI, a.a.O. S. 77

7 ebenda, S. 78

8 Komplex, der sich auf die Kastrationsphantasie konzentriert, in der beim Knaben die Kastration seitens des Vaters wegen seiner sexuellen Aktivität und seines Begehrens der Mutter befürchtet wird und beim Mädchen durch die als Nachteil erlittene Penislosigkeit eintritt, den es zu leugnen, zu kompensieren oder zu reparieren sucht. Der Kastrationskomplex steht in enger Beziehung zum Ödipuskomplex und spezieller zu dessen verbietender und normativer Funktion. Seine Modalitäten zeichnen sich in allen psychopathologischen Strukturen ab, insbesondere bei den Perversionen. Eine zweite theoretische Charakteristik des Kastrationskomplexes findet sich im Narzißmus. Der Kastrationskomplex muß auf eine kulturelle Ordnung bezogen werden, bei der das Recht auf einen bestimmten Gebrauch immer mit einem Verbot korreliert.

9 Lacan a.a.O. S. 79

10 Virgil C. Aldrich, Visual Metaphor, in: Journal of Aestetic Education 2, 1968 S. 73-86, dtsch. Eva Klopsch, Visuelle Metapher, in: Haverkamp, a.a.O. S. 158

11 J. Lacan, Seminar XI, a.a.O. S. 80

12 ebenda, S. 84

13 Ders., Triebe und Triebschicksale, GW. Bd. X, a.a.O. S. 218

14 vgl. Lacan, Die Schaukel des Begehrens, Seminar I, Olten und Freiburg 1978, S. 209 ff.

15 Lacan, Seminar XI, a.a.O. S. 225

16 ebenda, S. 226

Zu 8.2

1 vgl. die von Goya 1797/98 und 1799 veröffentlichten Radier- und Aquatinafolgen »›Los Caprichos‹«, auch das »›Sanlúcar-Album‹«, darin die ›Bekleidete Maya‹ und die ›Nackte Maya‹, mit der Ähnlichkeit zur Herzogin von Alba, (beide Madrid, Prado).

2 J.-P. Sartre, Das Sein und das Nichts, Dritter Teil, IV: Der Blick, Reinbek bei Hamburg 1985, S. 338-397

3 J. Lacan, Seminar XI, a.a.O. S. 91

4 ebenda

5 Vgl. Jurgis Baltrusailis, Anamorphoses, Paris 1969

6 Vgl. die Synthese von Wissenschaft und Kunst in den ›Sintflut-Blättern‹ (um 1512-14, Windsor Castle, Royal Libary).

7 Reste von Vitruvius' Bauten sind in der Basilika in Fano erhalten, vgl.: Giacomo Barozzi, genannt Vignola, Regola delli cinque ordini d'architettura, 1563. Er war Michelangelos Nachfolger als Bauleiter der Peterskirche. Auch Leon Battista Alberti mit seiner 1470 entworfenen Fassade der Kirche Sant' Andrea in Mantua, mit der die Vorbildfunktion der antiken Architektur für die Renaissance ablesbar ist.

8 Lacan, a.a.O. S. 93, gemeint sind offensichtlich auch die ›tableaux vivants‹, jene lebenden Bilder, die in der Renaissance bei festlichen Umzügen an wichtigen Punkten der Stadt aufgestellt oder auf Karren beim Umzug mitgeführt wurden.

9 ebenda, S. 107

10 ebenda, S. 108

11 Die Fovea centralis befindet sich auf der hinteren, inneren Oberfläche des Auges, auf der sogenannten Netzhaut, auch Retina genannt. Hier liegen die Schichten der Pigmentzellen, der Rezeptoren und der Nervenzellen des Auges. Die Sehachse trifft die Netzhaut innerhalb der Fovea centralis, einer kleinen Einbuchtung der Retina und bildet dort die Stelle des schärfsten Sehens.

12 Ders. a.a.O. S. 109

13 ebenda

Zu 8.3

1 Lacan a.a.O. S. 112

2 Reiner Maue, Macht macht Kriminalität, a.a.O. S. 48 f.

3 ebenda, S. 51

4 J. Lacan, Seminar XI, a.a.O. S. 113

5 Mimesis, seit der Antike ein vielumstrittenes Prinzip der Ästhetik und Kunsttheorie oder Kunstphilosophie. Schon Platon und Aristoteles sahen in der Mimesis sowohl Wesen als auch die Aufgabe der Dichtkunst, der bildenden Kunst, der Malerei etc. Der Begriff geht weit über die einfache Freude am Wiedererkennen des Nachgeahmten hinaus, denn er findet sich ebenfalls in der Lehre vom Ethos der Ausdrucksformen der musikalischen Psychagogie (Seelenführung).

6 Der Andere (groß A) ist die Lacansche Kennziffer des Unbewußten. Das Begehren des Anderen ist das unbewußte Begehren des wahren Subjekts.

7 Lacan, Seminar XI, a.a.O. S. 115

8 ebenda

9 ebenda

10 vgl. Munchs tiefer Pessimismus, resultierend aus dem Erlebnis seines bigotten Vaters, der unterwürfigen Mutter und dem frühen Tod vieler Familienangehöriger. Der Betrachter soll und kann erkennen, daß Krankheit und Wahnsinn als schwarze Engel seine Kindheit begleiteten. Immer war er der Androhung der Hölle ausgesetzt. Diese Angst, Qual und Unsicherheit kennzeichnen den persönlichen Malstil Munchs und das ist eben jener Teil des Bildes, den der Betrachter von sich aus hinzutun muß, sofern er fühlt, daß die Munchschen Bilder ihn angehen, herausfordern und in die Verantwortung nehmen.

11 Ensor als Hauptvertreter des belgischen Symbolismus des 19. und 20. Jahrhunderts arbeitete mit verzerrten Raumdarstellungen, grellfarbenen Bildern, gespenstigen Masken und Skeletten. Er malte Straßentumulte, in denen er den Alltag

mit grellen, morbiden Farben ins Bedrohlich-Spukhafte verfremdete. Er demaskiert eine aus den Fugen geratene Gesellschaft.

[12] Alfred Kubin malte unter dem Einfluß von Goya und Max Klinger monströse und fantastische Kreaturen. Er schuf makabre Visionen des Untergangs.

[13] Lacan, a.a.O. S. 116

[14] Maurice Merleau-Ponty, a.a.O. S. 318

[15] Vgl. Diego Velázquez, 1599-1660, ›Las Meninas‹ oder ›Die Familie Philipp IV, 1656/57, Öl auf Lw. 318 x 276, Madrid, Museo des Prado. In diesem Bild ging der Künstler den Weg der Intellektualisierung des Sujets, weil dem Bild keine dokumentarische, sondern eine poetische Absicht zugrunde lag. Er schuf ein Porträt über das Malen eines Porträts, vergleichbar Las Hilanderas Bild über das Bildermalen. Auf diesem Bild findet sich ein an der Rückwand plazierter Spiegel, dessen konventionelles Attribut der »Prudentia« als Symbol für das darin zu sehende Königspaar zu gelten scheint. Die lichtumspielte königliche Erscheinung im Spiegel sollte den höchsten, gleichsam vergöttlichten Grad des Königtums widerspiegeln. Der Blick des Malers aus dem Bild heraus ist voller Stolz und Selbstbewußtsein, und er erforscht unbestechlich jeden Bildbetrachter, der unübersehbar gezwungen wird, dem Begehren des Künstlers, seine Referenz zu erweisen.

[16] Zweideutigkeit. Eines der wichtigsten Resultate der Kunst. Es handelt sich um die Überlagerung der Prinzipien der Ähnlichkeit und der Kontiguität, letzteres als Ursache eines Kontextes durch räumliche oder zeitliche Bündelung von Elementen außerhalb der Ähnlichkeitsmengen. Vgl. R. Jakobson, Concluding Statement: Linguistics and Poetics. In: Style in Language. Herausgegeben von T.A. Sebeok, Cambridge Mass.: The M. I. T. Press, 1960, S. 370 f.

[17] Lacan, Seminar XI, a.a.O. S.119

[18] Ders., La création artistique, 1948

19 Lacan, Seminar XI, a.a.O. S. 122
20 ebenda

Zu 8.4

1 H. Adank, Essai sur fondements linguistiques et psychologique de la métaphore affective, Genève 1939
2 vgl. die zeichnerische Darstellung eines Mandrill, der nicht wie bei Franz Marc in der Bildkomposition versteckt ist.
3 sie besitzt eine klare Verwandtschaftsbeziehung zum Traum, denn da wie dort werden Dinge, Sachverhalte und Stadtansichten, die nicht der Realität entsprechen, auf der Leinwand vereint. Vgl. Canalettos »›Regatta‹«, auch Francesco Guardis Stadtansichten Venedigs aus dem 18. Jh., in der er die stimmungsvolle Atmosphäre Venedigs romantisch überhöht.
4 Es gibt keine Realisation eines Bildes ohne ›Stil‹. Aber die Stilfrage kann nicht gestellt werden, ohne daß vorher eine Entscheidung darüber gefällt wird, welches Objekt oder welche Botschaft realisiert werden soll. Diese erste Entscheidung ist denotativ, während der Stil eine Frage der Konnotation ist.
5 Nach Charles Sanders Peirce das dritte Korrelat der triadischen Zeichenrelation. Es ist das interpretierende Bewußtsein oder der mutmaßende Rateinstinkt eines Interpreten. Damit entspricht es als Semiose stiftendes Korrelat auch dem Lacanschen Objekt (Klein) a.
6 was eine spezifische, besondere Interpretierbarkeit des jeweiligen Zeichens beinhaltet, und zwar schon bevor es einen konkreten Interpreten gibt.
7 Francis Edeline, Champ analogique et structure narrative d'un poème francais, Courrier du centre international d'études poétiques, Bruxelles 1967, S. 8.
8 Der Begriff ›Stil‹ kennzeichnet die Realisationsprozesse, in denen die Bedeutungsphänomene durch bestimmte Objekte oder Botschaften transformiert, transfiguriert und präsentiert werden. Hier ist stets eine Entscheidung erforderlich, die keiner

Subjektivität unterliegt, da sie bereits an einem anderen Ort getroffen wurde. Stile ändern sich nur durch Paradigmenwechsel, die zwar von Subjekten aktualisiert werden, die aber durch strukturale Wandlungen verursacht werden. Vgl. T. S. Kuhn, Die Struktur wissenschaftlicher Revolutionen, op. cit.

[9] z.B. ›die Nachricht vom Tode des Freundes, schlug ein wie ein Blitz aus heiterm Himmel.

[10] Vgl. Owen Barfield, Poetic Diction and Legal Fiction, in: Max Black, The Importance of Language, Englewood Cliffs 1962, S. 51-71.

[11] Virgil C. Aldrich, Visuelle Metapher, in: A. Haverkamp (Hrsg.), Theorie der Metapher, a.a.O. S. 144

[12] Francoise Gilot und Carlton Lake, Leben mit Picasso, München 1965, S. 306.

[13] Aldrich, a.a.O. S. 145

[14] P. Picasso, zitiert nach Aldrich, ebenda S. 158

[15] vgl. Joseph Jastrow, Fact and fable in psychology, Boston 1900.

[16] vgl. E.G. Boring, A new ambignous figure, American Journal of Psychology, 42, 1930, Ein Scherzbild mit besonders eindrucksvollem gleichzeitigem Wechsel von Hauptbereichen, Haupterstreckungen, Hauptrichtungen und Figur-Grund-Verhältnissen sowie der Tiefenverteilung.

[17] Ludwig Wittgenstein, Schriften I., Ffm. 1960, S. 503/504.

[18] Aldrich, a.a.O. S. 146

[19] Aldrich meint damit die Wittgensteinschen zwei Verwendungen des Wortes ›sehen‹.

[20] ebenda

[21] ebenda S. 147

[22] Aldrich a.a.O. S. 147

[23] Reiner Maue, Macht macht Kriminalität, a.a.O. S. 50

[24] Aldrich a.a.O. S. 147

[25] ebenda S. 148

[26] Gilot und Carlton, a.a.O. S. 269.

[27] Aldrich a.a.O. S. 151
[28] ebenda
[29] ebenda S. 152
[30] ebenda S. 154
[31] ebenda S. 155
[32] ebenda S. 155 f.
[33] ebenda S. 156
[34] ebenda S. 158 f.
[35] Vgl. Louis Aragon: Le Paysan de Paris, 1926, S. 80: ›Le vice appelé Surrealisme est l'emploi déréglé et passionnel du stipéfiant image‹.
[36] U. Eco, Semiotik und Philosophie der Sprache, München 1985, S. 135.
[37] Vgl. Freud, Traumdeutung a.a.O. Kapitel VII
[38] Vgl. H. Weinrich, Streit um Metaphern, Stuttgart 1976
[39] Eco, a.a.O. S. 189
[40] G. Bonsiepe, Visuell/verbale Rhetorik, Ulm, 14-16
[41] gl. S. Freud, Der Witz und seine Beziehung zum Unbewußten, London 1940, S. 62
[42] ebenda S. 63

Zu 9.1

[1] R. Rorty, Die Kontingenz der Sprache, aus: Ders.: Kontingenz, Ironie und Solidarität, Ffm. 1991, in: Der Paradigmenwechsel in der Sprachphilosophie, Hrsg.: Edmund Braun, Darmstadt 1996, S. 288
[2] Vgl. L. Wittgenstein, Philosophische Untersuchungen, Tractatus logico-philosophicus, Ffm. 1984, 7, S. 241, 23, S. 250. Für Wittgenstein ist Sprechen eine Aktivität, wie Kleider nähen, Holz hacken, Pflügen etc., die in verschiedenen Handlungs- und Situationskontexten stattfinden. In diesem Zusammenhang spricht er von Lebensformen in denen Sprache immer einen Teil ausmacht, deren Funktion jedoch in Abhängigkeit zur jeweiligen Lebensform neu zu bestimmen ist. Die daraus

resultierenden verschiedensten Verwendungsformen von Sprache nennt Wittgenstein »Sprachspiele«. Nur Lügen fällt aus diesem Kanon heraus, denn sie stellen einen Verstoß gegen die Regeln des Spiels dar. Damit steht Wittgenstein im Widerspruch zu Lacan, der die Lüge als eines der konstituierenden Elemente des sprechenden, lügenden Subjekts beschreibt. Lacan, Seminar XI, a.a.O. S.247 f.

3 Saussure hat das Wort Code schon auf den Begriff langue angewandt. Er unterscheidet hier in Anwendungskombinatorik und psychophysischen Mechanismus, vgl. Saussure, a.a.O. S. 16 f.

4 weiter oben bereits als 1. Zeichen als solches, 2. Objekt und 3. Interpretant zur Kenntnis gegeben.

5 Vgl. C.S. Peirce, Schriften, Bd. I, a.a.O. S. 191 ff., auch U. Eco, Einführung in die Semiotk, München 1972, S. 198

6 C. Morris, Signs, Language and Behavior, New York: Prentice Hall, Georges Monuin, 1946

7 Morris, zitiert nach Eco, a.a.O. S. 200

8 Vgl. J. Piaget, Les mécanismes perceptifs. Modèles les probalistes. Analyse génétique. Relations avec l'intelligence, Bibliothèque scientifique international, P.U.F., Paris 1961

9 Pier Paolo Pasolini, La linga scitta dell'azione, Nuovi Argumenti aprile-gingus, 1966, zitiert nach U. Eco, a.a.O. S. 203

10 Umbert Eco, a.a.O. S. 209

11 E. Gombrich, Art and Illusion, The A.W. Mellon Lectures in the Fine Arts, New York Pantheon Books, 1960

12 Gombrich a.a.O. Kap. I

13 Vgl. R. Barthes, Rhétorique del'image, Communications 4, zitiert nach Eco a.a.O. S. 213, auch Max Imdahl, Giotto – Arenafresken -. Ikonographie Ikonologie Ikonik, München 1996

14 U. Eco a.a.O. S. 213

Zu 9.2

1 Auch Morphem genannt. Kleinste, aus Inhalt und Lautform bestehende Einheiten der verbalen Sprache, die nicht in kleinere bedeutungstragende Elemente zerlegt werden können. Vgl. A. Martinet, Elements de linguistique général. 2. neu durchgesehene und vermehrte Auflage, Paris 1967

2 Luis Prieto, Messages et signaux, Paris, P.U.F. 1966

3 Kleinste segmentierbare, aus dem Schallstrom der Rede abstrahierbare lautliche Einheiten mit potentiell bedeutungsunterscheidender = distinktiver Funktion. Z.B. die Worte ›Kasse‹ und ›Tasse‹, die sich nur durch ein minimales lautliches Element voneinander unterscheiden.

4 Umberto Eco schlägt vor, statt des Terminus ›Sem‹ die Bezeichnung ›Ikonische Aussage‹ zu verwenden, weil ›Sem‹ sowohl für ›semantische Einheit‹ als auch für ›Bestandteil einer semantischen Einheit‹ oder ›semantischer Zug‹ Verwendung findet. Vgl. U. Eco, a.a.O. S. 236 f.

5 Vgl. H. Daffner, Salome, ihre Gestalt in Geschichte und Kunst, 1912

6 Vgl. Mantegna, Judith mit dem Haupt des Holofernes, Florenz, Uffizien

7 Durch Segmentierung gewonnene unklassifizierte visuelle Elemente.

8 U. Eco, a.a.O. S. 243

9 Erwin Panofsky, Ikonographie und Ikonologie. Eine Einführung in die Kunst der Renaissance, in: ders., Sinn und Deutung in der bildenden Kunst, Köln 1975, (4)

10 Ders. a.a.O. S. 43

11 Eigentümliche Aussage, die für ein bestimmtes Individuum, den Künstler, charakteristisch ist. Diese spezifische persönliche Darstellungsweise wird auch als Malstil des Künstlers bezeichnet.

12 Eco, a.a.O. S. 246

13 Hanscarl Leuner (Hrsg.): Katathymes Bildererleben, Bern Stuttgart Wien 1980

Zu 9.3

1 Der Begriff ›Informelle Kunst‹ ist eine Wortschöpfung des Kritikers Michel Tapié. Er verstand unter ›Art informel‹ eine ›Bedeutsamkeit des Formlosen‹ für die Richtung der gegenstandsfreien Malerei und Graphik nach 1940, für die auch die Begriffe ›Tachismus‹, ›lyrische Abstraktion‹ und ›abstrakter Expressionismus‹ verwendet wird.

2 Spontaner Mal-, Zeichen- oder Schreibvorgang, der ohne verstandesmäßiger Kontrolle abläuft.

3 Vgl. Claus Peter Dietrich, Gegenübertragung als Instrument des Verstehens bildnerischer Produktion von Kindern, unveröffentlichte psychologische Diplomarbeit, Psychologisches Institut I der Universität Hamburg, 1986.

4 ebenda, S. 1

5 Eduard Spranger, Die Psychologie des Jugendalters, Leipzig 1924

6 ebenda, S. 3

7 Bilder, die aus bildfremden Materialien, wie Sand, Abfall, Kies, Holz etc. hergestellt werden. Eine Abgrenzung zur Collage und Montage ist nicht immer eindeutig.

8 Vgl. Pollock, ›Number 32‹, 1950, Ein monumentales Hauptwerk, Düsseldorf, Kunstsammlung Nordrhein-Westfalen.

9 Umberto Eco, a.a.O. S. 263.

Zu 10.1

1 J. Lacan, Seminar XI, a.a.O. S. 79

2 W. Heisenberg, Planck's Discovery and the philosophical problems of atomic physics, inn: ders., On Modern Physics, New York 1961, S. 9f., zitiert nach Fred Alan Wolf, Der Quantensprung ist keine Hexerei, Basel Boston Stuttgart 1986

3 Fred Alan Wolf, a.a.O. S. 151

4 Vgl. dazu, Nancy Harrowitz, Das Wesen des Detektiv-Modells, Charles Sanders Peirce und Edgar Allan Por, in: U. Eco Th. A. Seboek (Hrsg.): Der Zirkel oder Im Zeichen der Drei, a.a.O. S. 262 – 287

5 Vgl. E. Kant, Kritik der reinen Vernunft, Riga 1781

6 Vgl. M. Escher, Oben und Unten, Lithographie, 1947, auch, ders.: Andere Welt, Holzstich und Holzschnitt, 1947

Zu 10.2

1 Vgl. Hans Kreitler Shulamith Kreitler, Psychologie der Kunst, Stuttgart Berlin Köln Mainz 1980

2 H. Read, The Philosophy of Modern Art. New York 1955

3 J.W. Goethe, Zur Farbenlehre. Goethes naturwissenschaftliche Schriften in Auswahl, In Großherzog Wilhelm Ernst Ausgabe, Vol. 16, Leipzig 1917, S. 423-647

4 Vgl. Kreitler, a.a.O. S. 64 f.

5 C. G. Jung, Die urtümlichen Wahrnehmungs- und Handlungsbereitschaften in der Form seelischer Bilder und Figuren des kollektiven Unbewußten oder des Objektiv-Psychischen. Der Archetypus ist ein a priori vorhandener unanschaulicher typischer Anordner formaler Natur, der inhaltlich von den archetypischen Bildern einer bestimmten Kultur und des Individuums angefüllt wird. Das Archetypische wird aus dem Effekt erkannt. Vgl., C. G. Jung, Die Archetypen und das Kollektive Unbewußte, GW IX, Olten und Freiburg 1981, S. 549 ff.

6 N. Chomsky, Syntactic Structures. The Hague: Mouton 1957, auch ders.: Aspects of the Theory of Syntax, Cambridge, Mass. : M. I. T. Press, 1965

Zu 10.3

1 Vgl. Emil Noldes Bilder nach 1908, in denen das Ursprüngliche einer inneren Vorstellung an die Stelle des Abbildes der Wirklichkeit setzt. Es sind die hochgesteigerten Farben in seinen Bildern, die mit radikaler Heftigkeit wirken. Vgl. Ders.: Trio, 1929, Stiftung Seebüll Ada und Emil Nolde, Neukirchen über Niebüll

2 Vgl. Paul Klees Werk, das eines der eigenartigsten und denkwürdigsten Phänomene der modernen Kunst darstellt. Man

findet bei ihm keine gewohnten Klischees, die Orientierung geben könnten, sondern er modifiziert die Farbskala so radikal, daß man meinen möchte, sie würde vom prismatischen Licht überspielt. Beispielsweise geben Blau und zurückweichendes Grau den Bildflächen seiner Gemälde Spannung und Weite. Vgl. Ders.: Landschaft mit gelben Vögeln, 1923, Sammlung Doetsch-Benziger, Basel

3 Ad(olph) Reinhard, Vertreter der Color-Field-Painting. Er entwickelte in seinem 1960er Spätwerke -›Ultimate paintings‹-Bildkompositionen, in denen fast nur noch schwarz abgetönte Nuancen enthalten sind, die erst nach längerer Betrachtung eine dynamische farbige Raumstruktur erkennen lassen. Vgl. Ders.: ›Abstract Painting‹, 1964, Stuttgart, Staatsgalerie

4 Vgl. Raffaels ›Madonna im Grünen‹, um 1505/06, Wien Kunsthistorisches Museum; auch die ›Sacra Conversazione‹, Andachtsbilder mit Madonnendarstellung, umgeben von Heiligen z.B. bei Piero della Francescas ›Pala Montefeltro‹, um 1472, Mailand, Pinacoteca di Brera

5 Kreitler & Kreitler, a.a.O. S. 82

6 Vgl. René Magritte, Der bedrohte Mörder, 1926, New York, Museum of Modern Art. Der Surrealismus zielt auf Bewußtseinsveränderungen, die aus den Kräften des Unbewußten schöpfen und die alle rationalen, ästhetischen und ethischen Überlegungen ausschalten. Grundlegendes Prinzip des Surrealismus ist die Kombinatorik, in der wesensfremde Bildelemente assoziativ vermengt werden, wie das Freud in seiner Traumdeutung postuliert.

Zu 10.4

1 James J. Gibson, Die Sinne und der Prozeß der Wahrnehmung, Bern Stuttgart Wien 1982, S. 34

2 Vgl. Kreitler & Kreitler, a.a.O. S.31-35

3 Vgl. D. Katz, Gestalt Psychology: Its Nature and Significance, New York 1959, Auch: W. Köhler, Gestalt Psychology, New York

1929; und K. Koffka, Princips of Gestalt Psychology, New York 1935

4 Christian von Ehrenfels, Über Gestaltqualitäten, Aus: Vierteljahresschrift für wissenschaftliche Philosophie. XIV. 3. 1890

5 Vgl. Wolfgang Metzger, Psychologie, Darmstadt 1975, S. 89 ff.

6 Vgl. Michel Faucault, Die Ordnung der Dinge, Ffm. 1980

7 Vgl. G. Otis, Aesthetic unity. American Journal of Psychology, 1918, 24, 291-315

8 Die Kettentheorie und Prägnanztheorie des Zusammenschlusses; auch die speziellen Gestaltgesetze des Zusammenhangs. Vgl. Max Wertheimer, Untersuchungen zur Lehre von der Gestalt, PsFo 1, 1922,; auch W. Metzger, a.a.O. S.108 f.

9 Kreitler & Kreitler, a.a.O. S. 24

10 Es sei in diesem Zusammenhang an die ungewöhnlich große Aufregung erinnert, die das Gemälde ›Der Mandrill‹ von Franz Marc, bei den Hamburgern ausgelöst hatte.

11 Vgl. D. N. Michael, A cross-cultural investigation of closure, Journal of Abnormal and Social Psychology, 1953, 48, S. 230-55

12 W. W. Wilcox & Morrison, B. M. A., A psychological investigation of the relation of illumination to aesthetics. Psychological Monographs, 1933, 44, S. 282-300

13 Vgl. F. Barron, Complexity-simplicity as a personality dimension. Journal of Abnormal and Social Psychology, 1953, 48, S. 163-72; auch H. J. McWhinnie, Effects of a learning experiance on preference for complexity and asymmetry Perceptual and Motor Skills, 1966, 23, S. 119-22

14 Vgl. F. Boas, Primitive Art. New York 1955

15 A. Koestler, The novelist deals with character. Saturday Review of Literature, 1. Jan. 1949

16 K. Koffka, Problems in the psychology of art. In Art: A Bryn Mawr Symposium. Lancaster, Pa. 1940, Kap. 3, S. 180-275

17 Eine besonders schwere experimentelle Neurose entsteht durch Schiffsbewegungen, die Seekrankheit auslösen. Vgl. dazu, Reiner Maue, Die Psychologie der Seekrankheit, Köln 1986

Zu 10.5

1 Cézanne. 1885-87, The Minneapolis Institut of Art

2 Matisse, Nizza 1943, Privatsammlung

3 ›Information‹, sagt Eco, ›ist *das Maß einer Wahlmöglichkeit bei der Selektion einer Botschaft*‹, Vgl. Ders., Einführung in die Semiotik, a.a.O. S. 54

4 Vgl. Kreitler & Kreitler, a.a.O. S.108

5 Vgl.E. Rubin, Visuell wahrgenommene Figuren. Kopenhagen 1921

6 Vgl. R. S. Woodworth, Experimental Psychology, New York 1938

7 Erstmals von Rubin a.a.O. untersucht. Neuere Untersuchungen von: Ohwaki, Y. and Onizawa, T.: Function of the ground as »frame-work« in the perception of size, Tohoku PsFol 1951, zitiert nach Metzger a.a.O. S. 142

8 Vgl. Experimentelle Ergebnisse, beschrieben bei Woodworth, a.a.O. S. 81-83

9 Es handelt sich um Stilmerkmale des ›Manierismus‹, jener Malepoche, in der sich die Künstler, beispielsweise Benvenuto Cellini, El Greco, Michelangelo, Paolo Veronese, Bartholomäus Spranger, Tintoretto, Georgi Vasari u.a. vom klassisch-harmonischen Stilideal der Hochrenaissance abwandten. Malerei und Architektur boten nun Perspektiven mit unendlichen Weiten beispielsweise in Weltlandschaft-Bildern den Betrachtern an.

10 Vgl. C. E. Osgood, The cross-cultural generality of visual-verbal synesthetic tendencies, Behavioral Science, 1960, 5, S. 146-69

11 Vgl. C. G. Jung, Zur Psychologie westlicher und östlicher Religion. Psychologie und Religion, Bd. 11, 1940/1962, Olten 1980